U0001153

與李登輝先生在康乃爾BB湖畔合影

在美加邊境的哈德遜河上划獨木舟釣魚

結婚照

台南一中時期的青澀模樣

康乃爾宿舍前，與自種的鬱金香合影

1 總質詢時，面對議員説明施政理念（中國時報提供，江妙瑩攝）

2 陪同李登輝總統巡視台北市東西向快速道路（即今之市民大道）的建設進度

3 與環保局同仁深入討論山豬窟垃圾掩埋場設置問題的解決方案

4 為降低高聳煙囪的壓迫感，木柵焚化爐以可愛的長頸鹿造型進行美化，並提供運動和圖書館等設施以回饋當地社區

5 分區召開鄰里長座談會，才容易真正了解各地方的需求，並務實督促基層建設

6 81年12月5日中山堂光復廳，由市府舉辦第98次市民聯合婚禮，通常由市長擔任證婚人，典禮隆重盛大，新人不需要負擔任何費用，故很受歡迎

1

2

3

4

5

1 為推動都市綠美化觀念，利用建國高架橋下的閒置空間，設置建國假日花市，提供台北市民假日購花休閒的好去處（林國義提供）

2 健身乃強國之道，盼從小培養中小學生運動作操的好習慣，以提升台北市民體能

3 參與推廣復興原住民的文化與活動

4 注重國家未來主人翁的育樂活動

5 有時回想起兒時鄉下敲鑼打鼓的廟會，興之所至，也來試打兩下

歷史因素造成昔日七號公園預定地的大量眷舍違建，環境雜亂

83年3月29日，剛闢建完工的大安森林公園

82年11月15日，大安公園的建設工程正式動土開工

1 一切的艱辛與拆除，只為更美好的明天

2 整地興築中的大安公園

3 開工典禮上，為充滿希望的大安森林公園致辭

4 親自為園中新植栽綁上樹標，亦喻有「前人種樹後人乘涼」之意

5 今日園內林木蓊鬱，早已成為名符其實的森林公園（優傳媒提供）

6 現在新生南路信義路口的大安公園入口，常依季節更換不同花卉，呈現不同時節風貌（林國義提供）

中華商場拆除

忠孝仁愛信義和平八棟的中華商場，曾是台北市西區最繁華的交通與商業中心

中華商場曾是多少隨國民政府來台的軍民落腳謀生之所，也曾造就了西區的繁榮

昔日車水馬龍的中華商場

中華商場拆除後，
今日地面層的中華路景觀

1 81年俯瞰中華商場的拆除現場全景

2 81年10月20日上午10時12分，敲下拆除工程歷史性的第一磚

3 進行中的拆除作業

4 81年10月30日17時10分，中華商場正式成為歷史名詞

5 現場工程進行中，同時不斷灑水，以降低煙塵

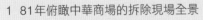

1 2

3 4

5

基隆河截彎取直

1 80年11月11日，基隆河整治工程開工典禮

2 動土儀式後，當即進入施工程序

3 根據工務所的記錄，基隆河整治工程期間，我曾前後到工地巡視近六十次之多，不只能現場發現問題，也能鼓舞工作人員士氣

4 基隆河整治工程範圍遼闊，為配合防汛期，工期緊迫，河道開挖作業幸有賴國軍工兵弟兄的大量人力與重機械器具的配合協助

5 基隆河整治工程主要包含面積最大的金泰段（上方黃色區塊），以及舊宗段（右方黃色區塊）的河道截彎取直，所產生的新生地造就了今日繁榮的的大直與內湖工商業區

1 82年10月30日，11月10日，新河槽金泰段及舊宗段完工通水典禮，至此完成基隆河新舊河道轉換工程，為基隆河歷史寫下新頁

2 整治後的基隆河，河岸景色整齊美觀，提供了台北市開闊的河濱休閒活動空間

3 金泰段新河槽工程完工通水

4 舊河道內新生地面積廣闊，回填工程需要大量土方以屯土

5 金泰段的新河道筆直、寬廣，是基隆河截彎取直後的新風貌

6 鳥瞰金泰段新河道與新生地（榮工處提供）

7 鳥瞰大直附近取直段之河道（榮工處提供）

1 捷運淡水線係沿原有淡水鐵路所建造

2 木柵線是台北市第一條正式通車的捷運

3 捷運電聯線展開試測時，由時任捷運局長賴世聲陪同試乘

4 捷運工程建築不忘高架結構下方空間及周邊環境的整理，以及綠美化

5 東西向快速道路（今之市民大道）與地鐵共構，包含地下街與地下停車場，工程複雜

1

2

3

4

5

6

7

1 87-95年擔任中華台北奧會主席（中國時報提供，姜永年攝）

2 由行政院蕭萬長院長授旗與中華亞運代表團，前進1998曼谷亞運，獲得19金17銀41銅的破紀錄成績

3 1999年2次拜會奧會主席薩馬蘭奇，他對我們致力推廣奧會的精神與活動讚賞有加

4 2004年雅典奧運得牌後，與選手們興高采烈的合影

5 令人感動驕傲的一刻：我國獲得有史以來奧運比賽第一面金牌時，大會升起我國的會旗

6 2005年的「奪金紀念日誌」，記錄了中華台北奧運代表團參加2004雅典奧運，獲得2金2銀1銅得之不易的輝煌成果

7 2004年國際奧會配合奧運所舉行的運動與藝術競賽，我國歐陽彥興以作品「湯瑪斯迴旋」，獲得國際奧會評選立體雕塑類銅牌，也是雅典奧運成績的另項殊榮

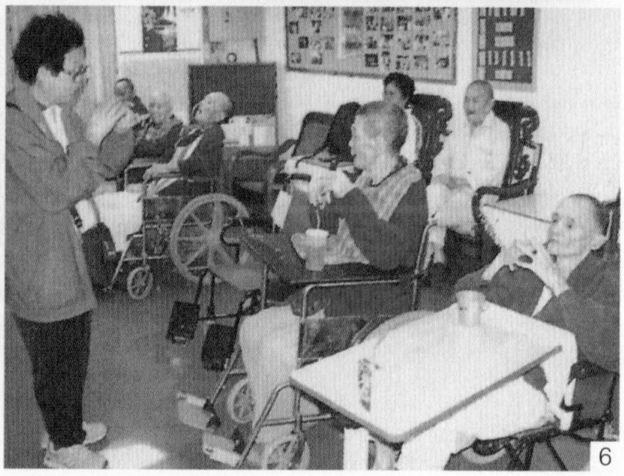

1 2003奧林匹克海上長泳盛況

2 奧林匹克馬拉松路跑盛況

3 1998年諾華奧林匹克太平山國際越野賽，結合「奧林匹克紀念林」舉辦植林活動，以發揚奧會同心協力生生不息的精神。該活動還收到國際奧會來信讚揚

4 連續數年在大安森林公園，為在台工作的外籍朋友們舉辦嘉年華運動會，頗受歡迎。

5 為推廣奧會精神及舉辦活動，在全台多處設有地方聯絡辦事處

6 中華奧會常派專業人員至各安養院指導老人做復建運動

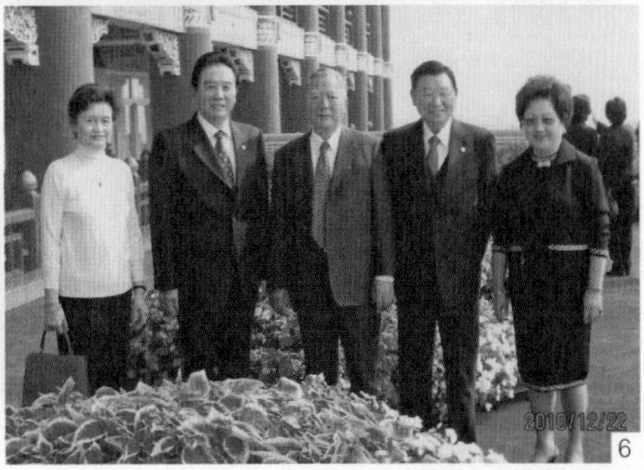

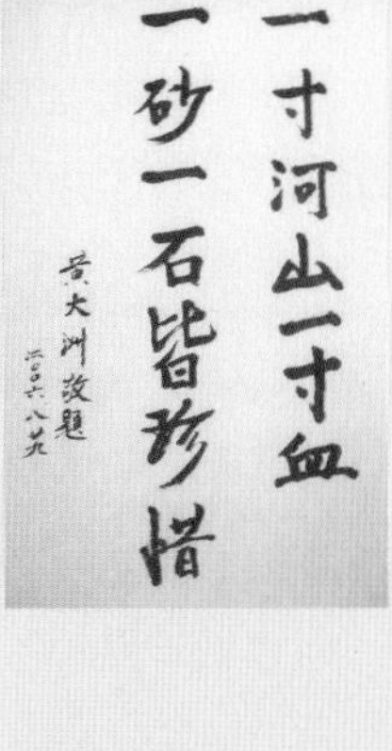

1 1999年與時任中國奧會主席伍紹祖先生參加第三屆兩岸體育交流座談會

2 2000年與時任中國奧會主席袁偉民先生第四次兩岸奧會體育交流座談會

3 2005年由時任中國奧會主席劉鵬先生率奧運女子跆拳道金牌選手、射擊隊總教練等人訪台參加第八屆兩岸奧會體育交流座談會

4 每年兩岸奧會及體育界「五來五往」的互動交流模式，提升了兩岸體育界彼此間的了解

5 2006年曾訪問位於黑龍江省撫遠市邊區的「東方第一哨」，聞其歷史與環境，提筆寫下當時所感。

6 2010年陪同海基會董事長江丙坤夫婦，在圓山飯店接待訪台的大陸海協會董事長陳雲林夫婦，並參觀圓山飯店二樓露台的景觀綠化設計

1

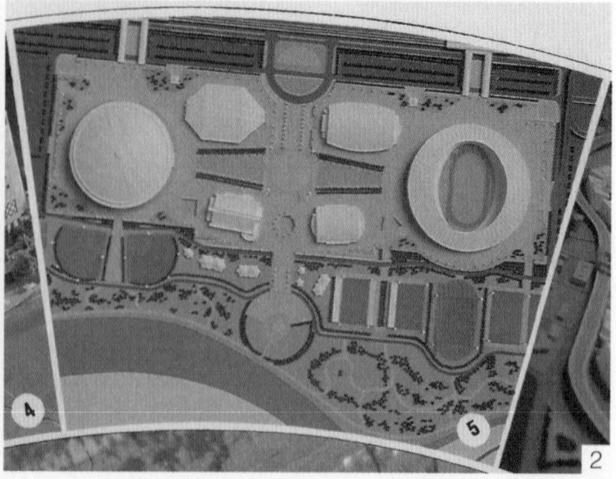

2

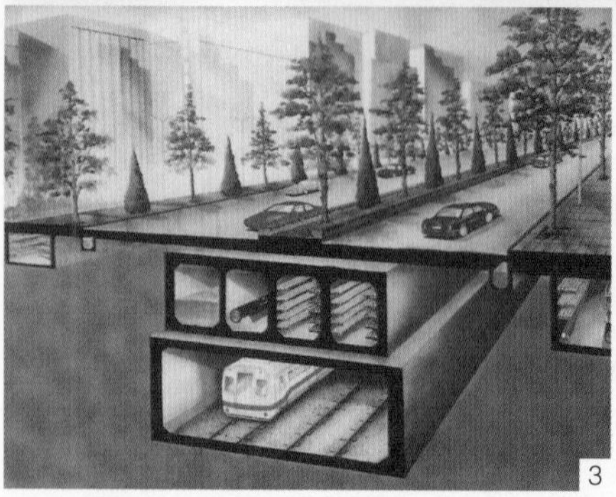

3

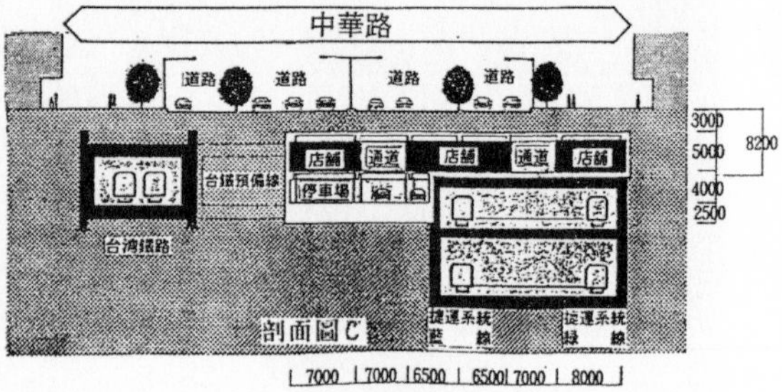

4

5

1 關渡平原與運動公園的整體開發計畫

2 原有的關渡運動公園規劃，以及大巨蛋設計

3 中華路原有規劃的地面林蔭大道，地下共同管溝，以及三鐵共構計畫的剖面圖

4 原有中華路地下街商場連結交通轉運中心規劃的剖面圖，盼能帶動台北市西區的再生

5 基隆河截彎取直後，內湖堤防內的河川地，應能在防洪原則下，適當種植喬木，以提供足夠的綠意、遮蔭與生態環境

1

2

3

4

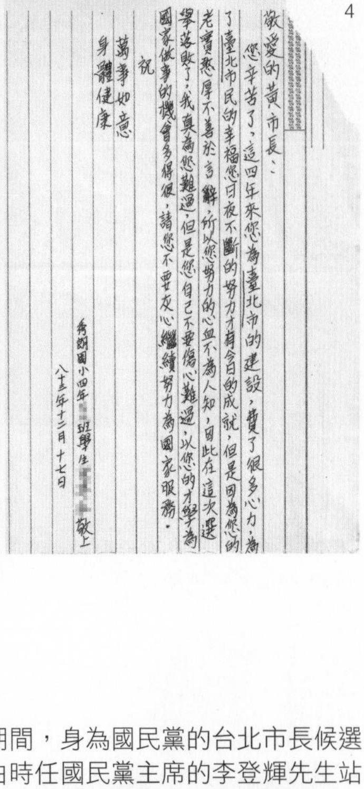

敬愛的黃市長：

您辛苦了，這四年來您為臺北市的建設，費了很多心力，為了臺北市民的幸福您日夜不斷的努力才有今日的成就，但是因為您的老實忠厚不善於言辭，所以您努力的心血不為人知，因此在這次選舉落敗了，我真為您難過，但是您自己不要傷心難過，以您的才學為國家做事的機會多得很，請您不要灰心繼續努力為國家服務。

祝

萬事如意

身體健康

秀朗國小四年[redacted]班學生[redacted]敬上

八十三年十二月十七日

1 選舉期間，身為國民黨的台北市長候選人，由時任國民黨主席的李登輝先生站台助選（中國時報提供，洪聖飛攝）

2 完成台北市戶政地政資料的電腦化與連線，也是市長任內的重要成果之一

3 台北市長競選期間的車隊造勢活動（達志影像提供）

4 83年民選市長選舉失敗後，收到不少市民朋友的來信安慰鼓勵，包括這位小朋友的信件，內心仍感溫暖

2 1

3 4

1 收穫自己親手栽植的安全蔬果，總有滿滿的成就感

2 台北市大安老人服務中心頂樓，一直是台北市最成功的屋頂農園之一（優傳媒提供）

3 2018年在台北市田園城市推廣活動中，分享多年來作為都會農夫的心得

4 獲頒法國國家騎士勳章後之祝賀晚宴

5 6

5 本書採訪撰寫過程中，開心的回憶描述兒時過往

6 與採訪整理的中國時報副總編輯白德華先生討論內容

黃大洲的人生傳奇

感恩的憶述

不作秀的執著、做實事的熱情、拼執行的魄力

作者 黃大洲
採訪 白德華

推薦序

為政不在多言

蕭萬長

黃大洲兄和我年歲相近，成長過程相似，更是多次共事公職，深知大洲兄為人處事。因此在他大作《感恩的憶述》付梓前，有機會閱讀初稿，讀來倍感熟悉親切，樂意分享我的感想心得。

大洲兄具有兩項特質，令人敬佩。第一，做事不辭勞苦，全力以赴；第二，為人不與人爭，不忮不求，是位不折不扣的實踐家和人格者。

大洲兄從學術踏入政府行政，懷抱著「大同社會」的理念，更以務實踏實的態度戮力從公。在台北市政府期間，推動重大建設，那時期我也在經濟部和經建會任職，業務上很多需要相互支援和配合，因此經常一起開會協調。我發現大洲兄以宏觀前瞻的視野，規劃市政、積極任事、不畏艱難。這些建設均影響深遠，其中如大安森林公園、基隆河截彎取直、捷運六線工程同時施工、中華商場拆遷等，這些工程施工時，社會屢有批評之聲，但是大洲兄秉持臺靜農教授一句勉勵的話：「為政不在多言」，忍辱負重，承受下來。多年後市民享受到廣闊綠地、便捷交通、親水河岸，經常想到也感念當年的這位市長，真應了「前人種樹，後人乘涼」這句古話。

一九七七年初秋，行政院內閣改組，我延攬大洲兄擔任政務委員，借重他在教育文化、交通觀光、體育運動等專長和經驗。對行政院規劃推動的相關政策，大洲兄依然本著積極任事的態度，協調執行，順利達成。所以我說，大洲兄是一位做事的人。

大洲兄學術研究不拘泥理論框架，強調要能具體實踐的重要性，也謹記臺靜農教授的話，默默做事，不與人爭。公職退休後，徜徉於蒔花種菜的農夫生活，既健身又可品嚐有機蔬果，做一個快樂的退休人。

大洲兄以感恩心情，追憶人生，記述在那個時代所經歷既辛苦又充滿挑戰的歲月，讀後更能體會現在享受得來不易豐美果實，希望大洲兄的這本大作對新世代的人能有更多啟發，因此，我以十分喜悅的心情推薦給大家。

蕭萬長

中華民國第十二任副總統

推薦序

剛毅木訥近仁

孫震

黃大洲先生是我在台灣大學的學弟，我們都是台大栽培出來的學生。大洲兄大學讀農業經濟，研究所讀鄉村社會經濟，我大學和研究所都讀經濟學。畢業後我們都留校任教，在師長安排下，拿美國的獎學金，到美國念博士，後來又都借調政府服務。大洲兄一直追隨李故總統登輝先生，先是在台北市政府以顧問身份擔任研考會執行祕書，後來到台灣省政府擔任副祕書長，他是李先生忠心的愛將。

我則在行政院經濟設計委員會後改組為經濟建設委員會任職，負責經濟研究與計畫。一九八四年我回台大任校長，這時李先生當選副總統，大洲兄回到台大任教。我想借重大洲兄的行政能力，請他擔任台大總務長，但想李先生可能對他另有安排，又怕大洲兄不答應，就去徵求李先生同意，並請李先生幫忙勸大洲兄同意。我和大洲兄在台大有一段愉快共事的經驗。

我出任校長後，對母校的發展提出一些重大的計畫，其中有兩項是總務處的業務：第一是解決校地不足的問題。台大的土地有一部分被不同的政府機關借用，合約到期拒不歸還；另有政府為台大保留的校園預定地尚未收購。第二是興建校舍，改善教學與研究環境。收回借出去的房地產由我自己出面，分別洽商妥當，再由學校發文辦理，其他沉重的工作都落在總務長身上。

收購校園預定地因為政府公告現值遠低於市價，大洲兄雖然努力爭取額外補償仍有不足，加以地主多年生於斯，長於斯，對自己的房屋和土地有深厚的情感，自然不願遷離。這真是一件艱難和內心糾葛的工作，但是為了台大的發展不能不做。大洲兄面臨很大的困難和很多抗爭，他都很有同理心和同情心加以化解，沒讓任何事件發展到我這裡。當時台大校園裡的建築工程陸續進行，大洲兄往往晚上查看工地，他和總務處同事的工作負擔大，我十分感念。

我記得一九八四年快放寒假的時候，大洲兄有一天在行政會議提案：台大土地遼闊，為維護冬季校園安全，建議由參加行政會議的學術和行政主管輪流，帶領職工組成的小隊，每晚從十二點到凌晨巡視校園。第一天由他領隊，年齡超過五十歲免役。我那年恰好滿五十歲，不知他是否為我量身打造，故意放水。

大洲兄對學生很愛護，學生畢業後仍繼續關心他們的工作、婚姻和家庭。他常對我說，學生在校時男女生不知如何相處，失去交友、談戀愛的機會，離開學校以後機會更少，很多學生畢業多年後回來看他時仍然單身。他為了增加男女同學正常交往的機會，讓他們學習相處的禮儀，在興建學生宿舍時，特別將兩棟男女研究生宿舍毗鄰而建，將餐廳設在女研一樓，樓頂有空中走廊相通，平時關閉，女舍有事故時，男生可以即刻救援。大洲兄真是一位充滿愛心，溫柔體貼的師長。

那時候我們中午常在一起吃飯，我吃水餃他吃三明治。有一次談到校園景觀。大洲兄的母校康乃爾大學美景天成，世界著名，我們台大難以相比。我說起一九七九年初訪普林斯頓大學，到處林木蔥蘢，綠蔭遍地。陪同人員向我介紹說，普林斯頓校園，一些迎面而來不起眼的人，可能是得諾貝爾獎的科學家，也可能是哲學家或詩人。然而我們台大，從大門進來的椰林大道，大王椰子高聳，走在這條大道上，盛夏烈日如火，揮汗如雨，能產生哲思和詩意嗎？大洲兄同意我的意見，立刻動工將椰林大道兩旁分隔島靠人行道的一邊種植樟樹。如今早已綠樹成蔭。後來大洲兄出任台北市政府祕書長，下班後的黃昏常回到台大校園查看。有一天他打電話告訴我，颱風將至，支撐新植樟樹的支架因樹身長高，支撐點偏低，應將支撐的位置提高。又有一次跟我說，部分樟樹發現蟲害，他可以請市府派車噴殺蟲劑。大洲兄的用心和關切讓我永生難忘。

大洲兄後來順理成章升任台北市長。他是一位敏於行而訥於言的誠篤君子，從來不會花言巧語討議會和市民歡心，只默默帶領市府團隊努力工作。他是一位令台北市民普遍懷念的市長。在眾多的市政建設中，闢建大安公園、拆遷中華商場和基隆河截彎取直，大洲兄認為是最艱鉅的三大工程。然而他不多說話，謀定而後動，懷著一顆仁慈的心，堅持理想，不畏險阻，勇往直前，一一加以完成。孔子說：「剛毅木訥近仁。」，正是對大洲兄的寫照。

大洲兄拆遷大安公園二千六百餘戶，中華商場一千七百多餘戶，都從優補償，妥善安置，沒有發生一件意外，真是了不起的魄力和能力。我有一段時間常聽他說，基隆河「青山綠水，白帆點點，兩岸垂柳，儷影雙雙。」我認為他在大安公園和基隆河截彎取直兩件工程上所創造的價值超越世俗利益所能計算，必將垂之久遠。可惜他拆遷中華商場原計畫要做的地下街、停車場、人行步道，因任期所限來不及完成，就離開市長職位，也讓西門町失去了都市更新的機會。

我很慶幸退休多年仍有機會在不同聚會中和大洲兄見面，聽他發表都市綠化和屋頂種菜的高論，熱情不減當年。我和大洲兄相識四十多年，得到他很多幫助，這次很高興為他的這本大著寫一篇小序，略表我的感念之情。我祝大洲兄和文英嫂身體健康，福杯滿溢。

孫震

台大經濟研究學術基金會董事長

中華教育文化基金會董事長

二〇二〇年十月一日中秋夜

推薦序

務實的公僕典範

徐旭東

我很喜歡看書，尤其是精彩的傳記作品，唐太宗曾說：「以銅為鏡，可以正衣冠；以史為鏡，可以知興替；以人為鏡，可以知得失。」閱讀人物傳記，可從中窺得書中主角的個性特質與處事作風，以及他們如何做出對國家社會的良多貢獻，進而興起效賢之思。

與我相識三十多年的黃大洲市長，早年就有筆耕的習慣，公職退休後，他把收存的手稿、講稿、記事紙條加以整理；經中國時報副總編輯白德華先生協助彙整潤飾，增加了整本傳記的可讀性，也讓讀者對這位「為政不在多言，顧力行何如耳」的老市長有了更新且更深刻的認識。

黃大洲市長博學多才，是一位具有學者風範的優秀從政者，據聞在台灣大學任教期間，治學嚴謹，教學認真，廣受學生愛戴、同儕推崇。踏入政壇後，歷任公務部門重要職務，建樹頗多，政績卓著，其中尤以台北市長任內各項重大建設，屢屢向「高難度」、「高風險性」、「高複雜」的市政沈疴挑戰，最受矚目，且深具歷史意義。

黃市長在任內規劃了幾大重點建設：大安森林公園、華中河濱公園、六條台北捷運線、拆除中華商場、完成基隆河截彎取直，其中涉及一萬四千多戶住家及違章戶的拆遷，在當時幾乎是不可能的任務，承受的壓力絕非一般人所能想像。然而，他從不曾在媒體上為自己辯解，只是腳踏實地的做事，專注於解決問題，事隔三十年後再回顧這些政績，他確實為台北市留下了許多重要貢獻，為今日的繁華進步建立良好而穩固的基礎。身為台北市民及集團總部位於台北的企業經營者，我欽佩他的前瞻創新及勇於任事，堅持「只做事、不作秀」的黃市長，堪為政府行政團隊的楷模。時下有些喜歡譁眾取寵、只想爭取鎂光燈、博取媒體版面的公眾人物，其實應該學習黃市長「汗水多、口水少」的精神，落實永續發展的願景（vision），搭配強烈的使命感（mission），再加上勇往直前的執行熱忱（passion），才能真正造福國家社會。

市長任期結束後，大洲兄續展長才，又出任了行政院經建會常任委員、行政院研考會主委、行政院政務委員，以及中華台北奧會主席等職務，表現都非常卓越。之後應邀擔任遠東集團公益系統董事，非常關心基金會的會務發展，常親自參加基金會舉辦的論壇賽事，並提出諸多建言。例如建議遠東建築獎應針對屋頂綠化的表現設立獎項，以鼓勵業主及住戶。我十分贊同他多年來極力倡議的市容綠化概念，除了將朝此方向規劃，也請亞東醫院、遠東飯店及許多關係企業逐步在屋頂景觀上採用綠色植栽，響應黃市長對於綠色城市的期望。

除了環保理念相近，遠東集團在世界各地經營企業，也和黃市長書中的描述一樣，經常遭遇到挑戰與磨難，但是我們有共同的堅持，只要認定是對的事情，即使吃力不討好，也會不畏艱難險阻、按照規劃走下去，這是基於心中的使命感，驅使為政者與企業經營者必須強化行政效能，注重民生建設，營造人民、企業、政府多贏的局面。

《感恩的憶述》以流暢的文筆，詳實描述黃大洲市長的童年軼事、求學過程，以及從政經歷。書中提到許多台灣近代史中值得回味省思的重要事件，更從黃市長的身上看到不夸言、不愧行、不畏挑戰、戮力以赴的精神，誠摯推薦給所有愛讀書的人。

遠東集團董事長　徐旭東

二〇二〇年十月八日

自序

歲月匆匆，惟往事難忘，點滴在心頭，內心充滿感恩的情懷。

上蒼的恩典，父母的養育，妻情的相助，師恩的啟蒙教誨，長官的提攜鼓勵，同事的配合協助，市民的合作體諒與包容忍耐，議會和媒體的激勵，亦都令人難忘，時存感念。繼往開來，承前啟後，克服艱辛挑戰為民服務，乃榮耀上蒼賦予的使命。

我出生於一九三六年的台灣南部農村，成長年代跨越了日治時代晚期、國府遷台、初期美國援助，以及工商經濟起飛等四個時段，可謂見證了台灣從早年農村建設到經濟發展的時代。小時候單純的鄉下生活經驗與成長環境，對我後來在推行很多施政決策時的方向掌握與理念態度有很大的影響。當年北上念書從學習農業經濟開始，研究鄉村農業社區發展，再到後來因緣際會，從學界步入政壇、體壇，因此有機會參與了市政建設、體育運動、觀光推展、環境永續美化、九二一地震救災重建，以及兩岸交流等跨越不同部會和專業領域的工作。很多職務的委派並非依自己最初的預期計畫在走，而是在接受不同的新職位後，從頭開始學習，因此很多工作也都是新的挑戰。依不同行政時序，不同階段有不同經驗的累積：從任職中美合作土地改革訓練所副執行祕書、台北市政府研考會執行祕書、省府副祕書長、台灣大學教授兼總務長、台北市府祕書長、台北市長、行政院經建會常任委員、行政院研考會主任委員、行政院政務委員、中華台北奧會主席、每一個階段工作時間長短不一，體會與感觸亦不盡相同，但天下道理本相通，很多做事的觀念本質相同，可以交相應用。這些行政經驗的多樣性，加上曾參選市長及多次參與輔選的感受，趁記憶猶新時執筆，留下人生的見證，也希望這些觀察與記憶能有助年輕一輩對台灣過去六、七十年來的發展演變，有更客觀的瞭解與啟示。

本書主要為我從事行政工作的重點憶述，以任職台北市長期間親自參與的市政建設為主，特別是執行難度較高的大安森林公園、八棟中華商場的拆除，以及基隆河截彎取直與新生地的開發，還有其他複雜度較高的六條捷運系統建設的同時施工，以及環保、教育、藝文活動、社會福利、行政改革、醫療、行政電腦化、環境綠美化等方面的理念措施，也都涵蓋在內。全書內容除述及當年各大政策從計畫到落實執行的過程、化解抗爭細節經驗外，也加入了我個人基本的行政理念、價值觀，對時下行政文化的感言，以及對未完成市政願景的遺憾，都坦然加以披露，以供有志一同的行政工作人士參考。

此外，本書亦特別收入了我當年研究國民政府所推動的土地改革、農會組織以及農民社區發展工作的經驗與心得，以及略述我擔任行政院政務委員期間，奉派擔任中華臺北奧會主席的經歷，除了推展全民運動之外，也開啟了我和大陸接觸的契機，以及對中國大陸的瞭解和農業建設的參與。

本書內容集結了自己的回憶記錄、過去發表的書籍文章、講稿專欄、訪談記要、政策刊物等，再加上新近一些想法等匯集而成，盡量囊括了我從過去一路走來的經驗、感觸與心路歷程，和讀者分享並請指教。

我早年有揮筆塗寫的習慣，公職退休後即有把收存的手稿、講話草稿、記事紙條加以整理成書的計畫。惟因我過去研寫多屬有關農業訪問的調查報告，文字生澀，對一般讀者而言，可讀性不高，遂經友人介紹中國時報副總編輯白德華先生協助彙整潤飾，提高了文辭的可讀性。承白先生繁忙編輯工作之餘仍盡心盡力的協助完成，特表謝意。

本書得以完成出版，主要感謝遠東集團徐旭東董事長，以及徐元智先生紀念基金會黃茂德執行長的支持，以及時報文化出版社的出版協助。整理文稿期間，亦蒙嚴富美女士提供舒適的工作場所，再次特別表示由衷的感謝。內人文英、小女安祺、安永也都時時關心督促，使本書得以早日完稿，親情的關懷與鼓勵，更深感可貴難忘，容我再次說聲謝謝！

回顧往事，酸甜苦辣令人難忘，惟感恩之心時縈腦際，上蒼的恩典永難忘懷。

黃大洲

中華民國一〇九年九月二十八日台北

目次

第三章
感懷師恩……53

第四章
農會、土改與社區發展……77

第五章
行政經歷……141

感恩的憶述

回憶來時路，已約略是七、八十年前的往事了。午夜夢回，不用怎麼思考，兒時烙印全湧上心頭。其中有無憂的歲月，在森林般的農地牽牛趕羊吃草；小學恩師胡炳傳老師孜孜不倦的身影，為了學子成材打手心「痛卻快樂著」的情懷；以及念初中時每天為趕上火車拚命跑步的快意盎然。

青澀歲月對人生似懂非懂，只知埋頭苦讀硬背。進了台大後，經歷無數次農家訪視調查，不斷撰寫報告。遇到恩師楊懋春、李登輝，鼓勵我考研究所、出國念書……。生命展現出時而像輕快的樂章，在我人生十字路口打著奮勇前進、堅忍攻堅的節拍；時而像澎湃的浪濤，有高潮迭起的時候，也有充滿著挫折的磨練。

人生後半段，對一個從農村長大的孩子來說，又是另一番風景。台北市長任內經歷多項挑戰，大安森林公園的闢建，中華商場的拆遷，基隆河截彎取直等的推動，曾因此被稱「寧靜堅忍執政」，是外界對歷任台北市建樹最多的市長的誇獎，卻也是最不會自我宣傳的市長。

幸而從小在嚴父教導及恩師們訓誨下，養成自我嚴格要求，對問題追根究底精神，凡事堅定、忍辱，盡力盡善盡美的行事心態，也養成與挫折妥協共處，不屈不撓的心境，勝不驕、敗不餒，才能永保一顆平常心，看待人生微妙因緣的因果關係。

至今走過八十五個年頭，回想起來往事卻有如昨日。農村成長的歲月，也影響我的思維和價值觀。如老家茂密的刺竹林，擋風擋雨又可當圍籬，大安森林公園建置時就特別保留刺竹林景觀；迄今宅第頂樓不僅栽植各式花草，種瓜種豆，既美化綠化環境，更是滿足另一種「鄉愁」。

七十年前農村印象已非現代年輕人可想像，但往事並不如煙。一個時代有一個時代的特質，老一代農村雖然落後，但若沒有往日的辛酸苦澀，又如何有今日的甘甜與幸福。如何在過去艱辛努力建立的基礎上繼往開來，卻是新一代新的挑戰。

第一章

兒時記述

民國二十四年（西元一九三五年）底我在台南「小新營」出生，當時是日據時代，農村比較窮，衛生條件差，小孩出生後能否養活都未可知，常申報戶口也較晚，因此身份證上出生年月記載的是民國二十五年二月，實際生肖是「豬尾鼠頭」。

小新營出生，也是眷村後代

「小新營」附近很多地名都帶個「營」字，相傳早年為鄭成功驅逐荷蘭人後屯兵紮營之處，如南部的左營，鄰近大營、偏北的柳營、還有林鳳營、下營等地，都是當年鄭成功駐紮屯兵之地，本質上和今天的「眷村」類似。任職台北市長時曾逢眷村拆遷，我告訴激動的眷村二代，「我也是眷村長大的後代」，他們一聽覺得奇怪，我便告訴他們這個典故，有了共同語言對方口氣才平緩下來。

鄭成功一六六二年來台，距今四百餘年。根據台大醫生、血液專家兼歷史學家陳耀昌教授研究，世居台南地區營字號者，多數祖上來自鄭氏東寧部隊屯田軍，善化、麻豆、官田一帶更是鄭氏部隊重要將領的官佃所在。《福爾摩沙三族記》記載，陳教授推論我祖先應是來自鄭成功心腹大將黃安，相傳從漳州來台。

我沒見過祖父，只見過大廳牆上掛像。父母親曾說起，祖父名「黃老鈞」，曾當過保正，類似現在村長，鄉人都稱他「老鈞伯」，就像村中和事佬，幫村民排難解紛。

嚴父型的家父黃秀卿，畢業於台南師範學校演習科。家父曾談到，日本建立公立小學校時，畢業生會先派往偏遠地區教書歷練。父親畢業後先派到今台南市山區左鎮小學教書，那時老師大清早都要前往農家請小朋友上學，為勸誘還帶著森永牛奶糖哄騙。農村孩童體力好，打架乃家常便飯，又不愛念書，加上農村家長沒讀書觀念，苦口婆心說服家長則成為老師教書之餘的職責，也需具備一定體能才能勝任，據說有時還要和家長比腕力，比贏了，家長才會讓小孩去學校念書。

後來父親調到平地的茄拔國小任教，學校給了他一個頭銜「甲種訓導」，穿著黑色制服，模樣很是威嚴。學校隸屬日據時代的善化街，街長是同為茄拔村人的曾丁順，可能因這層關係將學校設在茄拔村。據稱這位街長日語不靈光，因此請唸過師範、日語能力不錯的父親當祕書，並調往善化街役場（今之區公所）服務，名為助役，相當今日的主任祕書。

一九四五年台灣光復後，家父漸成當地小有名氣的地方領袖，曾擔任善化鎮民代表會主席，後來也出任嘉南水利會委員、水利聯合灌溉小組組長，一遇農民挖洞盜水灌溉糾紛，農民便群聚家中調解。遇有人被關，家父負責從監獄領回，並勸說上進。

父親對孩子教育嚴格，小時只要聽聞沉重木屐聲，就知父親下班回家，再調皮搗蛋也要靜下來。傳統家庭總是望子成龍，望女成鳳，父親一樣，只要見到我們用功讀書就天下太平，但這不代表其他農村家庭也如此。

由於農村知識水平普遍較低，多數農家對教育可能僅停留在「會寫自己名字」的層次，至於考上什麼學校，父母不關心也不清楚，頂多只會問：「考上永康，還是嘉義的？」永康是指台南農校，嘉義則是嘉義農校。有些家長會這樣問：「考上『北上的』還是『南下的』？」前者指嘉義農校，後者指永康台南農校或其他學校。家父一絲不苟、嚴以律己的性格，對我小時影響很大，也塑造了我一生凡事盡量求完美、嚴以律己的性格。話雖如此，我對自己兩個小孩的教育可能更多的是愛的教育，加上平常忙於研究教學及行政庶務，內人又是師大教育系畢業，兩小孩基本由內人帶大。

母親黃許倪是台南市東菜市人，小時為養女，原住台南市延平路，被收養後在東菜市外婆家長大，後來透過介紹和家父認識結婚，才嫁到小新營。在那個年代嫁給老師算是不錯的選擇。我大舅和大舅媽以前在東菜市擺攤賣肉粽，小時偶爾陪母親回娘家，從善化坐火車經新市、永康到台南，到了台南火車站再換人力車坐回阿嬤家。外祖母對我很好，看到外孫回來總高興的不得了，回家時總能帶上好多吃的返回小新營。

可能因小時家教嚴，孩子念書成績都不錯，我小學畢業後考上南一中初中部，姊姊則是考上台南女中；村裡考上職校也有好幾位，如南農，嘉農三、四位，我表兄當時考上嘉義農校。

在那個年代，因師範學校讀書免費，畢業後又可保證當老師，因此比一般職校難考，校風也更嚴格。家父曾說，日據時代的師範教育很重視實際操作訓練，學校老師不僅要以身作則，己身正才能正人；勞作課時，老師要親自整地種菜給學生作示範，上級督學到校也會查看老師種植成果。我念中學時，學校在勝利路原有一塊預定地供勞作課實習，我和同學負責一畦地種番薯，和同學兩人時常挑糞施肥，對農事有了一定程度了解，這也成為人格養成的重要一環。

小女生看高鼻子

我因為從小鼻子長得比較高，鄰人都稱為「兜鼻仔」。搭火車上學時，常有初中女孩圍過來，常臉紅不好意思拿起書來擋。以前家裡曾有一說，小時候母親常初一十五一直捏我鼻子，把鼻子捏高了；但也另有一說，家族祖先可能有荷蘭血統。

說到這點，家族的確有些與眾不同。和其他同村民相較，黃家上一輩的個子長得都比較高，比如我姑姑、伯伯，個子比一般人高些，我姊姊身高一七〇公分，另外就是輪廓深。但台南過去有原住民西拉雅族，也說不定我們與原住民血統有關。事實上從鄭成功時期到清朝，台南一帶除來自大陸以男性為主的漢人外，原住民居多，像現在「目家溜灣」、「西拉雅」等地名，都是當時原住民居住地名保存下來，可見當時「漢番混居」的社會，漢人與原住民通婚繁衍世代，也是自然現象；加上當時荷蘭人佔領南部地區，致使血緣關係更複雜。事實上，在我讀南一中時，有些同學看來就像洋人。

吃番薯簽摻米住半肚磚厝

小時大多數村民家境不是太好，農業還不算發達，三餐吃最多的是番薯摻米，白米乾飯還不是村民普遍的主食。

「番薯簽」是當年最重要最普遍的糧食，農民每年將番薯簽晒乾儲放在小倉庫，吃白米稀飯時配一點則口感不錯，可免除饑餓感。番薯簽稀飯佐以鹹瓜、蘿蔔乾，就是最普遍的農村餐。家裡如果養雞生蛋，佐餐可再多一道菜脯蛋，便是當年最豐盛美味的一餐。

當年農村窮，最普遍餐食是吃番薯加白米稀飯，因白米存糧不充沛，不太可能每頓白米乾飯。雖是吃稀飯，但多吃兩碗還是會有飽足感；有了番薯簽儲糧，就不致斷炊，白米加些番薯簽煮成稀飯就更濃稠，口感更好。當然，白米乾飯是最理想的主食，但不是所有家庭都有能力每天三餐吃得起。

從番薯簽和白米不同搭配食用，可分辨出每戶家庭家境的好壞程度。家境最差者通常吃番薯簽稀飯，再來是番薯塊湯，隨後依次是番薯簽摻米稀飯、番薯塊摻米稀飯、番薯塊摻米乾飯，家境較富裕人家就是吃白米乾飯，但不是多數村民可做到，叔公輩的鄰居告訴我，他們曾遇到荒年撿番薯乾葉浸水後，和山野菜混煮果腹。

此外，生番薯不能放太久，番薯簽一定要晒乾才能儲藏。鄉下主食不多，番薯簽可解決飢餓問題，長輩們說，台灣從荷蘭引進番薯後，飢荒才大為改善。儘管如此，老家一帶每逢拜拜，多用白米飯祭拜祖先。這與七十年代我到雲林口湖一帶進行農村調查情況不太相同，當地有人家拜拜用番薯簽加米乾飯，顯見環境多少還是有落差。可能相較台南來說，雲林沿海一帶環境相對惡劣，雲林過去被稱「風頭水尾」，灌溉時水量不足，水溝不暢通，原來沿海有茂密的防風林——林投樹，一直長到海邊，但二戰期間日本人擔心美軍登陸會遮蔽影響視野，因此將沿海本來可擋北風的林投叢木全砍掉，海邊光禿禿一片，也帶來強風肆虐。

時過境遷，如今番薯簽不再是窮困人家為飽食感摻雜的食物，番薯稀飯加菜脯蛋已成為台灣都市地區最愛台菜之一，甚至觀光級飯店也拿番薯簽粥飯作為菜單，我每到台北市兄弟飯店都能吃到。「番薯飯的進化史」，活生生成為台灣農村社會進化的縮影。

日本殖民時代，日本人從北海道運來紅鹹魚，再搭配不同主食，也慢慢成為當年台灣農村普遍的餐食佐菜，帶便當最常見的佐菜除鹹蘿蔔外，就是有鹹魚好下飯。

從土埆厝到半肚磚厝

直到上初中時期，農村住房少有鋼筋水泥房，多數住的是茅草屋或「土埆厝」。「土埆厝」沒有磚頭，一般用黏土和乾稻穀製成方塊狀，晒乾後一片片疊成做牆壁，拿刺竹做柱子，柱子間再用竹片編成牆壁，再鋪上黏土，外表覆蓋茅草，就是當時最普遍的土埆厝牆壁。農村最多這種房子，但家境好的會在牆上貼上磚片。日後，茅草屋和土埆厝漸被半肚磚房取代，鋼筋水泥房則是更以後的事，當時為數不多。

我出生時住的是「半肚磚」房，屋頂用瓦片、牆壁下半截為磚頭，上半部用晒乾的竹片壁，塗上黏土和稻穀混成泥巴壁，最後輔以白灰而成，有些農家只用曬乾的茅草防雨防風。老家後面原有三間土埆厝，平常當倉庫用，存放番薯簽，厝內綁了幾隻羊。後因下雨土牆被雨水浸蝕，有一天就整個塌倒。

總的來說，當年建造房子經歷幾個結構式的演進，從茅草屋到竹子、泥巴屋、再到土墒厝、半肚磚宅。半肚磚時期，房子上半部牆壁仍使用竹材作原料，但未全面改用磚頭或鋼筋水泥，主要仍用刺竹柱做支柱，中間用竹片編制再塗上泥巴、石灰，小時住的房子就是如此。

老家直到我就讀初中二年級時，才翻新房，牆壁改用磚頭，外鋪白色大理石碎石，外觀比以前好看。至於室內地面也鋪上水泥，老家在那次改建後一直延續至今，沒再大改。父親曾表示，為了翻新房家裡賣掉一批豬，當時台灣已光復，物價再沒管制，農產品可自由買賣，價格賣好點才有了翻新房的本錢。改建期間，我們寄住隔壁二伯家一段時間，土木師傅遠從外地、現在的六分寮請的，屋頂樑柱用的是在台南市區買的大陸福州杉，利用深夜以牛車運回小新營。

說到刺竹林，其功能相當多。除早期防禦作用外，也是當年建材主要來源。早期農村談不上什麼衛生設備，男生的小便器就是將竹筒鋸成斜切面，再將其中兩節中的一節打通，就成了當年室內男用尿尿竹筒，供夜間小號之用；女生便器則是木頭做的桶子放房間角落。小時常聽鄰居夜裡清刷尿桶聲音，如此「衛生設備」持續幾十年，直到進了台大念書，前往鄉下進行農村調查時，偏遠農家客廳還可以聞到臥房的尿桶味。

長期以來村子民風淳樸，倒沒聽聞外來搶劫事件，不過這與村子四周長滿刺竹應有很大關係。刺竹林長成後密度高，如圍牆般林立，就具備了防盜功能，擋風，防盜，又可當建材，又可蓋房子。刺竹林形象因此從小烙印內心深處，一看到竹子就想起老家刺竹林。市長任內，在大安公園保留好幾叢刺竹林，可能是受到早年老家刺竹林立所影響。

多用途的池塘

蓋土埆厝最重要的是黏土，早期黏土多從村裡的池塘挖出。老家村子有三個池塘，現在只剩廟前池塘尚保留完整，當地池塘除供挖肥沃的淤積土外，也具備蓄洪功能，大雨時當蓄洪池，池裡可養魚，平常可在池畔洗衣；下半年乾旱時，池內土壤腐蝕後成為有機土，農民會挖出這些略帶灰黑色的土壤，以牛車運到農場作為土壤改良之用。

池塘屬宗族所有，每年由不同宗房管理，輪到掌管池塘的宗房會買魚苗放養。歲末乾旱時，踩水車的村民會點香計算踩踏時間，彼此輪流，可抽離剩下的水，水乾了就抓魚賣給魚販，一般以鰱魚居多，也有泥鰍，一部分分給宗親，水池乾涸後再挖土運到農場做有機肥。雨季來臨時放養魚苗，歲末抽乾池水抓魚，如此生生不息的依季節行事，很像自然界的生態循環。

水井成社會中心

除池塘外，因地下水位高，村子左鄰右舍都會挖深井，每幾戶間就有一口井。日據時代只有日月潭電廠，台灣普遍缺電，電燈一般晚上六點後才開，平常用煤油燈。念初中時家中還沒自來水，一般用井水，掘井而飲是我兒時農村寫照之一。

水井幾乎遍布村子每個角落，我們家附近就有一個。家家戶戶設一個大水缸，平常取水煮飯燒菜，水不夠就往井裡取。水井突出地面的圓形牆壁上，會鐫刻誰家什麼人參與鑿井。女人家在水井旁洗菜、洗衣或閒聊，水井旁便常聽聞張家長李家短，誰家孩子考上嘉農，誰家媳婦生了小孩，活像農村的社會中心。光復後農村建設日益發達，這樣的光景已隨年代褪色消失，如同手搖抽水機已不再，如今水井也早已被自來水取代。

六大姓各據一方

以前老家村子有六大姓各據一方。姓李的住東邊，南邊多姓黃，少數姓毛，北側吳姓居多，西側姓湯，每個地方都有共同的姓氏族群。李、林、黃、吳、湯、毛六大姓，構成血緣和地緣關係，左鄰右舍都是親友，有事互相幫忙。然而，早年兒時記憶都已成往事，如今只剩廟前池塘還在，這池塘原是姓湯的，但隨著時代進步，有了灌溉溝渠、蓄洪池，池塘功能被取代，原來的池塘，最後也被填平蓋房子了。

空襲避難

值得一提的是，二次大戰期間美國軍機曾轟炸台南市，鄰近的小村落因此成為台南市民短暫避難所，不少台南市民搬遷到鄉下避難。轟炸期間市裡民眾先借助農村親友家住，等戰後房屋修繕完成，再陸續搬回市區，當時外婆家族也從台南市搬到我們家及其他親友家借住避難。為收容市民，農村有些空屋清理後當成庇護用收容所，可賺一點小錢，有些農家也會將倉庫或牛舍整修一下，成為簡單的客房，儘管簡陋，但戰時總算有棲身的處所。

相招結伴上學去

小新營隸屬現在台南市善化區，雖然日據時代已推廣六年義務教育，但農村上學率普遍較低，這現象一直延續到光復後更嚴重。鄉下農民多不識字，有人認為「會寫名字」就是會念書。也因此，村裡如有高年級生上學，就會帶領鄰居低年級生一起上學。當年居住老家隔壁的黃明德，就是負責勸學其中一位，我也扮演類似角色。想想這些古老的趣事，再看看今日小學生有家人接送，簡直如天壤之別。

離小新營最近的小學是茄拔國小，在我們村北邊，走縱貫路到學校前要經過嘉南大圳南幹線的橋，學校就位在嘉南大圳旁。冬季強吹北風時，非灌溉放水期間水溝已乾涸，我們便彎著腰身行走水溝裡，避免逆風走路。茄拔是現任糧農署長胡忠一的家鄉，其父親胡茂興先生念小學時高我一屆。我在台大任教時，曾做過我助理，後來推薦他到東京大學攻讀博士，也是茄拔優秀人才之一。

小學時期就在林木茂盛的村裡長成，那時常跟大人一起在田間農務，上學打赤腳，直到小學畢業典禮才第一次穿上膠鞋。有機會穿鞋，是因為畢業典禮代表畢業生上台致辭，唸出老師寫好的謝師稿，現在想想，能作為代表似乎不是因我成績特別好，而是父親曾擔任學校老師及家長會長的關係。

如今，小新營里已建了一所新小學，原來的茄拔國小已改建，隨著教育普及，各個村落也早擁有各自小學，過去我們住小新營的學生，每天徒步到茄拔小學上課的現象已不再，和我的姪子輩一樣，現都已在本地就讀小學。

搭火車通學生

考上台南一中初中部後，開始每天搭火車通學的日子。其中特別值得懷念的是，曾經在那段熟悉的上學道路奔跑。當火車經過曾文溪橋時，如果見到火車頭冒白煙，就表示火車快到善化站，冒白煙加上鳴笛，如同吹哨聲響起，我們便開始奔跑，才不會誤了上火車的時間。

當年坐的火車是燒煤火車。火車頭掛有多節車廂，因是所謂代用客車，車廂內木頭座位沒幾個，學生們在火車上多半以手拉環才能站穩。火車從嘉義南下開往台南，途經蕃仔田（今隆田）到善化，我在善化站上車，經過擁擠的新市站，再到永康，因台南農校在永康，下站學生也特別多，隨後才到台南市。由於坐的是慢車，車程大約四十分鐘左右。

通勤學生的制服學號，和一般學生不太相同，如搭火車學生制服上會繡上「火」字；市區學生則繡上「市」字。但對通勤學生來說有點麻煩，因為萬一在市區遊蕩被撞見，老師看到制服上繡個「火」字，火氣也就跟著來。

到了下午放學時刻，通勤學生通常會在南一中門口排隊，由高年級學生帶著，沿四維路走到車站，坐火車到善化站下車，再一路走回家。

初中每天站著搭火車，也讓我領悟一些道理。當時火車啟動時必會搖晃震動，如果站立時面向行車方向，很容易前後晃動、甚至跌倒，面對車門方向站才不致搖晃，如此一來，很容易測試行車的穩定性。台北市長任內，為了測試捷運淡水線車行起動的穩定性，我以兩腳面向車行方向，很多人不解問我為什麼，我告訴他們，為了測試車廂起動的穩定性，這是初中時通學得到的經驗與心得。

日據時代奠定基礎建設

在茄拔國小念書時有段時間仍屬戰時，沿縱貫線旁不少農地成為汽車避難用之地面掩體。小朋友時常見到軍機在空中追逐，小孩不知天高地厚，懵懂心靈只覺得像捉迷藏，玩著「你追我趕」遊戲，小小心靈誰能想到美日正經歷一戰事，但也未見過軍機被打下情景。當時善化街上沒挨過轟炸，倒是美軍曾炸過糖廠。糖廠是日本株式會社產糖地，二戰期間美軍或許認為這是日軍經濟來源，因此成為轟炸點，給日本一點教訓。

日本人為在在台灣製造蔗糖，成立製糖株式會社，很多地方都設糖廠。農民只要替糖廠種甘蔗就有收入。以前小時常見糖廠軌道較窄的「小火車」通過，這種俗稱「五分仔車」的小火車平常用來運甘蔗，農閒時也做為民間交通工具，有些如麻豆地區的學生，前往火車站前可搭一段小火車到隆田站下，再換一般火車北上或南下。

糖廠有很多地租給農家種甘蔗，甘蔗田後來因土地改革、實施公地放領就變為農民所有。台灣光復後土地改革影響很大，這部分容後詳述。

小學四年級前我受的是日本教育，就讀四年級時台灣光復。雖說小孩感受不大，但有些記憶卻很深刻。比如學校朝會作晨操運動時，唱的是日本國歌。印象最深的是，唱完後要朝向東方、日本天皇所在地鞠躬。朝會時日本校長常在檯上發表講話，每次談話內容大同小異，多是日本正進行大東亞戰爭，皇軍如何厲害，打下多少敵機，炸沉多少敵艦，戰功彪炳的不得了，但回想起來都是在唬小孩。

二戰期間學校不少日籍老師被徵調去南洋當兵，校長讓他們利用朝會向大家道別。他們一般會說，「這次去南洋，是為天皇陛下打仗」，講完後高喊天皇萬歲，準備為國犧牲。台灣光復後學校日本老師剩不多，剩下的多束裝遣回日本。

小學生對「國家」概念都很懵懂，記得小學四年級前只知自己是善化小新營人，也沒聽過中華民國，只依稀記得大人說「重回祖國懷抱」這句話。光復後學校課程改變，小朋友開始學習國語注音符號，父母親雖然日語說得不錯，但在家中，都和孩子們講台語。

話說回來，日本人的確是個重視紀律的民族，記得小時見過日本兵行軍，服裝隊伍都很整齊。台南玉井的走馬瀨當年是日本騎兵養馬場，我們就曾在當地見到日本騎馬步兵紀律嚴明，外出行軍整齊畫一形象至今記憶猶新。過去搭火車到台南念書時，也在台南車站見到日本憲兵巡邏，這些憲兵如果見到日本兵穿著不整齊或違紀，通常就是一陣嚴厲喝斥。

小學時有次經過茄拔派出所，不經意從窗口望見日警拿藤條打人。印象最深的是，一對夫妻被抓了進去，原因是買了黑市牛肉便當被查獲，警察說夫妻的兒子便當有牛肉，違反物資管制條例，這父親說他不知道，是太太買的，日警便拿起藤條打女人屁股，雖不是很用力，但女人哭訴身孕請警察別打，只見日警竟用藤條撩起女人裙子看是否真有身孕，這事讓我印象很深，對日警留下很惡劣的印象。

不過念小學時可能為配合日本人軍訓，小學開始便有體育課，如跳木箱，跳不過一次就打一下屁股；每天朝會做晨操，高年級生還要爬竹竿，很重視體能鍛鍊，除此就沒做其他什麼運動了。不過當時從家裡走路到學校，要走上四十分鐘的碎石路，雖然邊走邊玩，運動量卻相當足夠。台北市長任內，我曾要求市府同仁慢跑，市屬學校要求學生跑運動場，闢建大安森林公園時設置健康步道，或許都和小時經驗脫離不了關係。

二二八衝突

茄拔小學老師多半是善化本地人，台灣光復後學校來了兩位外省籍老師，他們來自福建會說閩南語，其中一位叫陳井水老師，學校曾為他安排宿舍，二二八事件爆發時，家父是當時家長會長，特別交待茄拔人把老師保護起來。

當時社會混亂，政府財力困難，無法按月發薪餉及實物配給，外省老師又沒老家奧援，於是學校及家長會研究後，決定讓家境好點的農家小朋友，用罐頭裝好番薯簽、稻米等，帶到學校交給校長轉發，很有人情味。我和同輩小孩當時不了解二二八是怎麼回事，只聽到電台廣播說，什麼地方形勢危急，要大家去幫忙。

至於比較了解二二八始末，是在民國八十六年在行政院當政務委員，當時行政院長蕭萬長先生要我兼任二二八事件基金會董事長，那時市議員鄭貴夏當我祕書，有機會瀏覽相關文獻和圖片，為撫慰受難者家屬，每年都發給紀錄在案的受難者家屬慰問金及子女獎學金。

以當時感受來說，台灣光復後沒兩年，國府軍隊因在國共內戰失利撤退來台，和當年日軍講究紀律相較，台灣民眾自然相當失望。想想看，走在縱貫路上的國軍，熱天穿著舊棉襖，步槍隨便扛，一邊吊籃子，一邊吊衣服，炊事兵把步槍當扁擔，雖然當時是小孩，和印象中的日本兵相較確有天壤之別。

或許因台灣受了日本五十年殖民統治，才種下了二二八衝突因子。的確，日本統治五十年後建立的文化、習慣，和當時大陸差異很大，難免產生心理上的巨大落差與鴻溝；加上語言不通，南部鄉下沒人聽懂國語，文化疏離導致衝突誤會，很難避免。

台灣光復後，我在小學五六年級時學校開始上國語課。一開始國台語混著講，初中後全面要求國語教學。我因念小學時，有三年日語基礎，台大念書時第二外語選修日語，直到現在日語還可以應付。持平而論，日本殖民台灣五十年確實留下不少現代化基礎建設，如果沒有日據時期建立的基礎，國府遷台後能否在一片荒蕪下重新開始，繼往開來，恐有疑問，接受的挑戰也必然更嚴峻。光復前台鐵公路系統、部分水庫、發電廠、中小學、師範學校、農工商職校、現代化大學、醫院、農業改良場等等，皆已粗具規模。光復後進一步提高水準，加上美援及後來蔣經國任內推動十大建設，台灣經濟發展才能一步步站穩腳步，進而名列世界前茅。

第二章

農村記憶

我的出生地小新營農村，就像一小叢森林，樹木茂盛鬱鬱蔥蔥，住家前後處處是竹林，刺竹最多，還有不少水果樹，包括荔枝、人參果、無花果、龍眼、土芒果，棗子、楊桃等，從小就有被林木包圍的感覺。

林木多了自然吸引小鳥在樹上築巢。小時候常見到台灣的綠繡眼在老家樹林棲息。曾親眼目睹母鳥銜食飛進鳥巢餵食小鳥的可愛模樣，有時鳥巢裡的鳥蛋或小雛鳥不小心從巢穴掉下，小朋友也會細心以米漿餵食。

房子後面種著整排刺竹林，水牛就綁在其中一棵樹蔭下。小時農村記憶，不可諱言地影響了我一生潛意識裡對環境綠美化的感受和堅持。

刺竹林作用很大，在台北市長任內闢建大安森林公園時，曾下令不要砍掉所有刺竹林。當時區內有一座雕塑佛像，去留爭論厲害，後來決定以藝術品名義留下，就是用刺竹林分區塊保護起來，如此一來既保護了竹林，也尊重民眾信仰習俗，一舉兩得。

民俗信仰活動凝聚人心

老家村裡有間廟是村民信仰中心，名為「三代祖師廟」。廟前有個大池塘，池邊長著樹冠巨大的榕樹，歷經百年風霜迄今屹立不搖。榕樹四周圍起竹籬，現在則蓋了水泥地，平常日子，黃昏落日前常見三兩老者，榕樹下或泡茶或抽菸，一方面消磨時間，另方面也互通消息有無。每年歲末祭典活動展開時，村民會帶著祭品到廟前廣場拜拜，拜完後回家大吃一頓。

據傳小新營的三代公從明朝永曆年間就存在，鄰近的牛庄、茄拔、東勢寮及溪尾都有規模不一的神廟，每三年輪流舉辦一次大拜拜，俗稱「做醮」，祭品豐富，村民都會邀鄰村親友回來，俗稱「吃拜拜」。

大拜拜時廟會上演布袋戲，或由真人演出大戲。在那個年代的台灣南部，都有這樣的民俗活動，目的除了敬拜神明外，就是吃飯交流。大拜拜時，孩子最喜歡看布袋戲，布袋戲在鄉下源遠流長，早有演出專業團體在各地輪流演出，小孩們都站在台前看得發呆。台大任教時，中文系的曾永義教授對布袋戲做了相當深入的研究，享譽國際。

除了大拜拜、布袋戲外，平常日子有所謂的「王祿仔仙」，他們的特長是表演打拳賣膏藥。現在常有人比喻口若懸河的政治人物是王祿仙，確實很傳神。王祿仙口沫橫飛滔滔不絕，村民就當茶餘飯後看戲，但究竟賣的藥有沒有效，就沒人知道了。

宋江隊

村裡還有一個宋江隊，也有稱之為「宋江陣」，正式名稱為藤牌兵。宋江陣起源傳說是宋代，由民眾扮演成將軍、官兵，提著刀槍、棍棒等兵器，在舞台上跟著戲曲演出。平常則習武藉以鍛練身體，也可當休閒娛樂。村裡頭最常見的是，有人拿著盾、丈二（木棍），有些人拿刀，拜拜時在廟前操演給神明及村民觀賞。據傳古時台灣宋江隊藤牌兵曾遠征朝鮮，平亂有功，也曾當過劉永福的黑旗軍，在澎湖一帶打敗法國人。但這些都是後人留下來的傳說，未經考證。說起鄉下娛樂，多數是結合了地方信仰。

牆壁上的藥包

小新營老家附近因林木茂密，蚊蟲特別多，村裡衛生環境並不好。當時村裡就有不少流行疾病，瘧疾腸胃炎患者特別多。流行病死亡率很高，鄉下沒醫生，即使街上有醫生，但也沒錢看。眼看鄰居久病呻吟的老者往生，大家多半也愛莫能助。相較台灣在李登輝先生擔任總統、連戰先生擔任行政院長時建立一套完整的健保制度，一張健保卡走遍天下，真有如天壤之別，政府德政實在令人感恩！

雖然鄉下沒什麼醫生，但也有一種特別的制度，藥廠會定期挨家挨戶派送藥包，有專治簡單病症如發燒、肚子痛、頭痛或胃痛的小藥包，也有退燒藥、消炎藥等。那時每個家庭都會把藥包掛在正廳牆壁上，藥商代表來時會定期更換，並查看吃了幾包藥，該付多少錢。由於一般村民不識字，藥包通常會以顏色來識別不同用途。

除藥廠寄掛藥包外，有少數受過醫事訓練的村民能行醫，稱為「限地醫生」。茄拔村就有一位當過護士曾受簡單醫學訓練的村民，可幫人看病，政府會頒發執照，但和公醫不同，公醫屬受過正式醫學訓練者，這些醫生通常住市區街上。記得當年善化街上也只有一位黃姓公醫，患嚴重疾病才會去找公醫問診。

鄉下衛生條件差，小時我便得過腸胃炎。村裡常見的一道特殊風景是，小朋友蹲下來排一排瀉肚子，鴨子跟在屁股後面吃排泄物。日據時代學校開始打預防針，包括種牛痘，村民也要排隊種痘，種痘除了警察在場外，家家戶戶都要帶戶籍謄本比對登記。光復後建了公醫制，地方也成立衛生所，公共衛生條件才一步步改善。

壯丁隊

由於流行疾病多，地方政府會組織一些年輕力壯的村民當「壯丁隊」，負責公眾性工作，其中之一是定期砍伐過度茂密的林木，改善村子林木通氣性和透光性，這是當時改善環境衛生的作法之一。

被稱為「壯丁」在當時是一種榮譽，被視為地位較高的農村青壯年，年輕體力好就納編「壯丁隊」，村裡發生什麼事由他們出面處理，因此會做短期訓練，公家遇上什麼災難壯丁也要出面，有點類似現代的「義消義警」。偶而也會看到他們在村子入口處站崗，防止壞人進村。

鄉下曾流傳一個笑話：有位婦人到火車站搭車，因趕不上時間，火車將開動，鄉下婦人對著火車大喊：「等一下，等一下，我丈夫是保正，我兒子是壯丁。」雖是笑話，卻表示當時當里長及壯丁在村民心中，有高人一等的社會地位。

鄉下還有許多趣事。比如以前村裡蛇多，有一種不具毒性的「臭青母」最多，常會尋到稻草堆的雞窩偷吃雞蛋。記得有位名叫李再傳的村民敢赤手抓蛇，臭青母沒毒，他抓住後將頭綁起吊樹上，剝了皮去掉內臟，再把肉切成塊狀，加點茅草燉煮，傳說喝蛇湯可清血消毒。我們小孩子就時常一個個拿碗排隊，這位捕蛇專家便一人一塊肉拌著湯，分食小朋友。

水稻文化

粒粒皆辛苦

念小學時農村最重要農產是水稻，當時農村勞力充足，很多農場主僱有長年包吃包住的工人，俗稱「長工」，解決了部分就業問題，有些則是僱用鄰居親人幫忙農作採收。農村鄰里間互動密切，農忙時大家彼此會換工幫忙，所謂換工就是到對方家幫忙，不拿工資，頂多就是吃個便飯。鄰家忙不過來時，就先到你家幫忙，輪到我忙時就換你出力使力。

水稻收割需要一群男女組成的工作隊才能運作，由所謂「包桶」總其成。所謂包桶是負責組織收割水稻的女性，以及負責打穀、脫粒的男性工作者組合成收割隊，排好時間表到農場收割水稻。當年水稻收成時，都由事先組成的收割隊依包工制度排好時間表，前往農場割稻打穀，裝袋運回家曬穀。

至於工作流程也相當講究，首先，因女性工作者腰身較軟，就由她們以鐮刀割稻放成排，其後，男性工作者負責打穀脫粒；打穀桶由水牛拖行，水稻收割時每天必得早起，清晨五點趁著晨曦初起開始割稻，掌握好時間才能趕中午前將脫粒的稻穀運往稻農家，利用正午最赤熱的陽光曬穀。農村農忙時，凡需要彎下腰的農活幾乎都由女性主其事，這是農村特有的現象。在我擔任省府副祕書長時家裡農田改種草莓，無論種植、疏葉、除草也多由女性擔任。不過隨著社會進步，許多農作改由高架種植，這現象如今不多見，也不用農婦辛苦地在田中彎腰了。

但更棘手的問題是，台灣人口老齡化，加上年輕人寧願前往都市尋職務工，不願在老家務農種地，從而導致不少農田廢耕，農地如今成片荒蕪，看了令人痛心，農業面臨嚴重勞力短缺現象，這恐怕才是台灣農業當前最亟待解決的問題。

有一年台灣面臨石油危機，經濟蕭條，我曾在聯合報寫了一篇田園荒蕪胡不歸的短篇社論，呼籲來自農家的市民回老家歸田，相較今日實況似乎還可適用，但都市出生的新一代，並無父執輩的農村背景，就是今日農村的危機所在。

粒粒皆珍貴

水稻收割季節來臨時，村裡組成的收割隊一下子便忙碌起來，從男女分工安排，到打穀桶、拖打穀桶的水牛，到做好農戶別收割日程表，事情相當繁雜。以前有首歌這麼唱的，「透早就出門，天色漸漸光，受苦沒人問，走到田中央，為了顧三餐，為了顧三餐，不怕田水冷颼颼。」這首歌謠活生生反應了當時農民的工作心聲。

收割隊的確很辛苦，男女工不吃早餐就出門，好在割稻時主人家會預先準備豐盛點心，清早九點時將點心送到田地，有油飯、仙草或綠豆湯，甜鹹點心都準備，需要體力活的男工通常先吃，吃完後繼續打穀脫粒，隨後女工吃點心。

早期打穀全靠手勁用力甩，隨著時代進步，才有了腳踩脫穀機，只要緊握稻穗左右翻轉，稻穀便會自然掉進打穀桶。稻穀運回曬乾後，再以手搖風穀篩選，手搖風穀時，重的穀粒會先從漏斗掉入預備好的第一格布袋，輕的在第二格。掉在第一格的是飽滿穀粒，半飽滿的在第二格可拿來當飼料，至於穀粒最輕的吹最遠，可當柴燒，真是粒粒皆珍貴，皆有其用途。

收割時現場會有婦人拾穗帶回家。除拾穗人之外，村裡養鴨人家在徵得農場主人同意後，趕鴨子前往收割地，讓鴨子吃掉地上剩餘的穀粒，節省飼料花費。稻田收割後不久會長草，養鴨人家再趕著鴨子前去吃嫩草，又可減少僱工除草費用的支出。

打稻穗脫稻粒時有個現象，不會打得很乾淨，留一點做什麼呢？讓窮人家可以撿拾剩餘稻穗，用扁狀木棍重打一次。農村這特有現象，令人感動。窮人家趁收穫季節帶扁棍重打一次的結果是，能帶著一小包穀粒回家。真是粒粒皆珍貴，捨不得浪費一粒稻米。

把一些稻粒留給窮人，一如聖經所說，收購時不要收得太乾淨，留點給窮人，如同法國著名畫家米勒作品「拾穗」，都隱含著一股濟世的意涵。

台灣農村文化除刻苦耐勞外，還有就是勤儉。舉例來說，嘉南大圳地區因水源不足，無法每年種水稻，因此採三年輪作制度，農地輪到有灌溉供水時可種水稻，非灌溉時就種甘蔗、花生、玉米、番薯或其他旱作。為加強土地利用，當年有所謂的「間作制度」，同一農場種了兩種作物，一種先收成，一種晚收成，如番薯和甘蔗是常見的間作農作物，番薯收成後，甘蔗還可繼續成長，既充分利用土地生產力，也展現當年勤儉、刻苦、耐勞的農村文化。正因有了這樣的農村文化，才提高整體生產力，有了餘糧外銷賺取外匯購置機械，帶動輕、重工業發展，以及台灣經濟的起飛。

「播種的人，不一定是收穫的人，而是留給後來接手的人。」這和當市長一樣，繼往開來，留給完工及剪綵的後人。為什麼我常常強調「耕種的人不一定是收成的人」？因為這是我的信念，方向對了就不要怕路遠，這些想法看來也是受了小時留下的潛在意識所影響。

農家副業：養豬

養豬幾乎是村裡家家戶戶都有的副業。養豬有豬舍，可製造有機肥料，歲末農閒時清豬舍，將發酵的有機肥運往農地，用野菜養豬，用豬糞豬尿製造有機堆肥，提高地力及生產力，這便是當年農村的生態循環。

在我中小學時期，務農的村民多半以養豬為副業，當時豬隻多屬原來的桃園種，腰彎彎體型不大，其後農復會推廣美國約克夏、盤克夏、藍露瑞士等新品種，並在善化設種畜場繁殖新品種，由農會獸醫師到繁殖場採精，再到農家為發情的母豬施行人工授精，改良品種。那時沒有現在加工袋裝的飼料，主要是廚餘及採野菜加米糠當成飼料，豬隻喜歡吃番薯葉，快到出售時，農家會買些豆餅以短期肥育，增加重量出售。

農委會對新品種種豬改良貢獻很大，以前沒人工授精，讓公豬母豬直接交配，「牽豬哥」就成了一種專業。善化有個婦人家，他兒子後來當鎮長，這位婦人養了公豬，當時公豬沒車載，她便牽著種豬徒步走到鄰村，幫發情母豬交配，並酌收費用。婦人家手上會拿個水壺，天熱時種豬很怕熱，便往公豬身上淋水。

再過一段時間，「牽豬哥」現象也不多見了。取而代之的是，善化車站附近設了農會種畜場，飼養了公豬，採精後再到農家負責人工授精，等於繁殖場。

此外，豬隻長大後有出售問題，如果農民將豬隻個別賣給豬販，有時會遭欺騙，偷斤減兩是常有的事。農會後來很留意防止這樣的現象，因此告知村民，村裡有人家出售豬隻，通知農會便能僱卡車共同運銷，運到台北家畜場賣，價格會更好。用這樣的方式取得農民信任後，農民得到好處，錢存到農會信用部，也帶動了農會的發展，對農村未嘗不是件好事。

笨牛拖犁一步一腳印

我兒時年代，牛是不可或缺的生產幫手。牛走起路來慢條斯理，卻是一步一腳印，很踏實，犁田拉車非靠牠不行。牛和我們老家、乃至整個農村、農業的關係都相當密切；如果沒有牛，農耕會陷入停頓，沒有笨牛拖犁鬆土作物，生產必定低落，引起的後果難以想像，這也是台灣人對耕牛保有感恩情懷的主因，至今還有很多人忌吃牛肉。

犁田也是門大學問，右手緊握犁扶手，可以控制犁頭下土的深淺，太深可能拉不動，太淺翻不了土，左手則牽著繫在牛鼻孔的繩子，控制牛隻走向，不至於歪斜。初次拖犁耕地的牛，得有名小孩在前面引導，以免走歪，一小段時間後直走拖犁也就成為習慣。

印象中，家裡原有黃牛和水牛兩頭牛，因人手不足照顧不來，加上部分犁田已由機械取代，即使需要也可花小錢向小農僱用，家裡慢慢地只養一頭水牛。如今雖不再養牛，但腦海裡依然留下深刻印象，至今清楚記得牛犁田拉車的模樣。

還沒上大學前，每逢例假總會牽著家裡的牛到田野阡陌或水圳邊吃草，興致來時坐到牛背上，搖搖晃晃，別有一番滋味。天熱時拿起水瓢幫牛澆水，在牛身上塗抹泥巴，春夏之交在牛旁邊燒稻草，驅逐圍繞牛身嗡嗡作響的蚊群，讓牛安然入睡。

照顧笨牛相當費體力且工作鉅細靡遺，比如晚上牽笨牛入牛舍前，要先打發牠們小便，否則隔日牛舍必因牛尿濕漉難聞且招來蚊蟲，隔日還得以乾土或灰燼吸乾地面，清洗牛舍遂成了例行工作。

冬天時節冷冽，要在牛背覆蓋布袋保持體溫，以免受涼；農忙時得有專人到田野備青草，供其食用；平日每天一次，給予滲有佐料（鹽、米糠和番薯簽）的飲料；見牛吃得少得親自拿甘蔗葉飼料強餵，直到牛隻肚子脹為止。牛也要補冬調養，歲末農忙過後，要買專為牛隻準備的草藥，熬煮後為牠灌食，以調補農忙過度的體力消耗。諸如此類工作，都是少年時期的深刻記憶，如今回想，令人難忘。

以前台南善化有個買賣牛隻的市場，稱為「牛墟」。在台大念書時，我的農業地理老師陳正祥教授要我寫一篇牛墟報告，因此跑了好幾趟牛墟市場。牛墟在中南部較多，由南向北算起，屏東市、潮州、鳳山、岡山、善化、鹽水、嘉義市、北港、斗六、北斗、溪湖、和美及草屯等地都有牛墟。從事多年買賣的老牛販說，北部牛販都到南部牛墟買回牛隻，再賣給個別需要的人，農民本身不直接從事買賣，如果需要，便委託認識的牛販牽往中南部賣。

牛販另一俗稱叫「牛律仔」，我的二姑丈就是做此買賣，過去老家牛隻都由他代為處理。牛販做價時以比手畫腳代替喊價，手勢代表的是價碼的暗號，即所謂商場的「行號」。農業機械化後耕牛已不存在，牛墟也就逐漸淘汰，成為老人的集會場所。台灣觀光局曾選出台灣七十二個縣市具代表性的觀光景點，善化的特色之一就是「牛墟日」市場。

早年也因有了「牛墟日」，產生諸如飲食攤、江湖藥品、布商、牛藥商等不下三十多個攤位，一時帆布攤成蔭，聚集了各地人潮，或吃或喝或買，期間摻雜江湖藝人表演絕技。早期牛市買賣形成了今日市集與其他商業行為，無形中也衍生出許多商業和社會功能。

說到農村年輕人生活，除了種田就是牽牛吃草，趕羊吃草，趕鴨子吃稻粒等等。農場外工作不多，少數人會受聘番薯粉工廠，或到火車站做「綑工」；極少數幸運的農校畢業生到糖廠、鄉鎮公所或水利單位任職，都受到另眼相看，絕大部分畢業生仍以務農為主。

當時也存在「離農不離村」現象，比如農產加工廠提供附近農家子弟就業機會，善化的可果美蕃茄醬、大成飼料廠，新市統一食品加工廠等等，形成了「離農不離村」，或「半離農」

的就業狀態，周末種田，平日上班。

除了務農及半離農現象外，當年省主席謝東閔先生在職時，「代工」的現象也很普遍。很多農村家庭在農閒時，把客廳當工作場所，代工增加收入；不過到了下一代，他們認為這樣太辛苦，於是不再代工賺小錢，乾脆承包了整個生產線，把工場變工廠。這也是為何彰化地區出現這麼多家庭工廠的原因，像襪子工廠原來都是由代工家庭操作起家的。

農產品加工廠發展對農村建設助益相當大，第一，成本低，工人不用在外租屋，周末還可照顧農田；其次，對農村人口就業及國家外匯增長貢獻大，有了外匯才能帶動工業發展。

台灣經濟發展是早期農民勤儉刻苦耐勞、節腸縮肚拼搏出來的，那時稻米、蘆筍、洋菇、鳳梨加工外銷，賺取外匯，其後提升工業技術水準，從輕工業到重工業，經濟一路升級，這是和耕牛一樣腳踏實地拼出的成果。有人說台灣經濟發展是奇蹟，我認為是觀念誤導，親身經歷台灣經濟發展過程的人，都了解一步一腳印，難以認同經濟奇蹟之說。

第三章

感懷師恩

「老師」的定義很廣，有些是我上學時遇上的恩師，如小學的胡炳傳老師，對我人格塑造及升學、成長影響很大。中學時雖懵懂無知，但也開始追求知識並養成強記背書的年代，初二時若非祖蘭芳老師主動拿出我一篇作文參賽，並獲初中部第一名，不會養成日後喜歡書寫的習慣；陳諫老師悉心修改我的每周週記，寫了一頁可能批註成兩頁，也讓我了解陳老師的用心。

大學時期影響我最深的，莫若楊懋春老師及李登輝老師了。楊老師開啟我的知識之窗，為我前途指引出明燈，經楊老師循循善誘及無數次親自帶領我們做農村調查，鼓勵我考研究所，推薦我到他母校康乃爾大學，先後取得碩博士，加上後來李登輝老師行政生涯的提攜，讓我這一生受益無窮，也充滿感激。

有些恩師雖並沒真正教過我，但對我一生卻影響深遠，如當年農復會的沈宗瀚主委。這些恩師都是讓我感念的長輩，「一日為師，終生為父」，對曾經為我師者、引導我走出一條人生寬廣道路的長者，撫今追昔，終身感念。

難忘的老師們

胡炳傳老師是我小學恩師，台南師範學校正科畢業生，住善化街上，家中開礱米廠，當時約二十歲左右，畢業後派到茄拔國小當老師，我當時是小學四年級。

七十年前的小學是包班制，不管國語、數學、公民，都由一位老師授課，除體育課專任外，一個老師包辦一個班教學，不像今天分科教學。當時一班約二十餘人，學生程度參差不齊，農村一般不太了解讀書的重要，上課時有些老師只好三催四請，勸誘學生上學。胡老師從我小學四年級時開始授課，一直教到畢業。

很有使命感的胡老師

小學四年級時適逢台灣光復，大陸來了兩位新老師，學校才開始教授國語課。但因是小學生，老師教的多屬基礎課程，如國語教ㄅㄆㄇㄈ，數學是加減乘除，公民教禮義廉恥、四維八德，以背誦課文為主，就是填鴨式教學，不存在今天說的啟發式教學。但因台灣才光復，提高上學率成為當時主要工作，很難思考教學法的優劣。也因社會秩序較亂，經濟較不穩定，不像現在小學生上學還有家人接送，在那時代是絕無僅有的。

上課除了背誦外，當年老師私底下幫學生補習也是常態，以我小學念的茄拔國小為例，學區包括茄拔、牛庄、東勢寮、小新營等四個村子，胡老師幫我們補習時就是印出歷年考古題要我們背誦，答錯一題打一下手心，錯兩題打重一點，逼學生記住。這就好像今日所說的「惡補」，但不同的是，當年是老師主動幫鄉下孩子補習，老師都具有相當使命感，而不是為了金錢，如果當年沒有特別補習，鄉下農家小學畢業生要考上初中，確實不太容易。

不過，當年老師都會選成績較好及家長較熱心的學生補習。因地利之便，茄拔村的人較多，胡老師搜集歷年考試題庫教考，如今回想起來就是整天「教考、教考、教考」，教了以後就考試，天天要求學生死記硬背。

胡老師就是如此幫我們惡補國文、數學等科目，都是考初中主要科目。我當年考上台南一中初中部，也是這樣逼出來的。想起來，所謂惡補也沒什麼不好，這也是將學生的潛力逼出來。

當年胡老師帶的學生，不少人考上如台南農校等不錯的學校，包括陳德芳、吳輝煌等，我表兄也考上嘉農。其中，有位叫吳頂的同學考上台南農校，後來到農會工作，當了獸醫，有位蘇瓊耀後來到水利單位工作。印象中考上南一中初中的有好幾位，也是光復後歷年考上南一中初中人數最多的一次。沒有胡老師，我恐怕也不太容易考取南一中初中部。

胡老師當年還沒結婚，記得補習期間有時上課太晚回不了家，老師就留學生在宿舍過夜，胡老師的宿舍是日式宅邸，客廳後面鋪滿了榻榻米，且因學生來自東勢寮、牛庄、小新營等地，留宿學生有時多達六、七位。

農村很純樸，家長沒什麼錢，沒想到要不要繳補習費，老師也沒開口要，但在那個年代，老師就是出於使命感培養鄉下孩子考上初中、更上一層樓的想法而已。

日據時代，由於日本人重視國民教育，學生上課出席率確實比較好，加上當年的「警察大人」督導，要求嚴格，家長不也敢讓孩子不上學；但台灣光復後，或因社會秩序還沒恢復，一般農村家長不識字，寧可孩子留在家中打雜或幫忙農事，所以念小學期間，我常幫忙勸左鄰右舍小朋友一起上學去，當年叫「勸學」，有時還要老師訪問農家，勸誘長期賴學的學童上學。

說到體罰，當年胡老師考試時雖然打手心，但其實是要促使孩子向上，克服自己賴學的弱點。有趣的是既使被體罰，回家也不敢說。以我父親為例，因曾當過老師，如果一旦告訴他在學校被體罰，很可能再打一次。父親會認為，被打就因為你不夠用功。那個年代體罰學生打手心是常事，但卻是有效突破懶散怠惰的方式之一。

或許是受到胡老師的啟發，出任台北市長後，有次與市教育局長林昭賢探討出「補強教學」的教育觀念，也就是利用寒暑假進行補習教育，讓第一學期成績落後的學生在第二學期跟上。這也緣於任職市長時的一件趣事，有次訪視學校時曾有一位學生跟我說，「我們班上有很多客人」，一開始聽不懂，原來意思是：「有些同學上課姍姍來遲，一下課就趕快跑開」。

胡老師的無私奉獻，讓我一輩子感動受用，更顯示當年為師者的偉大情懷。不過有件事至今仍讓我耿耿於懷。在我出任台北市長後，大約民國八十年前後，胡炳傳老師有次曾到台北市治病，或許因為太忙，我竟未親自接待他，感到相當遺憾愧疚。

逐字修改作文的陳諫老師

我一輩子喜歡塗塗寫寫，養成所思所想，拿起筆就隨手記錄下來的習慣，這與初中時期幾位恩師有很大關係，包括陳諫老師、薛蘊玉老師，以及祖蘭芳老師。

陳諫老師曾擔任我班導師，念初中時每周寫週記。印象最深的是，常常週記只寫一頁，陳老師會很用心批註成兩頁，改的內容比我寫的還多。用心程度至今想起來都令人感動。而令人感慨的是，如今中學生寫週記，多數老師是拿起紅筆就打個勾，或者改改其中錯字，像陳老師如此用心者恐不多見。

讓我到現在記憶猶新的是，當時中學老師的待遇不高。有次見到陳謙老師的岳母，穿著粗布藍衣，肩上扛挑著了兩只小水桶，為了養豬到別的其他老師家蒐集廚餘的模樣。

這些往事，回想起來仍令人感到有點辛酸。

此外，教歷史課的戴貞元老師，單身在台，因肺結核需要到台南市清風莊住院治療，但缺少經費，後由高年級的韓良誠學長出面到每一班，請同學小額捐款，我口袋裡僅有的三元新台幣也捐出了，往事歷歷卻記憶如新，讓人感懷難忘。

顧老師的教唱

初中生活想起來還是挺有趣味。記得一位來自大陸的顧姓音樂女老師，喜歡教唱時代歌曲，教我們唱「我住長江頭，你住長江尾」、「在那遙遠的地方」、「義勇軍進行曲」、「我家在松花江上」等等所謂抗戰歌曲，我們學唱得很起勁。

有次教了一首年輕人一聽就熱血沸騰、且朗朗上口的歌曲，名為「義勇軍進行曲」，我到現在還會唱。當時發生一件趣事，有位同學叫侯世雄，後來到影劇圈發展。侯世雄學生時代長得高大英挺，有次在火車上拉著車廂門把迎風高唱，意氣風發，大有乘風破浪的感覺，但沒想到唱著唱著被憲兵帶走。當時大家都是鄉下學生，哪知唱的歌後來成了共產黨的國歌。其實顧老師教唱很多歌曲都很有味道，學生很喜歡。

吳伯雄先生擔任台北市長時，是很愛唱歌的人。我出任市長後遇上同事慶生會，都避免了冗長的官式講話，改用唱歌和大家同樂，並鼓勵局處首長，國歌以外要會唱三首歌；我還將「愛的真諦」、「出埃及記」、「小城故事」三首背得滾瓜爛熟，不止因為好聽，有時也能應付不時之需。在台大任總務長期間，還曾奉當時孫震校長之命，帶領台大合唱團前往馬來西亞及美國西岸宣慰校友。

中學時期，薛蘊玉老師及祖蘭芳老師對我都帶來一定影響。操著一口濃重北京腔的祖老師是北京人，有次學校舉辦作文比賽，祖老師拿我一篇文章參賽，沒想到竟拿了初中部作文比賽第一名，由校長蘇惠鏗先生在周會時頒發獎狀鼓勵，當時真沒想到。不久前整理文件時，還看到泛黃的當年獎狀，令人感慨萬千。

小學到中學，有不少習慣是在那段時期養成，這是一個人成長及生活習慣養成的黃金階段。喜歡塗塗寫寫一開始就是受到中學老師影響，後來到了大學，跟著楊懋春教授到農村訪查研究寫調查報告，習慣就這樣培養起來。

除了上述幾位恩師，還有兩位讓我印象深刻，分別是教過我英語的朱美書老師，以及陳治世老師。

陳治世老師離開學校後考上外交官，派駐國外，後來當上政大校長。他聽聞我自美留學返國後，曾一度要邀我前往政大擔任教務長，但我已任教台大無法赴任。我的英語能力，就是中學時期受到朱老師及陳老師的影響，至今感念，也很感謝。

中學時期有些教授英數的老師，在外為同學收費補習，費用不高，但對趕不上進度的同學確有幫助。小學時胡炳傳老師主動為學生補習，中學老師積極從事課外補習，讓學生受益，因此擔任市長時期，就決定由市府付費，讓學校為功課趕不上的同學辦課餘補習，也算經驗傳承。

高中全力拚聯考

南一中相當優秀，學校出了許多活躍政壇、學界的名人，如曾任省議會議長的高育仁，前司法院大法官蘇俊雄，耶魯大學法學博士陳隆志，前交大校長、國科會主委郭南宏，文建會主委郭為藩，前駐日大使羅福全。此外，美國台獨聯盟創盟主席、已故立委蔡同榮、前立委張旭成、畫家陳錦芳、前台南市長張麗堂，以及前立法院長王金平，都是台南一中畢業的高材生。

南一中時期，自是以準備大學聯考為第一優先。現在想起來，高中也有體育課、軍訓課和勞作課等，但因升學為主反而忽視其他課程的重要性。印象所及，體育課除球類運動外，還有跑操場、爬杆訓練；勞作課曾挑糞施肥，種番薯。學校旁的勝利路有塊空地，我們就常在空地上勞作課。中學生活還是很令人嚮往，記得當時學校常常唱校歌，南一中的校歌意境很高，當時並不真正了解，直到今天我還約略記得，能背上幾句：「大海蒼蒼，高山昂昂，榕橋交拱，翠映我黌宮；海濱華冑，鄒魯文風，德智體群兮多士陶熔。勤讀書，守秩序，思齊往哲，光文沈公；愛吾國，愛吾民，台南一中，無負鄭成功。」

南一中當時校長是蘇惠鏗先生，後來任過謝東閔先生創辦的實踐家專（今實踐大學）教務長。我在台大擔任講師時，蘇校長曾聘我到實踐家專擔任兼任講師。由於蘇校長在台南一中辦學績效良好，後調升國立華僑中學校長，當局期望他作些改革工作，因蘇校長是廣東人，華僑中學廣東學生也多。不過蘇校長有次無奈地告訴我，長官要他做校務改革，但沒改完就被革掉了，言下之意相當感慨，好在當時謝東閔先生請他到實踐家專出任教務長。在我往後處理許多政務工作時，時常想起蘇校長這席話。

楊懋春老師影響我一生

大學時期對我影響最深遠的，當屬楊懋春老師，舉凡我畢業後唸研究所，出國留學，攻讀博士，都是楊老師不斷鼓勵和推薦，終能在康乃爾大學取得博士學業，回台大任教。同時，李登輝先生也是影響我一生的恩師，他當年是農經系兼任講師，本職農委會，在我大三時教了一門課，常鼓勵我們考剛成立的鄉村社會經濟研究所，繼續深造。本來我們來自農村的孩子覺得台大畢業，公家機關謀職當個公務員已心滿意足，但因李先生常用台語說「要再讀」，才堅定了我和來自雲林元長鄉的張溫波下定決心考研究所。

記憶所及，楊老師在大陸時期任教山東齊魯大學，和晏陽初、沈宗瀚、蔣夢麟都是重視農村建設的學者。抗戰勝利後，美國國務卿馬歇爾派了調查團到大陸實地考察，當時考察結論是，從農村建設開始。

楊老師及上述前輩們當時被視為「重農學派」，強調工農生活的改善，可能和部分當權者理念不合，幸而到了台灣，在美國建議下農委會存續下來，才有當年的農業和農村改革，以及此後輕工業、農產加工業的發展，並讓台灣逐步有了餘糧及外匯購買機器設備，建立輕重工業，使經濟得以全面發展。我其實不很認同「台灣經濟奇蹟」的說法，正確說，台灣是這樣一步一腳印艱苦卓絕走出來的。

康乃爾大學畢業的楊老師，學的是鄉村社會學，是當年台灣鄉村社會學先驅。我就讀台大農經系三年級時，楊老師知曉我農村背景後，鼓勵我攻讀鄉村社會及農民組織，先後推薦我到康乃爾大學攻讀碩博士，也影響了我學術上專攻農民組織及農會問題。

當時農經系畢業後，很多人第一志願是進農委會，因當時農委會和「美援」有很大關係。農委會前身是「農村復興委員會」（農復會），乃中美合作時期產物，國府撤退來台後，農復會在台轉型成農委會。因此當時只要進農委會工作，不管薪水或地位，總是高人一等。

楊老師很重視農家訪視，經不斷訪視才能深入了解農民起居，訪視地點則抽籤決定。記得有一次是農委會和香港大學合作，探訪新竹縣竹北鄉地區。竹北屬客家地區，當時還將問卷表的客語發音一一背誦下來，現在還能記得其中幾句，也經由訪視讓我進一步了解客家農民勤儉刻苦的美德。

還有一次是前往原住民社區進行農家訪視，深深影響我日後對原住民的觀感。原住民本居住平原地區，後來被漢人和日本人趕往山區。訪視後發現，原住民無論唱歌、運動、體能、編織、雕塑，都很具天賦，如楊傳廣是首位為台灣取得奧運獎牌的原住民，但因早年無端遭醜化，以致外界存在許多誤會和偏見。

由於對原住民有一定了解，擔任台北市長時我在市府成立「山地室」；為專門照顧原住民，在鄰近火車站的太原路成立原住民會館，讓第一次到台北的原住民免費住一晚，等隔日找到去處再離開。我還規定局處首長送外賓禮物時，三分之一以上要送原住民手工藝品，否則不予報銷，既要鼓勵原住民做手工藝品販賣，就應協助他們銷售。任職行政院研考會主委時，亦奉連戰院長之命令成立了原民會（原住民委員會），政府的確該成立專責單位照顧及回饋原住民。

楊老師農家訪視的課，讓我與客家鄉親、原住民結了緣。楊老師特別重視寫報告，也讓我小時養成的塗塗寫寫習慣更有了發揮空間，進一步勤寫筆記，記下有意義的所見所聞，對我日後不管學術研究或行政工作都帶來很大幫助。

念大學時，學校曾和美國加州大學合作，升大二暑假期間前往南投縣溪頭台大實驗林實習四十二天，雖然實習主要是除草剪枝修路，但卻很有意義。後來任教台大農推系時，我也要求學生比照辦理，暑假或畢業前到農會實習一個月，將每日見聞感想寫成日記，兩個學分計算。這點很重要，因考取農學院學生未必家中務農，如不具備農事經驗，畢業後一旦前往政府機關做事，就無法體會農村、農業和農民問題的複雜性。除到農會實習，我大學曾教授「鄉村調查」課程，要求學生利用假日前往農家住宿訪問並完成報告，養成學生對農村、農事領悟與體會，切身的實際體驗對他們日後工作都有幫助。

說來有趣，我有個祖籍廣東的學生余漢儀，畢業後前往民間公司應徵，對方問會不會寫報告，她拿出以前我班上上課報告給他看，沒想到二話不說當場同意她到職。學生的研究報告寫得用心，顯然也獲得肯定。或因自己在學習及教授過程有了這些體悟，我也鼓勵女兒從小就重視寫作，小女的中小學週記至今都還留存。

大學時楊老師不斷鼓勵我考研究所，剛畢業時，楊老師在台大籌建首屆鄉村社會經濟研究所，因符合我原來所學，因此決定報考。考上研究所對我來說是人生轉捩點。研究所畢業後楊老師留我當講師，但因年紀才二十四歲，當時院長張研由先生准我用兼任名義起聘。我在南一中就讀時期的校長蘇惠鏗先生，當時在實踐家專當教務長，也邀我到實踐兼課。由於楊老師推薦，我考取了培養台灣經濟社會人才的「亞洲基金會」獎學金，前往康乃爾留學，兩年後取得碩士返國，同時通過了康乃爾博士候選人資格審查，由於基金會規定有回台兩年義務，所以兩年後再赴康乃爾攻博士。不過再要前往時，亞洲基金會獎學金給了另一台大同事劉清榕，幸而康乃爾大學應允由校方提供獎學金，但亞洲學會還是供給來回旅費，且補助歸程中順道赴歐洲各國學習及旅遊，期間還到了靠近瑞士邊境的法國小鎮Evian參加第六屆國際社會學會會議，以增廣見聞。

那次學習之旅，讓我有機會前往挪威、德國的佛來得堡、漢堡、巴黎、羅馬、伊斯坦堡，經曼谷返台。為了這趟旅程，自美國出發前申請了一份國際學生證，可廉價住宿歐洲重要城市為學生提供的住所，經濟又方便。年輕時代手提一只舊皮箱，看地圖找城市增長見識，是我一生中難得的經驗。

另外值得一提的是，台大就讀時校方常安排不定期、跨系際演講，其中，台大政治學系黃祝貴教授的演講令人印象深刻，他分析國際現勢很受學生歡迎，對我們學理工農科學生來說可擴大視野，了解天下事。後來赴美留學，才發現美國不少大學規定理工科學生必需修習文法科學分，目的是讓學生不要只專精專業，忽視人文、社會關懷及對國際現勢的了解。任職台北市長及行政院研考會主委時，我因而常請外界非政府機關人士，利用周一首長會報時前來演講，並提供政策建議，擴大局處首長的思維。

李登輝老師提攜之恩

外界常說我是李登輝的學生，的確沒錯，我們確有師生關係，但也具備後來的部屬關係，部屬關係是從台北市政府開始的。

我們的師生關係從我念大三開始。李登輝先生當時任職農委會農經組，以兼任講師身份在台大教「貨幣銀行」課程；唸研究所時，李先生和謝森中、王友釗老師則利用晚間到所裡授課，王友釗老師在農經系教生產經濟學。

李先生和楊老師一樣，都是我決定報考研究所的關鍵所在。如果沒有他們兩位的鼓勵，我很難說會下定決心。考上台大第一屆鄉村社會經濟研究所時，我還拿到「亞洲基金會」獎學金每月四百元，在當時已算很高的獎學金。

我與李先生相處時間不多，李先生平常話不多，我們很少有機會長談，都算「寡言型」的人；但感覺彼此很有默契，就是這樣而已。李先生是很念舊的人，過去只要與他有接觸，他認為對方不錯，有朝一日自己有能力時總不會忘記對方，會提攜故人，對朋友、學生態度都是如此。

我們師徒緣份就大三修課開始，大約是民國四十七年前後。戰前李先生在日本京都大學修讀農業經濟，戰後回台大農經系完成學業，赴美取得愛荷華大學碩士返國，並任職農復會。李先生個子高，是當時我們學生心儀學習對象，他國語不很標準，有次突然要我把上課綱要整理好，他看沒問題便刻鋼板印發同學，我當年就像個非正式的小助教，那次算是我們師徒緣份的開始。

人與人相處常是基於微妙的情感與緣份。和李先生的緣份雖始自大學及研究所時期，但進一步認識是在赴美留學階段。

李先生原在省農林廳工作，一九五二年獲中美基金獎學金前往愛荷華大學研究農業經濟，一九五三年取得碩士。返國後李先生前往農復會任職，一九六四年獲美國洛克菲勒農經協會及康乃爾大學聯合獎學金，隔年赴康乃爾攻讀博士，李先生三年內取得博士學位，論文榮獲美國農業經濟學會全美最佳農經博士論文獎。原本聯合國有意聘李先生當開發中國家農業發展顧問，但李先生一九六八年毅然決定返國，任職農委會技正。

李先生抵康乃爾前的一九六四年，我正好在康乃爾大學修習碩士學位，但因條件要求兩年後要返國，服務兩年再出國，因此一九六六年返國前，我和李先生曾在康乃爾有一年重疊時間。當一九六五年李先生即將啟程前，要我幫他找個住處。當時為了替他省錢，我在學校附近幫他找了間地下室，李先生抵美後住了一段時間，不久後搬離再覓更寬敞地方。

在康乃爾時期，由於我主修鄉村社會學，李先生攻讀農業經濟學，雖然在同在一幢大樓上課，但我們教室在一樓，李先生農經系在三、四樓，相處時間自是不多。不過我當時三十歲不到，李先生已四十二歲，在課堂交錯、樹林光影間偶爾窺見李先生的高大身影，侷促坐在小小教室課桌認真聽講，時而低頭專注做筆記的神情，只能說充滿敬佩。李先生就是這麼一位堅忍不拔的人，給我未來做事帶來很大啟發。

一九六六年我自美返國後，楊懋春老師聘我當台大農業推廣系講師。不久後，李師母（李曾文惠女士）前往康乃爾大學陪李先生，李先生三個小孩憲文、安娜與安妮住松江路，同住的還有李先生哥哥的孩子李憲明。離台赴美前，師母委託我幫忙看顧，因此那段時間我常前往松江路，雖然年紀較大的憲明已唸高中，但當時都沒大人照顧，我便時常帶他們看電影，說些鼓勵的話。後來因工作忙碌，找了農經系一位學生前往松江路當家教，順便照顧，我自然還是常常前往。這位學生林武郎，後來留美獲得計量經濟學博士，在聯合國工作。李師母去了一年多，李先生獲博士學位後便一起返國。

外面謠傳李先生博士論文由我代寫，完全是惡意中傷，倒是我曾指導李先生長子李憲文的碩士論文，本來憲文也已通過攻讀文化大學博士學位資格考，可惜早逝。憲文過世時，李先生在中山南路濟南教會辦追思會，嚴家淦副總統也到場，李先生請我代表李家致詞，答謝與會來賓。

自美返台兩年期滿，我再前往康乃爾攻讀博士，取得學位後於一九七一年返國在台大農推系當客座副教授。當時政府鼓勵歸國學人返台，我是經台大推薦拿獎學金出國，也有義務返回母校任教。

在我返國數年並升任正教授後，李先生擔任台北市長，有天突然來電話邀我以顧問名義出任市府研考會執行祕書，從此踏上公務生涯第一步，也讓我與李先生自此從師徒關係延伸到長官部屬關係。

進入行政部門後讓我見識到行政工作的大不易，舉例來說，李先生擔任台北市長時，因動物園從圓山搬到木柵，為了徵收土地引起當地人抗爭；蓋翡翠水庫時很多人反對，包括時任立委的胡秋原先生，但李先生堅定己見，認為不建設水庫會影響台北縣市飲水，如今已證實當時想法正確，翡翠水庫水源不僅供應台北市民需求，也提供當時台北縣六鄉鎮使用。

後來跟隨李先生同赴省府任職的前後兩年期間，親眼見識了台北二重疏洪道拆遷遇到的阻力和壓力；還有梨山退伍軍人濫墾山坡地，恐導致德基水庫水源污染淤積，當時都眼見李先生一件一件面對並熬過來的艱辛歷程，對我後來擔任市長面對工程難題時，帶來很大啟發和影響。

人與人之間的緣份的確很微妙。李先生一九七九年找我出任北市府研考會執行祕書開始，兩年後李先生調任省主席，再邀我同往出任省府副祕書長，當時祕書長劉兆田先生是一位和煦溫厚長者，相處很愉快。省府配有副祕書長宿舍，當時內人因看顧小孩留在台北，只有我一人前往中興新村任職。但因李先生固定每周二回台北參加周三上午的國民黨中常會，以及周四行政院院會，因此周二他離開省府後，房子沒人看顧，便要我搬到主席官邸幫他看管。中興新村兩年，除了工作外，主要工作便是負責非執政黨籍省議員的聯繫協調工作，因此和當時的省議員蘇貞昌、游錫堃、謝三升等，有較密切的聯繫互動。

一九八四年前總統蔣經國先生推薦李當副總統候選人，李先生離開省府前推薦我當省府委員，但接任省主席的邱創煥先生認為名額有限而作罷，我便返回台大當專任教授，但沒想到時任台大校長孫震先生要我兼任總務長，因緣際會讓我的行政工作接續下來，且因總務長庶務繁雜，反倒讓我學習更多，對日後出任台北市長帶來很大助益。

每思及此，都讓我想到一些經典辭句，比如「人生的因緣際會很奇妙」、「上帝關了這扇門，會為你開啟另扇窗」、「人生無所求，卻得到更多。」我信奉的人生哲學是不主動爭取，凡事盡力而為。會與李先生結緣，隨後踏上公務生涯，似乎冥冥中自有安排，實在不必太計較。我是受洗的基督徒，為主工作，榮耀上帝，凡事盡力而為便是。

其實兼任台大總務長一事，事後我也才知曉，孫震校長曾徵詢李先生的同意。擔任總務長我也欣然允諾，因一方面可以學習學術機構的行政歷練，也是挑戰，另方面，不用在台北和中興新村間兩地奔走。但有時人算不如天算，一九八七年我再度回到台北市府任職。

沈宗瀚博士惠我良多

對我來說沈宗瀚博士雖未授過課，但卻深深影響我，在此也要感謝他。沈先生一生克難苦學，獲康乃爾農業博士學位後，曾任教南京金陵大學農學院兼系主任、中央農業實驗所長、農復會主委。二戰期間代表中華民國出席聯合國糧農會議、泛太平洋科學會議。

國府來台後，一九四八年在大陸成立的「中國農村復興聯合委員會」（農復會）一起遷台，沈博士的工作從原來的農林漁牧、水利，擴大到農民組織、農業金融、鄉村衛生乃至國際農業技術合作等。一九六四年沈博士出任農復會主委，一九七九年中美斷交後農復會更名「農發會」（行政院農業發展委員會），直到一九八四年與行政院經濟部農業局合併，才成為今日的農委會。

當年台灣土地改革成效卓著，政府因此辦起「農業外交」，由農復會和美國林肯學會共同成立「中美合作土地改革訓練所」負責，藉土改訓練所，讓開發中國家從事農業官員及專家來台學習經驗，學員多來自東南亞，阿拉伯及部分中南美洲國家。訓練所由農復會主委沈博士任理事長，可能因同是留學康乃爾，沈博士愛屋及烏請我兼任土改所副執行祕書，讓我進一步了解台灣早期農業發展歷程及農村改革的整個面貌。

同時，沈博士當年曾前往善化農會參觀，對家父擔任善化總幹事經營業績有所耳聞。有次他透過農復會陳新友學長問我，能否撰寫家鄉農會經營發展專文，探討善化農會經營管理歷程。為使研究結果能客觀，我請農委會技正陳新友先生也推薦另外九家經營實績不錯的農會，透過密集的訪談記錄，整理出他們在經營管理方面的成功經驗，提供其他農會參考。這一研究調查工作讓我對當年農會組織運作實況，有了更深入的了解，本書亦將於第四章述及。後來在台大任教時，也要求農推系學生利用暑假到鄉鎮農會實習一個月，並訓練學習撰寫研究報告。

沈主委啟發我兩件事：第一，因為他推薦我去土改所工作，才讓我有機會接觸並了解當年土地改革的全貌；其次，透過實務操作讓我更熟稔台灣農會組織運作。兩件事對我影響很大，也啟發我日後教學實證資料的引用。

沈博士雖非我授課老師，但因這樣的安排才有了我對台灣農業更深一層的認識，也才能出版十家農會經營管理的論述，供當年及後來任職農會總幹參考。當年「農會法」在立法院修法時，來自農業區的蔡友土先生和另一位黃姓立委等，也特別請我前往立法院對農會法發表修法意見。

在台大農推系任教時，因農推系講究實況調查研究，因此除沈博士要我研究農會外，還有農復會楊月恆先生要我研究農村家庭衛生，如毛巾牙刷普及率，廚房餐具衛生調查等，我也前往各地進行訪視調查。今之木柵區樟腳村是當年其中訪視調查地點之一，迄今記憶猶新。

賢內助以及康大情懷

和內人林文英認識時我在台大當講師，她在師大教育系念書。當時社會傳統保守，同校師生談戀愛會被議論，雖然我們不是同一個學校，但為免外界對師生戀持異樣眼光，我和文英約會時，都固定選在和平東路台電公司門口碰面。

感恩賢內助

記得第一次見面是透過文英的表姐夫劉茂霖學長介紹認識。劉先生是台大農經系畢業，算是我的學長，當時任職台糖公司。說起我和文英的姻緣也相當湊巧，我當時正在做農村訪問調查，劉學長是那次調查的督導員，我和太太姻緣便是劉學長一手促成的。

我們雙方在劉學長家中第一次約見面。但也許因為我生性木訥，不太會追女朋友，也不知如何積極行動，見面後我們隔了很久沒再聯繫，可能因為我覺得緣份到了自然會再見。後來，就彼此各忙各的，感覺雲淡風輕。不過說來奇怪，文英自師大畢業後，因成績優異直接分發在市屬國中教書，某日我們又很巧地在台大校園相遇，那時我們就真的來電了，但和初識時已相隔了一年。我是到了三十二歲才和文英結婚，在那個年代算是很晚婚了。

一九六八年我前往康乃爾大學攻讀博士，幾個月後太太也到了美國照料我生活。當時我分配到了康乃爾大學給已婚研究生住的宿舍，且因領有獎學金，生活不成問題。不過攻讀學位的生活確實很辛苦，所幸內人當時赴美協助照料，現在想想如果沒有她當年的付出，可能就沒有今天我生命的成就，在此真的要很感謝我的內人——林文英女士。

太太剛到康乃爾時，有段時間在私人幼兒園當助理。當時攻讀博士學位要先經主副修科目的筆試，每當我完成一段論文後，太太便幫我打字完稿，讓我有多餘時間全心準備作答資料。康大博士學位取得要經筆試及論文審查兩關，筆試可以隨堂作答，也可帶回家作答。因我來自非英語系國家，英文表達能力有限，因此選擇每周一把考題帶回家（take-home exam）作答，周五下午五點前再把答案送回教授辦公室，如此前後三周時間幾乎沒好好睡過覺。

筆試期間，我周一到周五白天前往圖書館找資料，夜晚閱讀整理後定稿，太太幫我打字。記得最後一晚已是清晨四點鐘，我們將筆試答題打好，隨後返回宿舍時，我倆都已精疲力竭，但她還是硬撐並攙扶著虛脫的我，吃力的爬經一個小山坡，緩緩步行回研究生宿舍。這種相互依偎的革命情感，至今仍歷歷在目。

康大情懷

在康乃爾大學讀博士時，當時康大老師 Polson 教授讓我印象很深刻。這位老師聽聞我太太生小孩，送了一大盆菊花道賀。我只是一個台灣來的留學生，很難想像外國教授送花祝賀學生太太喜獲千金。遺憾的是前幾年我們再返校重尋當年記憶時，聽聞恩師Polson教授已高齡作古。

此外，康乃爾念書時我的指導教授Frank Young對我相當不錯，回康大攻博士獎學金是Frank Young教授幫我安排的，期間我也選修他的課。上次返校時，Frank Young教授還邀請我和內人在他家裡餐敘。

筆試通過後我便開始撰寫博士論文，因早就準備研究台灣鄉村人口移動問題，資料事前便開始搜集，因此論文審核很順利，得以三年內完成博士學位。三年拿學位算很正常，美國教授還常以此要求本國學生說，外國學生語文能力有限，你們是本國人拿學位還比外籍生久。坦白說，出國攻讀學位又拿獎學金，每個人心理多少承受壓力，一旦學位沒拿到，返國必然無顏見江東父老，在學校也抬不起頭，相信不管誰都會很盡心盡力。

一九七一年取得博士返國時，正逢中華民國退出聯合國，政府鼓勵海外學人歸國服務。台灣當時風雨飄搖，很多人確實不敢返國，想設法留在當地工作，雖然我取得博士學位後也有機會留在美國工作，但我拿的獎學金有義務要返回台大任教，且因鼓勵政策，返國後台大給了我客座副教授職銜，因此一拿到學位，便帶著妻女束裝返台。返台時，台大閻振興校長不僅親自會見鼓勵，且安排了長興街八角樓的學人宿舍給我一家人居住。閻校長說，「台大特別把新蓋的房子優先提供歸國學人居住，面積四十二坪大，不用租金。」長興街現在還有兩幢八角樓宿舍，都是台大當年為歸國學人所建。

在康乃爾的留學歲月過得充實，除專心致力攻讀學位外，就是不停地閱讀和寫報告，教授們常要求寫期中短篇論文（term paper），也養成我喜歡寫作的習慣。有趣的是，念書期間也有類似農家訪視安排，有機會到美國農村實地體驗農家生活。

有一次學校安排我到酪農家實習，在酪農家實習時，清晨四點半就要起床，先做清掃沖水洗地板工作。隨後，便開始擠牛奶的一天。先清掃牛糞，放牧草，再來是沖洗乳牛奶頭，再套上吸奶器擠牛奶，隨後，提奶桶到貯存牛奶的冷藏庫，再由乳罐車前來取走送往鮮奶處理場。我也曾前往養雞場幫忙釘木箱，用來讓母雞下蛋用。

有一年暑假期間，我們向學校報名，繳了些費用，學校安排我們從康乃爾坐車到愛荷華州，參觀各地農場及農地灌溉系統，沿途觀察農村景觀及農業發展，回憶起來充滿美好印象。學校有時也會安排寄宿家庭，周末主動邀外籍生到家中用餐夜宿，增加外國學生對美國家庭及文化的了解。

有一些美國農業推廣單位官員，也會前往康大念博士班或修學分，如果遇上這些學員所在州市舉辦大型活動，他們也會主動邀請外國學生參觀，了解美國農業推廣活動。和台灣相較，美國農場規模很大，且大都已機械化，甚至能全場自動噴灌灑水，實非台灣小農制可比。此外，美國農村、農民教育程度與素質也確實較高，加上其推廣教育制度很普及，接受新技術、帶動農業發展當然較容易。早年台灣每年都會選出十大傑出農民，然有些農民教育水平不一定高，對於現代農業的推展較不容易。

公職退休後，幾年前我和內人曾回母校看看，這是我畢業四十年後第一次再回到康乃爾大學校園。我特地前往當年上課留下許多回憶的教室參觀，變化不是太大，也和太太再次逛遍我們過去曾經留下的足跡，教授辦公室、小山坡、研究生宿舍、還有康乃爾校園中溪畔的垂柳，都依然還在。留學那些年，太太伴著我日以繼夜苦讀，一起歡笑，一起流淚，現在想起來，真的很感念。

康乃爾是美國長春藤盟校之一，位在紐約州的Ithaca，曾就讀康乃爾的民國時期文人胡適，曾把Ithaca譯為「綺色佳」，取其美景天成。的確，沒有圍牆的康乃爾大樹參天，處處植栽，美景宜人，康乃爾的留學印象無疑成為我日後擔任台北市長時處處重視綠美化與植栽的心靈印記。

第四章

農會、土改與社區發展

第三章曾提到沈宗瀚博士對我影響深遠，讓我有機會進一步了解台灣早年土地改革、農會與鄉村建設全貌，並深入研究早年「社區發展」對台灣農村及社會進步所成就的關鍵性影響。沈博士邀我到土地改革訓練所任副執行祕書後，除讓我利用公餘訪談記錄下當年退休經辦地政人員的經驗，並有機會訪問整理了當時十個農會經營成績不錯的農會總幹事的現身說法。因此，這一系列的經歷形成了我對台灣農業發展過程的完整思考。此外，加上我任職台大時也兼任過台大土地改革館代理館長，常接待外交部、教育部、農復會邀來的外國官員與客人，並向到訪貴賓說明台灣實施農改、三七五減租、耕者有其田、公地放領政策的經驗，我認為讓年輕一輩了解這些台灣關鍵性的歷史發展很有必要，因此本書特闢單章，收納當年對台灣政局社會經濟穩定發展都有很大貢獻的土地改革經驗、土改成功後的台灣農會，以及社區發展情形，以與讀者分享台灣早年農村、農業發展、工商企業轉型不易的過程與經驗。

當年沈博士訪問善化鎮農會時，原希望我把家父成功經營善化農會的經驗寫下，供其他農會總幹事參考。但我認為單寫善化農會恐失之偏頗，所以我請當時在農復會負責輔導農會業務的陳新友學長，推薦包含善化農會的十位業績不錯的總幹事，由我和研究助理重複密集的訪問並整理他們的現身說法，一來作為經驗見證的紀錄留存，二來給業績有待提升以及新進農會總幹事們經營管理參考。這些受訪的農會總幹事包括：台中縣外埔鄉張漢漳先生、彰化縣芳苑鄉陳煜村先生、雲林縣西螺鎮農會林德名先生、南投縣草屯農會林維堯先生、嘉義縣朴子鎮侯長庚先生、台南縣佳里鎮農會黃道源先生、嘉義縣斗南鎮李萬正先生、高雄縣鳳山市農會范姜新運先生、台南縣善化鎮農會黃秀卿先生，以及台南縣南化鄉農會李柏松先生。

台灣農會的成立，對台灣農業、農村建設、整體經濟發展，貢獻非常大。今天的農會應可溯及日據時代成立的相關組合單位，民國卅九年美國康乃爾大學安德森教授來台後提出報告，建議台灣合併不同單位，使台灣農會組織的功能因此更健全周延，成為多功能農會，並帶動農村社會進步。

農會組織固然重要，但和當時土改有很大關係。農民生產力量迸發，就因為土改後擁有自己的土地，即「耕者有其田」，激發農民勤勉增產動機，有更高的收穫。可以說土改加上農會的協助指導，是激發農民積極性的主因，隨後推動的社區發展，則進一步帶動台灣農村社會蛻變。

國民政府於民國十五年曾在大陸推行「二五減租」，減輕佃農田租百分之二十五，但因出現不少訟案，執行官員又多是地主，不會徹底執行，結果可想而知。加上時局動盪，最後日漸衰落。民國三十八年實施的「三七五減租」即源自「二五減租」。而「三七五減租」得以成功，很重要原因是地主失去土地所有權後，透過政府補償及引導，逐步降低對土地的投資，轉而向輕工業及工業部門發展。政府為輔導原有地主經營工商業，用四大公司股票補償地主地價，讓股票上市，從而引導台灣社會經濟轉型，一步步建立以工商業為主體的社會。台灣當年土改成功，與民國三十六年「二二八事件」後整體政治氛圍也有關係。因有了二二八事件，國府來台後實施「戒嚴」，整體社會氛圍比較嚴肅，因此政策推行時遇到的阻力比較小。另一因素是，

「三七五減租」受到佃農肯定，加上當年政府鼓勵地方士紳的宣導做得徹底，不少地主以身作則示範，政策就更易推行。

至於社區發展建設，的確促使農村改頭換面。有了社區發展建設，農村才有平坦的柏油路、電燈，也才有精神倫理建設，徹底改變農村生活面貌。持平而論，這是政府在台推動的德政。日本殖民時期有所謂「街庄改良」，開始時以市街十字幹道為主，未普及延伸村落巷道。光復後推行的社區發展，並非完全依賴政府補助，社區建設經費省政府出資三分之一，縣政府三分之一，村民三分之一。剛開始農民雖然參加，卻不想拿錢出來，但建設開始動工，不可能半途而廢，只好靠政府撐下去。最後政府想出一個辦法，讓農民先把三分之一錢交到農會信用部，就降低了建設難度。不過早期負責社區建設的社區發展委員會也會想些辦法，對付不願分攤錢的村民，顯示當年台灣農村社會已有一股社會力量，不完全仰賴外力協助。事後發現，社區民眾為了改善當地生活環境，發揮自立自強的精神，會提供超過三分之一的預算費用，從事社區的改善工作。

台灣農會

源於日據時代組合

台灣農會發展具悠久歷史，日據時代台灣已有類似組織，依文獻記載，台灣最早是台北州三角湧農會辦事處（今新北市三峽區），隨後陸續成立，但當時農會沒法律依據，只是農民互助合作組織，保障農田使用權利與爭取減輕地租。一九〇八年日本政府頒布《台灣農會規則》、《台灣農會規則施行細則》，引導農會發展，但也讓農會邁入法制化階段。一九三七年，日本政府頒布《台灣農會令》，建立台灣農會和州廳農會二級農會組織制度，會務由日本政府官員及認可的民間代表為主，在官方主導下，農民雖是會員卻無權過問，無法自己做主。

為鞏固農業發展，原各州廳農會隨著台灣行政區域調整，改組為幾個縣市農會：台北市、新北市、高雄市、台南市、台中市農會等。後來，在約略相當今日鄉（鎮、市、區）層級的各市街庄，陸續發起信用組合，逐漸發展為兼營販賣、購買、利用的組合，乃成今日鄉（鎮、市、區）農會的前身。一九四三年十二月，日本政府頒布《台灣農業會令》，將產業組合、畜產會、青菜同業組合、米穀納入組合、肥料配給組合、農機具製造會社等全部併入農會系統。市街庄的信用、販賣、購買、利用組合及其他農業、米穀、肥料、青果、畜產、山林、農機具等產業組合予以合併，改成市街庄農業會，由此建立台灣農業會、州廳農業會、市街庄農業會的三級組織體制。

台灣光復時期

一九四六年光復初期，台灣百廢待舉，正處於戰後復原建設階段，在物質資源極端匱乏下，物價波動厲害，尤其一九五〇年波動幅度最大。鑒於農業與人民生活息息相關，須透過農會組織提高農村生產力，政府在一九四六年進行農會改組，劃分為農會及合作社，復於一九五〇年十二月合併稱農會。

因合併後的農會會員身份複雜，一九五二年八月二十三日行政院頒布《改進台灣省各級農會暫行辦法》，嚴格定義農民資格，凡農事從業所得收益占其個人總收入不足一半的一律改為非會員，只能加入農會為「贊助會員」。農會會員資格及申請入會須經嚴格審查，目的在於改革並淨化農會組織，使農會成為農有、農治、農享的農民組織，並在日常事務運營體制上，由「理事長制」改「總幹事制」沿用至今。

一九七四年六月十二日《農會法》全文修正公布，立法精神有很大變革，且大幅放寬農會會員資格條件：（一）賦予農會組織更多自治功能，大幅減輕理監事職權，強化個別農會自主性。（二）強化總幹事職責及出任資格條件，但加強主管機關監督職權，弱化上級農會督導地位，更賦予中央主管機關有命令農會合併的法令依據，影響深遠。

此後，《農會法》及其施行細則歷經多次修正，著重強化了政府對農會經營的監督許可權，並增訂農會任務和舉辦事業範圍及信用部規範條文等，《農會法》於二〇一二年一月三十日修正公布。我們再從鄉鎮農會總幹事現身說法做為實證題材，說明基層鄉鎮農會經營實況。

農會靈魂人物——總幹事們的現身說法

早期農會被稱為「田邊俱樂部」，凡委託經營、共同栽培、共同經營，皆從地緣關係做基礎推廣，農會業務就是利農場毗鄰關係加強推廣而來，代表地域如嘉南平原，但北部客家平原或桃竹苗地區，沒那麼大片土地，農會形成就有所不同。

農會總幹事是農會的靈魂人物，能力強弱決定農會能否壯大的主因。家父在台灣光復後，擔任台南縣善化鎮鎮代會主席，曾是嘉南水利會委員、水利聯合灌溉小組會長，後來出任台南善化農會總幹事；當時農委會主委沈宗瀚博士因曾到過善化參觀過農會，對家父經營業績有所耳聞，乃建議我撰寫家父經營善化農會的實況專文。

我當時想，如果單寫善化農會恐失之主觀，於是遵照沈主委意見，再請農委會技正陳新友先生推薦有經營實績的十家農會，寫他們的成功經驗，撰寫內容包括如何辦理推廣、信用、保險、運銷、四健會、家政班，以及如何化解地方派系等，也讓其他農會總幹事瞭解業績良好農會的經驗實況，後集結出書。這一研究調查讓我對當年農會組織經營運作實況，有了更深入的瞭解。

可親可畏寬嚴並濟

綜合十位農會總幹事實務經驗作了結論，能幹的總幹事應具備的人格特質很多，第一要件是「可親可畏、寬嚴並濟」。換言之，總幹事凡事應以身作則，對人和藹可親，但對員工則要求嚴格，乃當時管理的普遍作風。如當年朴子鎮農會總幹事侯長庚先生，因出生農家長於農家，深知農民疾苦，接任總幹事後戰戰兢兢，以發展農會業務為職志，所以辦起事來一絲不苟，員工望而生畏，但平時言談幽默和藹，又讓部屬倍感親切。他上班比職員早，除非有重大情事，否則下班比職員晚。侯總幹事雖年過花甲，卻神采奕奕，神情不下年輕人，充分表現總幹事對農會業務的熟悉。

雖然外界常說「人不為己，天誅地滅」，但若想使事業有所成，就須擁有大公無私的胸懷。稱職的總幹事處處以農民利益為出發點，職員出現業務過失時會嚴厲訓斥，聘用時謹守公平原則，不論人情關係如何，只要農會需要，且條件適合即予以聘請。職員升職升等，完全以書信通知，摒棄人情包袱。

另一重要人格特質是以身作則，注重細節。吃檳榔是當年本省人習慣，每人一口大紅牙加上滿地檳榔汁司空見慣，十大農會之一的侯總幹事看不慣，總會當眾人面彎下身撿起渣汁投入垃圾桶，顯示其細膩的個性，也因這樣的性格使農會復興起來，任何大小事完全由他一人扛起，職員們心服口服，業務才能一步步推展開來。

稱職的總幹事總有相應的交際手腕，不是靠權勢或金錢，而是富職務素養，能立刻抓住客人心理，心平氣和地相談，且斷定的事八九不離十。如某會員怒氣沖沖跑進農會，總幹事知道來者不善，便從襯衫口袋掏出香煙遞上去，並幫忙點火，再請他坐下先消消氣，接著親自為他奉茶，很奇妙的是，當喝了茶後火氣也澆熄了。

總幹事為地方舉足輕重人物，應酬不少，但交際應酬要有一定範圍，守住本分，絕不出入聲色場所，絕不喝得酩酊大醉，以身作則樹立典範，以取信鄉民和部屬。對內要公平，對待部屬公正行事，也要求部屬坦白，共同為農民服務。

成功的總幹事都具備正確的人生觀，他們認為人生價值高低要看一個人是否盡心為社會做事而定。只要每人有正確人生觀，為地方、社會、國家貢獻己力，這樣的社會才會是完美光明的社會。

總幹事須以農會業務發展為努力目標，一心一意無時無刻為會員福址著想，只要有利農會業務推展與會員福利，絕不輕易放過，同時將農會的福利措施或貸款辦法告訴農民，使農會與會員間的關係更加密切。

鐵面無私清廉自持

很多成功的總幹事都具有「嚴父」的性格，對理所當然之事很堅持，在合情、理、法範圍內，要求部屬做好是應該的，不須獎勵，做不好才是不應該。若平日養成嚴肅正直，絕不苟且徇私，一旦得到社會認可，便逐漸形成嚴格作風，員工自然不敢徇私怠惰。

農會業務中，稻穀加工副產品管理很麻煩，主要因管理機制出現漏洞，管理者若徇私舞弊，常防不勝防，以致無法產生效益。能幹的總幹事便會召集職員，當面定出客觀標準與管理辦法，杜絕弊端。同時，為了解執行狀況，會實施走動式管理，有時還可發現不少有趣的事。如某一天，某總幹事巡視農會時發現有一堆土（碾製稻穀落下的雜物））被挖一塊，經過連日留意後，發覺土粉堆愈來愈少。經細查發現，原來有不守法職員每天捧一簸箕土粉進米倉，以補充被偷走的同量米，職員以為神不知鬼不覺，殊不知終被查獲並制止。當然犯規職員遭訓斥後，被炒魷魚了。

做為地方領導人物，處事應公私分明、清廉自居，否則很容易出事。某清廉的總幹事為擴建倉庫，須申請上級補助，但他完全照實際需要申請，不額外爭取，上級主管機關至今對他留下很好印象，至今仍被津津樂道。相反的，有些總幹事公私不分，以為打通關節套交情，更能方便公事申請。

農會很多政府採購標案，很容易出現貪汙舞弊情事，清廉的總幹事採取下列作法來防範：

(一)最易出現弊端的是農會營造工程，故訂定嚴謹管理規範，請建築師精確計算所需費用，設計圖有關財務方面內容絕不准洩漏，否則便另聘他人，且不交設計費，絕對要求建築師保密。

(二)縣政府官員、農會理事長、商務理事均不准參與營造工程經費計算，以免事先知道底價，避免上級監標人員作弊，但仍有一些監標人員私下造訪，要求了解底價，但務必鐵面無私絕不透露。

(三)對妻子、好友、上級人員等，務必做到相關工程設計風清弊絕。一旦各方都能保密配合，才能為農會、農民帶來福澤。

懂得經營人脈

成功的總幹事必須營造多方面良好的人脈關係網，一方面讓職員產生「可親可畏」的感覺，才能起「帶頭作用」；對會員代表則要形成良好的「夥伴關係」，俾「共商大事」。除了上述內部關係外，還要經營外部關係，如媒體、郵局、金融機構、員警等。若干人脈經營能力強的總幹事，辦公室常有人走動，這些人都是報社記者、會員、理事、代表、廠商，為什麼大家都喜歡這位總幹事？因為他為人和藹可親，處事公正，但這些總幹事卻常謙遜表示：「可能我年歲長較易受人尊敬，要不然就是大家跟我想法一樣，都是自己人。」

地方機構如中小企業銀行、郵局等金融機構，業務上本與農會信用部是相互競爭的，但稱職的總幹事總與這些金融機構主管，維持友好關係，互相有支票交換，維持基層金融安定。

農會信用部與郵局業務衝突最大，相互競爭激烈。但因郵局存款可免利息所得稅，一般公務員存款多集中郵局，農會競爭上較吃虧。能幹的總幹事只能加強農民服務，用感情維繫存款戶，另方面讓他們知道把錢存入農會，才不會使農會資金外流，並將所有客戶分數個小單位，由信用部人員平均分配溝通，以瞭解他們的情形，用「情」來克服業務競爭。

比如農會職員兒女就讀的學校常比賽活動，但學校的困難是經費拮据，總幹事在許可範圍內常大力支持。糖廠與蔗農有密切關係，但聯繫上較農會不易，總幹事也會替糖廠辦蔗款、糖款代付；與糖廠成立蔗作研究班，指導農民蔗作技術。另外，若干農會與當地工廠關係特別好，尤其農產品加工廠，農會提供原料（蘆筍、洋菇、蕃茄等），又幫他們與農民做契約栽培；

若與這些機構有良好關係，這些機構則有足夠時間與人力為農民謀更多福利，農會便是間接服務了農民。

會員是農會的主體

會員是農會主體，總幹事如何維持與會員良好正向關係至為關鍵。稱職的總幹事與會員維持良好關係要件，綜合起來有下列幾點：

（1）精打細算，化解衝突的能耐

農會業務千頭萬緒，尤其開創初期業務還沒完全上軌道時更是如此。總幹事要有清晰的分析能力及果決的判斷力，否則很難「日理萬機」，讓業績蒸蒸日上。不但如此，一位優秀負責的農會總幹事對整個農會業務，一定要全盤瞭解。

研究個案中，草屯鎮農會林維堯總幹事，無疑具備上述各項特點。林總幹事有一項特殊的習慣，就是參加決預算會議時會攜帶算盤。如某年會員代表大會審查預算，出席代表覺得病蟲害防治推廣業務很重要，應在預算中列充足經費，但總幹事提出的預算竟未列入這項預算，這時代表們堅持列入預算，林總幹事立即拿起算盤從已編好的預算中，由某些較次要計畫中挪出經費來編列，最終讓預算審查順利進行。

總幹事主管農會業務，如不知會員不滿之處，將是一大危機。因此，總幹事常眼觀四面、耳聽八方，隨時注意會員及員工反應，遇反對意見時，就要召開會議尋求解決之道。

（2）做足面子給農民，博取信任的本事

農會工作人員有時會大動肝火，與農民爭吵。農民是農會的主人，農民和職員吵架，不管如何，職員態度須加以檢討。有些總幹事認為，遇到職員和農民爭吵，身為農會主管，站在服務農民立場，應先當場糾正職員，順水人情先送給農民，以鞏固與農會的關係，事後再找出爭端原因所在，若非職員本身過錯，則予安撫。

要擴大農會經營，須廣泛吸收會員，但有些人對農會沒信心，所以要想辦法博取他們的信心。如先從美化農會環境開始，粉刷門牆，修繕破損窗瓦，四周種植花草等；另方面則努力拜訪會員，勸誘他們把錢存到農會，增加放款額，使會員產生信心，以擴大農會經營。

（3）主動出擊，廣結善緣

成功的總幹事應主動出擊，了解農民與理事的期望與需求。為了瞭解農會內部作業及對外業務營運，也為尊重並瞭解社會大眾對農會的批評與建議，能幹的總幹事特別設計一套問卷調查表，由農民填寫並回收分析。如此忙了一個月後，終於對農會業務狀況及農民對農會的批評與建議，有了深入瞭解。經調查後，總幹事發現了問題所在，經營不善的最主要癥結是：人謀不臧。因此上任以後的第一件工作，便是人事革新。透過改革農會人事結構，才恢復了農民的信心。

其次，能幹的總幹事因在地方土生土長，對地方農民幾乎完全認識，空閒時就騎著摩托車到處訪問不常到農會的會員，強化與這些人的關係。過去南化鄉（現台南市南化區）鄉民生性樸實，每次總幹事前往拜訪，均受到熱誠招待，有為的總幹事總能了解農民問題並尋求解決。

南化農會的贊助會員都以開店或市場賣菜為主，平時若缺少資金，農會就會放貸，這些贊助會員多少對農會有所貢獻；至於會員代表，每年農民節前後會開代表大會請他們吃頓飯，並告知變更的農事法令及農會採取的新措施，故農會均能照著原計畫執行。因平時相處愉快，交情很好，彼此便能互相幫忙，共同讓農會於安定中求進步。

以當年南化農會來看，理事九人，監事三人，平均年齡四十八歲，經歷豐富，這十二個人和睦相處，都能為會員著想，從未貪圖私利，或在理監事之間製造分裂。「人和」是南化農會理監事的特徵，他們尊重總幹事意見，從旁協助。總幹事擬定計畫與措施前必與理事長或理監事磋商，大家互相尊重，才能共同為增進農民利益而努力。

（4）公開透明，作風清廉

成功總幹事的名言是：「民心乃農會經營成功的關鍵」，故爭取會員對農會的支持是不可忽視的。如何爭取民心？一方面，總幹事必定出席每月一次基層農民會議座談，藉此瞭解「民情」，另方面可激勵指導員更用心，因上司既然以身作則，指導員自非更加努力不可。另外則是建立公開透明，清廉政風的作風，讓農民對農會有充分信心。

對防止招標弊端，鳳山農會有一套很好的辦法。鳳山農會由理事長、常務監事、總幹事及兩位理事組成一個固定任務小組，再會同會計股、會務股和進行採購的業務單位，一同邀請廠商，事先切結保證，絕不容許搓圓仔湯、收回扣等情事，投票也當著所有廠商聲明，不可有違法行為。一次、兩次、三次後，眾人最後才相信作風有所不同，也才逐步建立了農會的信用。

當然，總幹事和會員代表間的交際往來免不了，因此某總幹事在農會本部用自己薪水設立「交際費專戶」，專用拓展業務開支，如此作法一則為公家節省開支，二則表現了「犧牲小我，完成大我」精神，可謂用心良苦。如台灣傳統社會婚喪喜慶儀式多，農會總幹事是地方重要領袖，無論紅白帖都不可失禮。送禮不但是社會行為，也是經濟行為，要講求「公私分明」，總幹事如能夠在送禮上做到「公私分明」，操守就算是無懈可擊了。

經營外部關係

台灣農會有今日成就，早年農復會與合作金庫居首功，被稱為「農會的恩人」。農復會是熱心扶持農會的機關，全省農業界的導師，為台灣農會復興立下最大功勞。如一九五九年的八七水災過後，農會沒足夠資金貸放農民，但僅憑一封求援書，農復會立即撥出農貸支援農會。

（1）農復會與合庫貢獻大

合作金庫經常幫忙遭遇困難的農會，如某地某農會因經營不善瀕臨倒閉，合作金庫便召集各農會總幹事開會，要求各農會貸款給該農會，並表示願作擔保，果斷作風令人欽佩。當時擔任善化農會的黃總幹事，聽說合作金庫願作保，立即聲明自願貸放五百萬元，其他農會總幹事看到黃總幹事果敢作風，均感驚訝。黃總幹事向他們說明，合作金庫是政府機關絕不會倒，所以合作金庫答應要作保，放款必不會出差錯。其他農會因而紛紛回應，最後終於使該農會渡過難關。

（2）農業主管機關很重要

農會上級主管機關包括省農林廳與省農會、縣市政府農會輔導課、鄉鎮市公所，總幹事更應用心經營。

首先，省農林廳植物生產組、特產作物組、品種改良組、飼料廠聯營組等，對台灣農民貢獻很大，工作成果很可觀，如優良稻種、雜交玉米、雜交高粱等都令人稱道。省農會推廣的計畫對農民收益也很有幫助，如毛豬運銷、洋菇、蘆筍推廣等，指示的措施都能契合農會需要。可是任何優良的措施，都必須有素質優秀的工作人員來推動，才能收到預期成果。無論如何，總幹事須盡力配合農林廳與省農會的要求。

其次，是縣市政府農會輔導課，總幹事大都與輔導課人員相處甚好。可是，輔導課人員品德修養影響農會業務很大。有一次輔導課督導員到某農會檢查帳目，發現一張招待輔導課督導員的餐費發票，備註欄簽著「以後招待避免上酒家」字樣，就嘀嘀咕咕暗罵總幹事吝嗇，但總幹事也成功遏止了這種歪風。

最後，鄉鎮農會與鄉鎮公所地位相同，兩者關係情同手足，雙方施政方針與業務都須相互配合，同為促進鄉鎮繁榮而努力。鄉鎮公所公庫設在農會，無息供農會使用，並派一位推廣人員協助推動農會推廣股業務。農會則協助鄉鎮公所推展社區建設、補助款項、設置擴音器，響應鄉鎮公所做冬防救濟、購置消防車、鋪柏油路、興建下水溝、堆肥舍等社會公益事業。雙方面相輔相成，為發展地方而努力。

（3）水利會關係更深厚

水利會與農會合作無間，農作需灌溉時，只要告知水利會，便可妥善安排灌溉用水。故農會與水利會關係相當密切。農會從盈餘款撥出部分文化福利金給這些機關，做為經濟支援。農田水利會的水利會費、中油公司的農民用油費及糖業公司的蔗款都由農會代收代付，農會收取少許手續費。郵局收取的存款多來自商人，這種資金占比不大，並不足以對農會信用部構成威脅。

以前農會信用部之所以無法得到商人存款，主因在農會沒有辦理甲種支票存款業務，商人在生意買賣上不方便，所以才把存款存入郵局。後來農會獲准設立甲種支票存款業務，競爭力才大為提升。

（4）與金融機構關係匪淺

鄉鎮金融機構除農會信用部外，還有第一銀行、郵局、中小企銀、國泰、新光保險公司等。這些金融機構基於同行競爭各耍花招，加強服務態度以爭取更多存款，但善化鎮農會總幹事信用部卻一支獨秀，最大勁敵第一銀行，存款額也只有農會的三分之一，可見農會在吸收存款方面費了極大苦心，這都是總幹事及全體職員奮鬥的成果。中小企銀和保險公司僅在鄉鎮吸收少部分游資，並未對農會構成威脅。

郵局存款利息優惠又不扣所得稅，有這種良好條件很容易吸收存款，但也有缺點，就是不辦理農會放款。因此黃總幹事抓住這點，告訴會員：「皇帝有時也會缺庫銀，你們如果把錢存到郵局，萬一急用錢到哪去借？」多數農民斟酌權宜後，會把錢存到農會來，郵局終究不是農會的主要勁敵。

善化鎮農會頭號勁敵是第一銀行，該銀行存款利息比農會高，董事長又是當時省議會議長，常贈送匾額給大客戶攀結交情。農會改組後，很多大客戶轉往第一銀行，迫使總幹事費很大苦心，才感動大客戶將他們拉回；同時，還以母鴨報恩道理說服鎮民，吸收大量存款。因而在黃總幹事任內，不管一銀如何調換經理，其存款始終不及農會的三分之一。

也因此，總幹事不時利用時間到當地各金融機構探究，以便動員農會員工爭取對方存款人，有時也請銀行主管吃飯。金融機構間不免因性質近而互挖客戶，商業互動有時很難避免。在這樣的氛圍下，為不傷彼此和氣，總幹事也會一、兩個月辦一次聯誼會，久而久之，便能建立良性的競合關係。

（5）與糖廠、農產品加工廠關係

糖廠甘蔗和農會農作推廣性質很相近，農會時常代替糖廠推廣甘蔗栽培，總幹事曾多次親自以村內擴音機向村民推廣栽種甘蔗。糖廠發糖款時，館區內農民如沒時間去領或忘記，則由農會代發放。糖廠對蔗農的各種生產貸款與補助款，多透過農會辦理，蔗農多在農會本部開帳戶，農會乃將這些款項直接存入蔗農帳戶內。

其次，鄉鎮農會有很多農產加工廠都很支持農會，因農會對待所有農產品加工廠都很客氣，不像有些金融機構陋習多。鎮內各工廠大致對農會的印象較其他金融機構佳，所以有錢會存到農會，缺資金時向農會借，農民經常出入農會，成為農會常客。

（6）與當地學校的關係

教育能提高農民知識程度，促進地方發展。總幹事認為教育不推動，地方就難發展，所以農會常以財力援助當地學校，如補助蓋教室、設獎學金、提供畢業典禮獎品等。若上級指示在鄉鎮內各機關籌募經費，總幹事都主張由農會、銀行、合庫等金融機關共同負擔，不必由學校分擔經費。

農會推廣股的農忙托兒所，雖算不上教育機構，但卻發揮很大功能，代替整日在田間辛苦工作的農業婦女照顧小孩。此外，農會還協助學校舉辦成人教育，如媽媽教室，多由農會指派家政指導員前往授課。

一般來說，農會與學校關係相當好，主要原因是農民子弟占相當大比例，是一龐大的「間接市場」。農會置有「公益金」，分批補助學校購置運動器具、音樂與體育器材，偶而買些文具用品給學生，在贈送墊板上印上農會宣傳標語。學童得到這些小物也會拿回家向家長、父母炫耀。如此，一方達到宣傳、推廣效果，受惠者也高興。

（7）蔣經國院長十大政治革新受益良多

民眾服務站是中國國民黨服務地方的基層組織，能幫忙農會推動業務發展，關鍵在素質差者常擺出一副老大官僚模樣，農會大小事都要插一手，然實際上對大部分農會業務不瞭解，還常以外行人身份講內行話，弄得啼笑皆非，只能盡力說明原委。總而言之，好的服務站主任能幫忙農會推展業務發展地方，不好的服務站主任只會濫權干涉，而使農會退步。

根據受訪總幹事近二十年經營農會經驗，深深覺得無論哪一個上級機構，負責人及工作人員素質與人品最重要。在蔣總統經國先生擔任行政院長前，基層農會總幹事很難為，因為要處理既麻煩又複雜的公共應酬，並要為政府官員支付酒家開銷，財源不知從何處來？自蔣經國先生出任行政院長後，頒布十大政治革新，嚴辦貪官污吏，嚴禁公務員上酒家、舞廳後，官員藉機指油情形大為減少，使基層農會總幹事省去一大筆支付酒家的費用。

妥處地方派系建立正常營運

地方派系是影響農會營運最大因素，因總幹事由理事會聘任，位高權重，擁有資源也多，地方派系無不設法多方爭取職位，為自己派系所用，企圖保持中立的總幹事往往身不由己。無可否認，派系對農會經營，有時存在一些好處，如不同派系對農會經營可發揮互相監督與制衡功能，但因一般農民較缺乏獨立判斷與思考力，常受到人云亦云的影響。正因如此，少數具野心人士，常會利用派系力量，作為爭權奪利的武器，演變成劇烈派系鬥爭，嚴重妨礙地方進步。

從以下事例可見，有能力的總幹事透過運籌帷幄，仍有辦法成功紓解派系運作的負面因素。

（1）外埔農會的派系爭鬥

外埔農會因受當年台中縣派系糾紛影響，激烈的派系紛爭層出不窮。不僅農會如此，鄉民代表大會也一樣，激烈程度可用「走火入魔」來形容。舉例來說，有次農會選舉，一對親兄弟競選農會高級選任人員，其中一人只需多一票可當選，但此人親哥哥因派別不同，竟枉顧手足之情，不願把一票投給兄弟，派系糾葛竟可使人棄親情於不顧，可見一斑。

派系鬥爭有時為了名利，有時只是意氣用事。農會團體中，如果一個派系在理事會佔多數席位，這個農會營運方針及作業，就必然受該派系控制，如果農會內部存在兩個實力相當的派系，就會傾軋不已，糾紛不斷，使農會業務無法推展。

外埔鄉農會業務在當年無法發展，主因就在派系糾紛激烈。主持農會業務派系處處為私利著想，對其他派系會員利益毫不考慮；如稻米生產無息貸款、曬穀場補助及洋菇契約生產坪數分配等，完全分配給己方派系會員，這種作法使得其他會員非常不滿，對農會業務也就採取冷漠態度，農會業務得不到多數會員支持，遂逐漸萎縮，甚至營運虧損。

「一朝君子一朝臣」現象也出現在外埔農會歷史上。當年農會職員聘任及調任，無不受派系影響。因派系更替，使得不同派系職員被解聘，或被調到「不重要」的工作職位。每當農會內部派系更換，就有大幅人事調動。人事不穩定，使職員工作情緒普偏低落；農會業務因派系爭鬥無法發展，職員領到的薪資少得可憐，職位沒保障，報酬又少，迫使許多職員紛紛兼職，反而把農會工作看成是副業，農民到農會找不到職員司空見慣，整個農會陷入散漫、無效率狀態。

外埔農會的派系爭鬥不但發生在總幹事與理事會之間，甚至職員也分派系。職員們成群結黨，業務上相互牽制，這種現象也是造成外埔農會業務停滯的主要原因。表面上看，職員上班懶散缺乏效率，內部爭鬥卻仍不斷進行，這種現象怎能帶動農會業務的發展？

（2）斗南派系的爭鬥激烈

派系問題也是當時斗南鎮農會遭遇最嚴重的困擾。不同派系者，常會為反對而反對，農會中若有人提出計畫或推展某項業務，無論是否妥當，敵對派系成員必然加以反對，甚至阻撓計畫推展，使得農會推行各種作業產生嚴重困擾。農村地區人們的想法較保守，常排斥觀念不同的人事物，且為滿足其社會參與欲望，容易將自己投入某一派系，因此幾乎每個鄉鎮都存在不同的派系，這是當年台灣農村普遍的現象。

當時斗南鎮農會分為兩派：一派是由當時雲林縣議會議長（也是斗南人）領導的「議長派」；一派是由當時斗南鎮長領導的「鎮長派」。兩派各擁雄厚群眾基礎，兩者雖未到水火不容地步，卻常常明爭暗鬥，對地方事務推展造成衝擊。

派系問題在農會主要表現於理監事之間，道理很簡單，雖然形式上農會最高權力機構是農民代表大會，但實際上，理監事會掌握農會大部分權力，不但可過問農會所有業務，更重要是掌握聘任總幹事的權力。因此，每個派系都希望能在理監事會中佔較多席次，如此便可聘任一位與自己派系聲氣相通的總幹事，一旦控制總幹事，就能予取予求。

當時斗南鎮新當選的總幹事李萬正先生，並不否認自己屬於「議長派」，當選後由於獲同派系理監事的支持，在推展各項農會業務時得以順利進行。不過從另一角度看，因隸屬某派系，推展業務時也難免受到另一派系牽制而無法放手去做。因此，在李先生就任總幹事之初，無可避免被捲入派系鬥爭恩怨中，這是他一直引以為憾的事。

（3）派系化解：行事公正不偏袒是正途

因派系紛爭，致使業務難於推展，會員失去信心，整個農會功能癱瘓下來。要重新建立農會新生命，必須除去阻礙農會成長的因素，不僅要完全根絕阻力，且要將阻力轉化為助力，所以總幹事首先須行事公正，是非分明，不偏袒任何一方，儘量拉攏兩派人士，以消除理監事之間的派系問題；當競選理事長及常務監事時，總幹事盡全力遊說有心出來競選的候選人，分析利害關係，以達到最後僅一人競選的目的，以消除派系紛爭的潛在因素。

彰化縣芳苑鄉農會也是派系複雜的地方，當時陳總幹事一再強調，雖然選舉時有派系，但到選舉結束時派系應完全消失，業務上無派系，全鄉團結一致為本鄉鎮爭取更多福利。陳總幹事在這件事是採取「先忠於人，而後使人忠於他」的做法。原來農會職員分三派，有些專門反對陳先生，處處以派系立場做事，陳先生並不排斥他們，且先替他們著想，使他們體認派系存在非鄉民之福。根據以上原則，陳總幹事克服人事及派系的策略是做到公正無私，公開坦然。陳先生確實做到這一點，也使旁人心服口服。

在解決地方派系經驗中，草屯鎮農會組織編制，有一個比較特殊的委員會，就是「評議委員會」，這個經驗可供外界參考。一九五三年，台灣農會法大幅修訂，用意是為確保農會成為真正屬於農民的組織，限制了贊助會員的被選舉權，這些在農會業務上具實質影響力的贊助會員，被排除到業務決策外，失望的贊助會員便從農會領出存款，甚至於成為農會業務競爭對手。

為解決這個問題，草屯鎮農會的林總幹事主張將改組後退任的理監事、農會主管及地方有力公正人士集合起來，成立評議委員會，一方面可緩衝因農會法修訂帶來的衝擊，另方面，組成委員都是對農會業務經營有豐富經驗的人，把這個委員會當做農會經營管理諮詢機構，在人力運用上，可說是得到最大效益，對農會發展助益很大。由於退任的農會官員有了一個可發言的空間，等於給他們有個繼續參與農會決策的機會，因此也大大紓解了地方派系的扞格。

推動家禽、畜牧業發展

推廣畜牧業主要是勸導農民養雞、鴨、豬、乳牛。台南縣佳里鎮（現台南市佳里區）農會是全省第一個成功辦理豬種人工授精的農會，當善化農會的黃總幹事在報紙上看到新化牧場人工授精技術成功後，馬上派員到新化農場實習，回來後也全面實施，效果相當好，農民們也都能普遍接受優良豬種的人工授精技術。

當時推廣畜牧業動機主要有二，一是配合多角化經營，二是空地充分利用，只要宅前屋後有空地，就可蓋養雞場、養豬場或牛棚。不但善用閒置土地，又增加農民收入，一舉兩得，何樂不為。

（1）肉豬品種改良：白色的困擾

一九五六年，農復會獎勵各鄉鎮農會申報品質優良種豬頭數，總幹事認為鼓勵農民大量養豬製造堆肥，就須引進品種優良的種豬，於是一口氣申報五頭。前來申報種豬的各農會獸醫人員，都集合到台北市內湖區種豬繁殖場分配種豬頭數，等到分發完畢，卻多出一隻來。各農會獸醫人員都因種豬價格貴不敢做主增加，只有黃總幹事認為品種優良種豬，就是花再多錢也值得，於是他當眾表示願意購買多出來的這一隻。當一切都安排就緒後，農復會工作人員宣布，這些種豬都免費贈送農會，因此善化農會平白多得一頭，當時負責種豬推廣的農復會專家佘如同先生貢獻很大。

當這幾頭品種優良種豬運回後，善化農會自行設置家畜人工授精工作站，以利人工授精推廣。最初推廣豬隻品種改良工作很難，因為這幾頭良種公豬是俗稱的白毛豬，真的品名是約克夏、盤克夏，但農民聽不懂，多以白毛豬稱之。一般農民沒養過這種白毛豬，且民間有一種風俗，認為白豬不能祭天公，又有一迷信觀念以為母豬生出白豬，家運會倒楣，非但不能賺錢，反而大賠錢，且全家大小不會平安，事業會失敗等，這些迷信嚴重阻礙優良種豬的推廣。獸醫人員下鄉做人工授精時，農民都要求注入黑毛豬精液。黃總幹事則指示獸醫人員，一定要用白豬精液。

等到小豬出生後，農民看到是白豬，個個怒氣沖天，甚至到農會大吵大鬧，要毆打獸醫。工作人員因此跑到總幹事室避難，總幹事就說：「幫我跟農民說，是我要你們這樣做的，沒辦法。」獸醫轉告後，農民跑到總幹事室來吵：「你心肝真黑，想害我家運倒楣，全家大小不能保平安……真沒良心。」

總幹事等他們吵完後開口說：「白豬都生下來了，你就養看看，我跟你簽合約，如果你全家大小不能平安，醫藥費我全部替你付；如果真的賠錢，看你賠多少，我負責到底。」這些人聽了總幹事保證後，忍氣吞聲著離開了。期間內黃總幹事派人暗中了解農家生活起居，直到白豬出售為止。果真，在這段期間發現白豬（約克夏、盤克夏）改良種長得比較快，農戶全家大小都很健康、平安無事，豬價比原來土種好，農民都很高興。某日一位豬農到農會存款，黃總幹事把他請入總幹事室，問他：「那批白豬賣了吧！不知貴府家有無發生不幸事件？算看看你到底賠了多少錢，花了多少醫藥費，我付給你。」這位農民很不好意思笑說：「沒有啦！這批白豬很不錯啦……」難關打開後，善化鎮白色新品種毛豬推廣就全面展開了。

（2）引進肉雞、推廣養殖業

佳里鎮養雞原先很少，黃總幹事赴日考察後決心幫農民發展養雞事業。某個禮拜天，約好推廣股長前往嘉義縣大林鎮參觀企業化養雞場，在當地學到了養雞場的生產與經營方法。回來後就把飼養和管理方法推廣給佳里鎮民，並引進優良肉、卵雞品種，不久佳里鎮養雞場發展得很普遍，也有助農會飼料事業的推廣。雖然雞蛋價格一直不很好，養雞事業因而不景氣，但佳里鎮養雞場未因此關門，大家仍在經營中，勉強維持生產。由於黃總幹事曾到日本講習三個月，這段期間他深感台灣農業勢必步上日本後塵，日本自進入工商社會後，農業生產轉為消費導向經營，大眾對食物需求種類由澱粉類轉為魚、肉、蛋白質，因此農民生產也隨之改變，台灣日後也勢將如此。因此，他常思考到底台灣農地適合哪種導向經營？台灣耕地少，可開發土地有限，因此只能指導農民儘量從事少用土地、節省土地的事業，而養殖業正是最節省土地、獲利最大的事業。從日本返國後，黃總幹事便開始推廣養殖業，勸導農民養魚、養鰻，貸款給農民，聘請專家輔導，從此養殖業就在佳里鎮如火如荼展開了。當時佳里鎮有三十六公頃魚池，鄰近鄉鎮也有好幾公頃魚池由佳里鎮民經營，當年推廣養殖業的成果，今天已很明顯看來，替農民帶進一筆龐大的財富。

推廣水稻、番薯及蔬果

農業發展初期，農業增產是推廣事業主要內容。農業技術較落後的初期，新技術及新品種採用，是提高農業生產的必要條件，再說，這些新技術及新品種推廣，由農業推廣部門人員負責最能收到效果。

稻種改良方面，推廣股首先派人到改良場向專家學習，帶回優良品種，自己先栽培在採種田及稻種田上，然後再向農民講解新品種的特性，鼓勵農民儘量採用，請他們到現場實地觀摩。參觀後農民若有興趣，農會便供應將新品種苗，對當地水稻、蔬菜品種改良，有很大貢獻。

佳里鎮的水稻一年兩作，第一期收成不錯，但第二期成績就較差。這種現象經過農會推廣股研究後，認為問題出在稻種上。因農民在第一期水稻收成後，會設法取得第二期稻作品種，通常會向商人或碾米廠購得稻種，但稻種來源不一，品種參差不齊，長出來的水稻高矮不齊，且夾雜低劣品種，以致嚴重影響第二期稻作產量。總幹事看到後，就指示推廣股到改良場搜集優良水稻品種，栽培在農會採種田，待收成後作為農民第二期稻作稻種。如此不但品種統一，且品質也提高，更便於病蟲害防治，受到農民普遍好評。

（1）番薯深耕的啟示

有一年，林總幹事在前作收成後將田地栽種番薯。這塊田地旁邊有一塊田也是總幹事的，兩塊面積差不多，同樣栽種番薯。當番薯成熟時，總幹事把兩塊田的番薯全賣給一家澱粉工廠。不久澱粉廠派牛車來載，第一天把其中一塊田的番薯全裝完，共裝了三百袋。當天廠方工人臨走前問總幹事：「明天我們要準備多少布袋來裝才夠？」總幹事看了一下說：「兩塊面積差不多，明天你們再準備三百袋就夠了。」第二天工人們把另一塊田的番薯裝起，可當他們把三百袋裝完後，卻發現還有近三分之一番薯沒裝；工人回工廠拿袋子，澱粉廠老闆就起疑說：「奇怪！總幹事是老實人，難道會向隔壁人買來充數？」因當總幹事和澱粉廠老闆談好單價後，不久番薯就跌價，所以老闆難免起疑。可是廠商派去裝運兼秤量的工人卻一再表示，絕沒有混入他人番薯，因為他從頭到尾都在現場監看，剩下來的番薯確實是那塊田地長出。

總幹事也被這項事實困惑，相同面積為何產量相差那麼多？經尋求答案，最後發現只有一個答案可能，即深耕。因高產量的這塊地原先種甘蔗，種甘蔗前糖廠曾用深耕犁來犁過，重型曳引機深耕犁和牛犁深度差很多將幾十年不曾受陽光照射的土壤翻到上面，這些土壤含豐富有機質、腐植質，肥沃度高，單位面積產量必然大量增加。

在善化農會理事會上，善化農會黃總幹事提出報告，建議理事會購買大型曳引機替農民深耕，理事會同意購買五部，此案後來在代表會也經表決通過。為了購買五部曳引機，總幹事前往農復會請求簽證，但主辦簽證者不同意，理由是：一、田間石頭多，會損害機械。二、田間道路窄，曳引機無法開進去。三、田地面積小，曳引機須常常調頭，沒犁到的地方多過犁到之處。總幹事認為這些都不成問題，善化地區田間道路牛車都可走，曳引機當然也可以，且善化鎮是平原，田地面積都比北部丘陵田地大，至於田間石頭多不用辯論，為了這件事，黃總幹事到農復會跑了多趟。後來主辦人雖勉強答應，卻提出兩條件：一，要硬性規定深耕地全部種甘蔗；二，代辦費要比糖廠收費高。兩個條件無異宣判深耕死刑。這兩條件黃總幹事都無法接受，主辦人因而不簽證，結果善化鎮耕地因此沒辦法普遍深耕，影響土地改良甚鉅，黃總幹事常以不能完成這份心願感到遺憾。

（2）推廣適地新作物品種

由於善化地區三分之二農田是沙質地，黃總幹事常和上級聯繫，以期獲得適合沙質地的優良作物品種。一九五七年農林廳特產作物負責人林先生蒞臨善化農會指導，隨身帶來一些落花生種子，送給善化農會推廣。林先生表示這批落花生種是國外原種進口，比黃金還貴重，希望好好利用，只要將這些種子曬兩、三天，即可推廣給農民。

起先因花生數量不多，只好先賣給幾位農民，收成後，農會再全數買回當做繁殖品種，然後推廣。可是農民太保守，不敢種，農會便決定無息貸款花生種給農民，等到收成後農民有了錢再還。於是有許多有田地但沒錢買種子的農民，就到農會拿花生種去種，結果成績很好，每位都賺了錢，體會到農會處處替農民做事，所以把他們的成果傳開，落花生推廣因而順利成功。

（3）推廣蘆筍

善化鎮有九個村位於曾文溪畔，屬沙質地，以東昌、東隆、六德、六分里沙質地最多。善化農會為增加農民收益，不斷引進適合鎮內各種環境、收益較多的特產作物，並逐漸淘汰經濟價值低的農作物。先後引進洋菇、蘆筍等特產作物，其中蘆筍是特別為沙質地引進，因土質不宜種水稻，卻很適合種蘆筍，且蘆筍經濟價值高，可增加農民收益。但新作物引進時推廣不動，因農民從未種過，不敢輕易嘗試，推廣了許久仍不見績效。為起帶頭作用，黃總幹事於是一口氣在自己的三公頃又五分地全種蘆筍。當推廣股將種蘆筍農戶種植面積呈報省農會時，省農會不相信此事，以為虛報，他們認為農戶種三分半蘆筍是可能，但種三甲半實在令人懷疑，於是派人實地勘察，最後證實確有這麼一回事。農民看到這種情形就開始議論，若種蘆筍不會賺錢，為何總幹事一口氣種三公頃半？終於打開僵局，全鎮栽培面積維持在六十公頃以上。

（4）推廣洋菇

推廣洋菇栽培時，農民也不敢嘗試，只有極少數接受新作物。推廣不利時，推廣股長自己就蓋好幾座菇舍，動員全家作示範，洋菇推廣才漸有起色。栽培洋菇很省土地，蓋一棟菇舍就行，可栽培工作不簡單，須有足夠人手和勤勞奮力的精神才能栽培成功。當初總幹事指示獎勵推廣洋菇，動機之一是想革除部分農民賭博的壞習慣。鎮內某村賭博風氣盛，農民一旦沉溺，田間必定荒廢，也有損身心健康，甚至傾家蕩產。如果勸導農民栽培洋菇，不但以戒除壞習慣，引導他們步向正道，也可增加他們收入。因栽培洋菇晚上須澆水澆到八、九點，且早上兩、三點鐘就要起來採菇，工作緊密，農民也就沒有過剩精力去賭博了。

洋菇收成後，洋菇罐頭工廠會派人來採購。剛開始收購時，工廠多半很規矩地向農民全部收購，可過了一段時間，工廠開始耍詐。廠方知道各鄉鎮每天出產洋菇數量，假設每天出產十萬斤，工廠就叫收購人員告訴農民：「最近工廠機器壞掉兩、三部，老闆說今天最多只能收五萬斤。」一可剩下的五萬斤洋菇都已長出，菇農自己吃不完，丟掉又可惜，既不能當肥料，只好挑到市場賣，可又賣不了多少。這時罐頭工廠就派人到各市場低價向菇農收購，使菇農損失慘重。

總幹事知道此事後，率同幾位理事前往工廠交涉。廠方故意推拖，以機械故障，人工不足為藉口，經總幹事及理事細查發現，機器照常運作且人手充足，於是就向工廠提警告，但廠方依然故我，因此，當工廠製造出成果外銷時，總幹事始終不肯出具產地證明。此後，工廠就再也不敢要詐削價欺騙農民。

爭取信用部存款是大學問

對農會而言，「大客戶」無疑是農會信用部的財神爺，失去大客戶則農會存款大量縮水，要推展信用業務難如登天，因此如何挽回大客戶，成為總幹事正視的問題之一。

由於台灣農會改革時，存款大客戶均被歸入「贊助會員」，沒選舉權，又被社會批評為土豪劣紳，致使這些人對農會抱著敵視態度，紛紛將存款領出，不與農會往來，在這種情況下接任總幹事，無異是嚴苛考驗，要發揮智慧才能重整旗鼓，衝破難關。

（1）列名並拜訪退出的大客戶

首先，總幹事要找出存款減少癥結所在，如果問題在大客戶流失，重新拉回大客戶便是首要目標。第一步，先令信用部調出以往存款戶清單，再將客戶居住地劃分幾個區域，職員各自負責勸募責任區客戶，如果成績不理想，再擬出一套新辦法。隨後，再將沒勸誘出的大客戶名單列出，讓職員抄下有親戚關係或至交好友客戶名單，利用感情關係勸誘，等到都找過一次後，尚有幾名大客戶遺漏的，總幹事就問職員：「某大客戶沒人和他們有親戚關係嗎？」有些職員看過後說：「那不是某某職員的岳父？」有人說：「這是某某職員的姊夫呀！」總幹事就問這些職員為何不去勸誘？職員答說：「這此大客戶個性很頑強，曾多次勸誘，多被趕出來，所以不敢再勸誘。」總幹事鼓勵他們多走幾趟，真沒辦法吸收存款就由總幹事親自出面。由於有感情做後盾，成績較好，大客戶已拉進大半。對難勸誘的大客戶，利用公餘的總幹事則親自一一拜訪，全心盼望拉到存款。

在總幹事親自登門拜訪時，有些大客戶表現出對農會的不滿，因為他們被列為贊助會員，沒選舉權及被選舉權，只能佔監事三分之一席位，且又被政府某些官員列名日據時代的土豪劣紳。「我們是土豪劣紳，是社會上的大壞蛋，我們在農會裡只有棺材，沒有靈位，把錢存到農會有何意思呢？」有些工商界大客戶更和總幹事大談生意經：「我們是好朋友沒錯，你打你農會的算盤，我也要打我的算盤，銀行待遇較好，我當然存到銀行。」總幹事就跟他們講道理：「你打算盤是沒錯，不過你的金額數目太大，存到農會可以在鎮上做很多有益的事，如買消防車、設置學校獎學金、增加推廣經費等。」人畢竟是現實的動物，有時總幹事雖竭盡心思勸誘，但效果仍不理想。但總幹事並未灰心，只要有機會，絕不放棄，以最大意志和誠意，不拉到這筆存款絕不中止。

（2）敦聘評議委員，擴大向心力

大客戶中有好幾位是工商界大老，他們的學識經驗與領導才能都是一時之選，總幹事愛惜他們的才華，因此個別寄書函，倘他們不表拒絕，農會就聘請他們擔任評議委員，請他們列席開會，發表意見，做為農會業務經營參考；這些人都很有興趣，表示願意接受頭銜，也樂意將自己的學識、經驗和才能貢獻出來，有的更因而把部分存款轉入農會，對農會來講是一舉兩得，受益匪淺。

這些評議委員或工商客戶都很富有，不愁吃、不愁穿。總幹事為請這些人把資金轉回，費了很大苦心，如有優良品種的落花生給農會推廣，收成時必定特別精選，分送評議委員和工商界大客戶，最後都成為總幹事好友及農會信用部的客戶。有人說：「一分耕耘，一分收穫」、「要怎麼收穫，先怎麼栽」。總幹事努力，終於獲得豐碩成果。

（3）公私分明，掌握服務機會

能幹的總幹事總會以公私分明方式，掌握為客戶服務機會。以下述三則故事說明：

◎代買車票的故事：有一天，黃總幹事要到台北出差，預定在台南火車站搭乘對號快車北上，在出入口，不期而遇五位大客戶也要上台北，他們是北上談生意。當他們看到總幹事就招呼說：「總幹事上哪兒去？票買到了沒有？」總幹事表明到台北，不過尚未買票。五位大客戶說：「啊！不必浪費時間了，我們五個剛才就買不到票了，你現在才來那更不用談了。」總幹事說：「那可不一定喔！」幾分鐘後，黃總幹事就拿著六張連號座位車票出來，他們驚喜萬分說：「你真有辦法，佩服！佩服！」他們堅持付錢給黃總幹事，但總幹事說大家難得在一塊，車票他請客，到台北後再讓五位請客，大家就這樣一路談到台北。

到台北後，總幹事就獨自上路忙自個兒事，五位也談生意去了。經過一段時間，總幹事在街頭碰到幾位大客戶，他們生意談成了，賺了不少錢，所以很熱誠請總幹事吃飯。此後他們時常打電話到農會要請總幹事吃飯。總幹事答說：「免請了，不如將銀行存款轉存農會，這個我最喜歡。」他們說：「簡單，簡單。」此後，他們都成為農會的客戶。

◎**烏山頭水庫遊湖故事**：某個禮拜天夜晚，黃總幹事巡視農會後騎車到街上買點東西。在市場某商店騎樓下，巧遇十幾位工商界人士納涼聊天；他們有些是農會評議委員，有些是工廠老闆，當他們看到總幹事後就寒暄一番。後來有人提議下週日大家一同到烏山頭水庫玩，當場十幾位人士都舉雙手贊成。總幹事就聲明都由他來籌備，到時大家只要準時到場就好，於是大夥就把烏山頭旅行之事，全權交給總幹事安排。

為此，總幹事特地訂製十幾盒豐盛野餐，又致電烏山頭工務所主任，麻煩他們備好遊船隻和導遊。由於當年總幹事擔任嘉南大圳水利委會委員時，曾極力協助水利會，所以水利會工作人員很欽佩總幹事為人。當天烏山頭工務所主任親自陪同十幾位工商界大人物遊湖，並備好最舒適船隻，又開放不輕易使用的貴賓室招待這些人，將烏山頭工作站作業程式一一講解，以上賓身份款待，每人都玩得很開心，大家都很滿意。

事後，幾位曾參加烏山頭旅行的評議委員，在街上遇到一位農會職員便說：「回去後代我們向總幹事道謝，前幾天烏山頭旅行大家都玩得很盡興，實在很感謝你們農會的招待，這次準備得這麼周到，你們共花費多少錢啊？」職員笑答：「這次旅行農會一毛錢都沒花，所有費用都是總幹事自費請客的。」這些人聽後讚歎說：「花公錢抵私人願望的多，花私人錢抵公家願望的少。」理事長獲悉後向總幹事說：「我們難得有這麼好機會邀評議委員玩，恢復評議委員對農會的感情；這筆費用是正當開支，可名正言順公費報銷啊，何必花費你自己的錢？」總幹事說：「這次旅行沒正式發函，再說十幾位人士也非全是評議委員，當然我只能以朋友立場請。」當十餘位工商界人士知道後，很佩服總幹事誠意，認為黃總幹事的確為了發展農會業務服務到底，後來這些人也將存款轉到農會。

◎**日月潭旅遊故事**：為慰勞評議委員辛勞，農會曾舉辦過一次日月潭遊覽，招待所有評議委員住宿涵碧樓。這些評議委員很富有，總幹事一時很難決定到底招待他們住哪種套房。招待得太高級開支很大，住較普通房間，又太失禮。正猶疑不決時，評議委員有人問：「總幹事要我們住哪種房間啊？」總幹事靈機一動說：「各位看一看喜歡哪間就住哪間好了。」說完後，評議委員說：「總幹事很偉大，看透我們內心，我們不忍心讓農會開支太大，也不能讓你報銷困難。」最後，全體評議委員都決定住普通房間。

（4）農會比喻母鴨為生蛋報恩

善化鎮上和農會存款業務競爭最激烈的是第一銀行，當時一銀董事長是省議會議長黃朝琴先生，他吸收存款手段很高明，只要有他，一銀在的鄉鎮大客戶一定被他吸收。因他布置的線民網路很精密，消息很靈通，凡地方聲望高的醫生、工商鉅子等，家中婚喪喜慶，不論小孩彌月、結婚、或醫院、公司行號、新居落成，或喪事，「省議會議長黃朝琴」匾額一定送達。鎮民接到匾額也都高掛廳堂，黃朝琴先生贈送的匾額對愛面子的鎮民來說很體面；且有些人孩子一時找不到工作，找黃朝琴先生幾乎不會白走，因他的金融企業分行多，可安插職位。因此有些大客戶都樂意把錢存到第一銀行。

這種風氣籠罩下，農會面臨很大挑戰，不得不提出對策。總幹事認為要打贏這場仗，惟有加強農民心理建設與鄉土觀念才是上策，總幹事自己想出一則淺顯易解的故事，先講給職員聽，再請他們到各村落里民大會說給民眾聽。一有機會，他就親自到各聚會場所講述，爭取會員對農會的信心。雖然農民一般知識水準不高，但只要講道理，讓他們產生共鳴，一切事情都容易推動。跟農民講高深理論，他們聽不懂也不耐煩，反會收到反效果。總幹事生在農家長在農家，所以他很瞭解農民心理，只有跟農民講簡單有道理的言論，他們才有辦法吸收。

總幹事講故事說：「母鴨生長鴨舍裡，農民餵稻穀和飼料，牠吃了後身體漸漸長大，又在巢中生蛋，農民可把鴨蛋撿來吃，也可賣錢增加收入，所以母鴨是一種懂得報恩的家禽。」我們農會就像母鴨，在地方吸收存款，同時放貸金錢給資本不足者，作物有病蟲害時可到農會請教指導員，毛豬生病也可到農會找獸醫，這些就是農會這隻母鴨生的蛋。而一般銀行把鎮民存款匯到台北總行，轉做工商業資金。當農民缺乏周轉資金時也無法借到，假如作物、禽畜有了毛病，銀行也不會幫忙解決。如果大家想要家鄉繁榮富庶，就要好好照顧這隻母鴨，讓牠更茁壯，生更多蛋。總幹事提出「母鴨報恩」的故事，深深打動農民的心，因此農民都把辛苦耕耘收穫的錢存到農會去。

第一銀行被農會這招擊個正著，調動好幾位經理，期挽回劣勢，更不惜花費時間到市街大小商號吸收存款；有些商人聽了銀行宣傳後蠢蠢欲動，想把存款提到銀行去，總幹事發現後就想出對策，逐一解釋實情說：「你們把錢存在農會才能幫你們賺錢，你們存的越多，農會也幫你們賺的越多。這話怎講呢？生意人開商店，必須有顧客上門，你們的顧客都是什麼人呢？都是鎮上農民吧！如果這些農民都很窮，沒有錢的話，那麼你們的生意怎麼做呢？假如農民都豐收，都發財，那麼生意不就會興旺起來嗎？」說出種種利害關係，讓商人自行判斷，終能穩穩拉住客戶。

（5）土地買賣全程服務

由於都市計畫的進展，土地買賣頻繁，農會消息靈通人士只要得知有買賣土地，便派專人前往爭取，而此人最好與買賣者有非正式社會關係。首先從賣方著手，因賣方是得款人，由賣方著手爭取其賣得款項，再找買方，買方既有能力購置土地，自然有餘錢可存。對買賣雙方農會都給予最大方便，從取款、付款、匯款、到存款每一步驟，都為他們辦理，讓他們感受只要印章存摺在手，便能讓事情圓滿達成。因此，對農會更具好感，更有信心。在買賣雙方中，除金錢當面點清外，繁瑣手續概由農會承辦，手續精確不含糊，也才能讓買賣雙方帶著滿意愉快的心情完成交易。

（6）金庫被盜未遂的教訓

某日清晨，農會值夜人員發現信用部金庫室被撬開，大約可鑽進一個人，很快報告信用部主任和總幹事及警察局。大家煞費周章清點財務，經一番清查，發現並無財物被竊，因此斷定可能是名笨賊，沒有萬能鑰匙可開，用了最原始辦法，把門撬得亂七八糟，也可能當他撬得可容一人鑽進時天色已亮，只好罷手。金庫被劫未遂後，總幹事立刻採取上下兩班值夜，他告訴值夜人員，如果發現有人潛入，就跑到農會二樓燃放鞭炮，把農會附近的居民吵醒，共同來抓賊。這種方法，不但可預防電話線被剪斷，也可確保抓住竊犯。

雖說上下兩班值夜，但黃總幹事還不放心，每晚常打電話查勤，也親自查勤，時間都在淩晨兩點到四點。他從家裡出發到了農會時，先把車子停靠路旁，再爬過鐵欄杆入內，手裡拿手電筒到處巡查，然後再爬過鐵門回家，十幾年來經常如此，遂養成早起床習慣。

自從被劫未遂後，總幹事就不敢再放太多錢在金庫內，只要超過某數額就派人送到合作金庫去。但若有很多人一日內提款，農會就沒辦法充足供應，如再派人到合庫取款，又會耽誤時間。在此情況下，總幹事採取的應變措施是，打電話到大客戶家中，請他們立即調現到農會來存。因大客戶開商店，金庫裡隨時有三、五萬元，多調幾處就足以應付需求。等到臨時抽調金額快被提完時，職員早已從合作金庫將大批現款帶回。好在這種情形很少發生，因農會總有準備，隨時都可提供給會員最圓滿的服務。

農會對台灣早年農村經濟發展建設相當重要，所以過去我在台大任教時，都希望同學利用寒暑假期間，前往各地農會實習，並將實習過程寫成報告。學校過去對前往各地鄉村訪問很重視，同學便可藉由農會的實習，瞭解這一組織對台灣過去農村發展帶來的貢獻。農會不僅是農業發展的推動者，也是台灣農村社會生活的改善者，更是台灣整體經濟發展的基石，對台灣進步影響重大。

土地改革

台灣土地改革運動，與民國三十八年國府撤退來台有很大關係。國共內戰後，農村治理失敗及沒有得到農民的民心支持，是失敗主因。因此國府高層痛定思痛，來台後將「民生第一」作為施政主要目標，而治理民生最重要則首推解決農業問題，爭取農民的支持，提高農業生產，改善農民生活，解決土地問題就成為最重要的具體任務。

根據當時統計，全台耕地中政府從日本接收土地占百分之二十一，另外八千一百戶大地主佔有的農地，佔總耕地面積百分之五十六，而當時六十一萬戶農民耕地則僅占總耕地面積百分之二十二。換言之，佔當時全台人口百分之八十八的農民擁有的私有耕地，僅百分之二十二，可見當時農業產值大部分落入地主手中，導致剝削嚴重，形成貧富尖銳落差。為防範大陸農村政策失敗教訓重演，國府遷台後就推動一波「和平漸進」的土改方案。和大陸在一九四九年建政後的土改相較，台灣土改沒有尖銳的鬥爭，不清算任何人，的確算是成功且讓國人感到驕傲的重大改革措施。

台灣土地改革循序漸進，第一階段實行三七五減租。按實施前慣例，農民原先向地主租地耕種，把收成的一半交給地主，有些地方甚至要交到百分之六十或七十，農民所得非常少，幾乎沒法養家糊口，但地主卻坐享其成。所以政府通令實施三七五減租，也就是農民只要把收入百分之三十七．五，交給地主就可以。其算法是總收入一〇〇％，扣除二十五％生產成本，再把七十五％的利潤和地主平分，各得三十七．五％，所以三七五減租的本質和大陸時期推動的二五減租是一樣的，只是改變另一種說法而已。

如此，便能提高農民增產的動機，農民收入增加，生活便逐漸寬裕，生活好轉後農民就有錢買牛買耕種器具發展農業生產。有了錢，農民能送子女去上學，下一代有了知識，便可經營農業以外的生產事業，讓農村不再只依靠單一耕地賺錢過活，對社會發展及生活穩定都帶來很大影響。隨後進入第二階段，稱為「公地放領」，就是將政府掌握的土地，以分期償還方式賣給農民，地價則是兩年半的產量，以實物計算，十年還清後農民就成為土地的所有者。

第三階段是實施「耕者有其田」政策。「耕者有其田」規定地主可保留相當於中等水田三甲（一甲約合〇．九七公頃）或旱田六甲。超過規定的土地由政府徵收，轉放現耕農民受領。徵收土地價格為二倍半年產價值，以實物土地債券七成、公營事業四大公司股票三成搭配補償。放領地價與徵收地價相同，加算年息百分之四，由領地農民在十年內償付完畢。這項政策一方面使農民受惠，另方面也為當年發展工業籌集了大量資金。

當年由於推動「和平漸進」式的土改方案獲得成功，時任省主席陳誠先生還親自寫下《台灣土地改革紀要》一書，表示他領導的土地改革，「為整個世界解決了土地問題，尤其為中東與亞洲各國，提供了正確的途徑與最好先例」。由於台灣土改的成功，事後也吸引不少亞非國家，如菲律賓、越南等國，專門派遣官員來台訪察，但因國情不同，開發中國家土地改革成功的例子不多。

從三七五減租開始

台灣在還沒推行三七五減租前，私有耕地租額如新竹、桃園、苗栗、南投一帶，有高到耕地收穫量的百分之七十，其他地方租額，最低也要百分之五十，百分之四十則是極少數。此外，還有租金和預收地租、鐵租之類的額外苛索，使佃農負擔太重，生活很困苦，缺乏增產動機，土地不能好好經營，導致土地生產力無法提升，影響收穫，對國家、社會、地主和佃農都蒙受損失；更因有許多沒有訂立書面租約，租期沒一定，佃權沒保障，少數地主亦常藉故撤佃，任意提高租額，有些佃農則無故抗租，地主不能得到合法收益，於是地主和佃農間常發生糾紛，引起農村不安，等到實施三七五減租，地主與佃農依法訂立書面租約後，地主可得到合法的租額保障，佃農的佃權也得到保障，才能安心工作，增加生產，佃農收益增加，生活改善，也調和了地主和佃農間的感情，使社會秩序安定，農村日趨繁榮。

而在減租前的租佃制度又如何？拿地租率來說，通常要作物收穫總量百分之五十以上，甚至有高到百分之七十；此外又有所謂鐵租、副產物租、押租金、磧地金（即保證金）預收地租等，甚至還有包租轉佃、層層剝削；租期方面，大多是一或二年，甚至僅口頭契約，不訂租期，地主可任意加租撤佃，農民在這種佃租制度下，哪有心情改良土地用來增產。因此，當時政府按國父遺教要增加生產，改善農民生活，安定農村社會秩序，須先實施減租，改善不合理的租佃制度，而後達到耕者有其田最終目的。

減租政策很早就列為中國國民黨政綱之一。民國十五年十月國民黨中央及各省區聯合會議時，遵照國父遺教決定了「農業政綱」，規定「減輕佃農佃租百分之二十五」，民國十八年六月中國國民黨三中二次全會又議決「二五減租」，惟因各地情形複雜阻力重重，未能收效，至民國十九年六月中央制頒土地法，規定地租不得超過耕地正產物收穫總量千分之三百七十五，這才開始用「三七五減租」的名稱。其實「二五減租」與「三七五減租」實質一樣，因作物生產總收穫量中，經多次實地調查計算，農民所投勞力資金，包括人力、畜力、肥料、種子、農藥、農具等成本，約佔總收穫量百分之二十五，所以在作物收穫總量中，應先提百分之二十五歸佃農，這就是所謂「二五減租」，然後以其餘百分之七十五，由業主和佃農平分，等於各分得百分之三十七點五，也就是千分之三百七十五，所以又稱為「三七五減租」。

在推展全面實施「三七五減租」前，民國三十六年政府先以屏東市著手籌備，作為全省示範。從屏東市推行減租工作也得到以下經驗：

一、為做好減租，必須先做好宣導工作

屏東宣傳工作是照下列各方式執行：

(A)分區逐里召開里民大會，由屏東市政府市參議會派員講解法令暨政府推行減租政策意旨。

(B)召集全市所有五甲以上耕地地主舉行座談會，懇切說明推行「三七五」減租對保障地主合法權益暨增加生產安定地方的重要性。

(C)調集中小學校長教師講習「三七五」減租概要及計算方法，再由校長教師向學生反覆講解，後由學生向其家長鄰居親友說明。

(D)印製「三七五」佃租疑義問答及「三七五」佃租解說等小冊，分送市民閱讀。

二、定好推行「三七五減租」實施細則

民國三十六年推行減租之初，「台灣省私有耕地租用辦法」及其施行細則尚未訂頒，「耕地三七五減租條例」更未公布，推行工作尚無完備法令可依循，所以既不能強制訂立「三七五」書面租約，又不能強制執行減租，對地主佃農只能先作口頭勸導，以致困難重重，且有很多人反應，台灣全省都未實施減租，何以屏東要急於開始，幸而當時市參議會議長張吉甫先生、祕書簡清榆先生、地政科長張元生先生等全力支持，且二十二位市參議員中有十一位是地主，他們很開明非常合作，首先倡導實施減租，尤其當時擔任萬丹區長的張山鍾先生最熱心，大家稱他為模範地主，張山鍾先生後來曾任屏東縣長，其子便是先後出任內政部長與中華奧會主席的張豐緒先生。

惟辦理這項工作沒法令依據，許多技術問題不易處理，因此民國三十六年主要是做籌備和宣傳，因宣傳做得徹底，到民國三十七年初，屏東三七五減租在農村已家喻戶曉，連中小學生對三七五地租怎麼計算都說得頭頭是道。屏東市政府就在三十七年單獨訂了單行法規稱為「屏東市推行三七五法定佃租施行細則」，送經市參議會通過報奉省政府備查後公布實施，作為推行減租依據。據統計，到民國三十七年底，已有百分之七十的業主依三七五租率收租，為全省實施三七五減租奠定良好基礎。

三、評定田佃正產物全年標準總收穫量

推行減租之初，正產物與副產物未有明確區分，地主仍照習慣除收取稻穀番薯等正產物地租外，還分取中間作物及田邊栽植作物或休耕時期種植的果菜作物等副產物地租，且因各種作物無評定標準產量，以致業佃間時常為產量多少發生糾紛。因此，屏東市政府經中央指示田地目以稻穀為正產物，畑地目以番薯為正產物，復於民國三十七年初擬訂「屏東市各區舉行三七五法定佃租審議會議辦法」，報奉省政府核准公布施行，由該會議評定耕地正產物總收穫量。

四、舉辦佃耕土地及地主佃農調查

民國三十六年除積極展開宣導外，並動員市政府、市參議會及區公所人員赴各區調查佃耕土地座落地目等則面積及佃農地主姓名住所等，做為實地訪問地主佃農推行減租依據。故按戶訪問地主佃農，乃推行三七五減租必需的過程。由屏東市政府市參議會各區公所派員分赴村里，按照調查地主佃農之資料逐戶訪問，以勸導說明方式對地主勸導減租，對佃農說服勿與地主妥協暗中分租，使佃農務必達到向地主爭取減租目的，住外縣市地主也派幹部人員前往勸導。上述作法一直到民國三十七年底，使屏東市減租達百分之七十成績，二百甲以上的大地主李開胡、張山鍾、李文蔚、李開山、李明道和參議員地主陳總鎮、李瑞文、龔天降、李世昌、張胤瀛等都能率先倡導，同意實行減租，實在難得。

台灣土改運動影響最深的「三七五減租」，也就在屏東市成功試驗過程中逐漸開花結果。但最難之處在於說服地主接受改革，因此一開始政府就先對不同地主予以分類。首先，先以地主住所和土地座落區分，有分在鄉不在鄉，或在縣不在縣的地主，所謂在鄉就是土地即座落於地主居住的鄉鎮，如果土地座落和地主居住不同處，便稱不在鄉地主；至於在縣不在縣地主，也是同樣意思。其次，以地主擁有土地面積多少分大地主小地主，可大小卻沒一定標準，只是一種比較稱呼。

比如當時地主就沒有擁有數萬或數千公頃的大地主，最多的像屏東張山鍾先生、高雄陳啟川先生、台中林顯堂先生、彰化辜振甫先生、桃園陳長壽先生、台北的林栢壽先生等，都只擁幾百公頃到一千公頃土地，但都稱他們是大地主。

屏東市推行「三七五減租」實驗時期，有些地主認為，別縣市都還沒做，屏東何必單獨先辦，有些地主認為政府不過說說而已，不會認真徹底去做，所以陽奉陰違者不少，有的不理會，有的暗中和佃農勾結分租，可是都沒明目張膽公然反對，原因是當時台灣還處於戒嚴時期，公然反抗擾亂社會秩序會受軍法制裁；其次，他們也知道三七五減租是農業社會必然趨勢，如政府有決心，遲早會實施。直到民國三十八年全面實施，雖然有像花蓮一、兩件拒訂租約情事，但經勸服後都願訂租約，全省並無積極抗拒情事發生。

此外，當時也針對各種地主擬定不同勸導和說服計畫：

（1）公告全省地主和佃農，包括減租辦法，期限內訂立租約，地主不得藉故撤佃，政府抱徹底決心及違法擾亂情節重大者，拘送保安司法部依法從嚴懲辦等。

（2）用圖畫文字等宣傳品分發全省各地，將減租辦法及對地主佃農利害關係詳細說明。尤其將共產黨在大陸利用佃農打擊土豪劣紳，分田地，及對地主清算鬥爭的殘暴事實，以圖畫照片及文字說明，向地主深入宣傳，讓地主瞭解政府推行減租的和平方法。

（3）縣市長及各機關首長，尤其主辦機關正副首長，如地政局長沈時可先生、副局長何夢雷先生等，均親自拜訪各地有聲望的大地主，一面宣導，一面要求合作，希望他們登高倡導示範，故全省有地位名望大地主都很開明，都能配合政府決策，因此其他較小地主，未因大勢所趨而發生嚴重不良反應事件。

五、在強力勸導計畫下的地主反應

台灣實施土改之初，即推行三七五減租時，地主各種反應都有，但未積極反抗，尤其大地主都深明大義，一經勸導無不接受，因此可說實施土改一開始就很順利，使得卅七萬多件租約能在短短數月內順利完成，其後以不到半年時間，完成放領十二萬多公頃的私有耕地出租。

耕者有其田

理論上說，「耕者有其田」是農地改革終極目標，也是國父鑒於中國租佃制度形成土地分配不均所產生的主張。土地分配不均有二種現象，一為地權分配不公，集中少數地主，這些地主又非真正從事耕作的農民，形成地利分配不均，所以國父主張平均地權，對既成現象加以改變。

當初平均地權實施是採規定地價、照價徵稅、照價收買、漲價歸公四步，偏重市地方面，但大陸當年農民佔總人口百分之八十五，大部分農民無土地，而擁有大部分土地的地主卻掌握所有權，所以若要徹底實施，必須把耕地從地主手中轉讓為耕者所有，分散土地所有權。國父鑒於農地問題嚴重，所以將平均地權重點放在農地，也就是實施耕者有其田的緣由。

一般人認為耕者有其田與平均地權是兩回事，且與國父原來思想並未十分吻合，實際上兩者是一致的。土地所有權集中是因租佃制度的存在，所以要消除農地集中現象，主要在實施「耕者有其田」，使地權分配趨於平均，耕者有其田的理論基礎是限於耕者才有地，亦即，耕者能力所及的耕種範圍才能為耕者所擁有，若耕者土地超越能力範圍，勢必造成部分不能自耕，也就是原來非耕者擁有的土地現象。進一步言，耕地歸耕者所有，地權趨於平均，同時讓從事耕作者享受自己經營的利益，才不致發生耕地利益分配不均現象。

總而言之，平均地權與耕者有其田是同一理論。在平均地權思維下，農地採取「耕者有其田」，所有耕地歸耕者所有，土地利益才能得到公平分配。同時，「耕者有其田」也有助於消除耕地租佃制度弊端。中國歷史從廢除封建開始，租佃制度就存在。有地者可作為私有財富，此財富是天賦，有形的，更易造成壟斷性，租佃制度因而形成。有地者不以使用為目的，而以收取報酬利益為目的，土地成為私有財後，作為謀財工具，再加上是天賦資源，土地所有人從此謀取更多財富，使得租佃制度更穩固而成為普遍現象。

實施「耕者有其田」也可促進農地集約利用、增加土地生產收益。欲使土地生產力增加，須提高農地單位生產量。一般小農國家若要農地生產增加，須採集約利用，若要單位生產量提高，則須具備增產必要條件。租佃制度下，耕地需靠農民經營，就要考慮如何有效分配利益，因農地增產須由農民經營，倘農民得不到合理分配，勢必激不起努力生產的意願，利益高低是最重要影響因素，如有制度保障農民，對農業生產定能發揮更大效果。

推行三七五減租使農地單位產量提高，因為當時的減租規定，保障了農民的利益，因而激起農民積極性。保障農民最好的制度是自耕農制度，土地收益由農民直接享有，不必再分給地主。人都會為自己利益打算，土地成為己有，利益歸自己，農民也就更努力從事生產工作。

根據民國三十八年開始推行三七五減租前的調查資料，台灣各縣市過去佃租租率最普遍為生產總量五十%，其次六十%，最高租率七十%。台灣光復後至民國三十八年實施三七五減租前，全省耕地面積八十四萬五千多公頃，除公有耕地十七萬七千多公頃，餘六十六萬八千多公頃私有耕地，其中二十五萬六千多公頃是出租耕地，當時全省農戶六十六萬五一三四戶，佃耕他人土地農戶卻有三十九萬六四九七戶（純佃農二十三萬九九三九戶，半自耕農十五萬六五五八戶）；當時佃耕土地面積佔私有耕地面積三十八．三%以上，而佃農戶數更佔農業戶數五十九．六%，顯見當時農村租佃關係普遍存在。換言之，農民極多數是靠耕種他人土地維持全家生活。

此外，全省私有耕地出租所有權人（地主）計七萬六八五〇戶，亦即十四%的農戶擁有私有耕地四十一%，可見農地分配不均的嚴重性。

再就土地利用的嚴重性簡述如下：

佔百分之四十的私有出租耕地屬地主所有，農民負擔必然很大，加上耕作面積小，心理上無法提高農民耕作興趣。雖已實施三七五減租，但農民不能享有全部權利，既然權利上無保障就不願作長期投資，包括改良費用及勞力，而土地利用也就不能達到積極增產目的。

三七五減租實施後耕地仍屬租佃關係，業主、佃農間仍免不了發生糾紛、爭執，這些糾紛無形中成為農村社會隱患，因農民本身並未享全部土地所有權，生活較無保障，也不願在土地方面作長期投資，更不能安心耕作，使農村社會呈現不安穩局面，實施耕者有其田則為消除此種不安情況最有利的政策措施。特別是以當時政治背景來說，若不貫徹實施耕者有其田，會有提供共產黨煽動的潛因。

總而言之，三七五減租、公地放領實施，為耕者有其田奠定基礎。若未實施三七五減租而馬上實施耕者有其田，阻力必大，因地主之於出租利益大；地價高，買地者形成供不應求現象而使地價更高，對耕地繼續持有的心情必更堅定。如果以市價出售，佃農不勝負荷，若降低地價地主又不願意，所以三七五減租及公地放領先實施，實為耕者有其田奠定良好緩衝措施。再者，三七五減租實施使地主的利益大減，而土地又不能隨便收回，因此地主對擁有租耕地興趣自然減少，地價因而低落，對實施耕者有其田形成為非常有利的條件，使工作得以順利進行，未發生太大阻力。

結論——集思廣益完成改革

為了解決地權、地利分配公平性，實施耕者有其田對當時台灣農村實有必要。平均地權原先意針對市地，後來也針對農地，但主要都在消除「不勞而獲」，使能「地盡其利、地利共享」，而要達成此目標，須改變耕地租佃制度。土改是經由租佃制度改革，提高農民所得，國父的平均地權目標才能實現。然究竟採取全部出租耕地一次徵收放領，或部分耕地徵收放領、部分耕地保留，二種方式在立法前各有堅持，當時在行政院有過很多爭論，但最後決定採第二種方式，即部分徵收、放領部分保留。

當時主張採取第一種理論的理由是：（1）一次即可達成「耕者有其田」目標。（2）執行方法上省事、簡單、不須考慮保留問題。（3）對農民而言，不致發生一部分得到耕地，一部分未得耕地兩種情形。

主張部分耕地徵收部分保留放領理由為：（1）土改原則是以和平、漸進方式完成，非激進型態，兼顧地主及佃農雙方利益，不能為照顧一方犧牲另一方。（2）基於民主政治基本政策，所有出租耕地須考慮保留一部分，亦即地主方面須維持其相當生活需要，同時考慮其轉業機會，因而有限度保留，不能只顧佃農而忽略了地主日後的生活問題。基於和平漸進並顧及地主利益，所以採取部分徵收、部分保留放領方式，且此法並未違背「耕者有其田」本意，而是保留耕地由政府貸款給佃農，再向地主購地，達成耕者有其田的目的。

耕者有其田條例與其他條例最大不同在於，其草案由省府草擬，因當時農地改革前二步驟（三七五減租、公地放領）均由省府實施，對農地改革已有經驗，草擬初案應更符實際。此一初案經呈中央作為擬訂條例參考，另方面亦將初案送至省議會，由省議會提供意見後由省一併送中央，作為擬定條例草案參考。中央由內政部審查，後送行政院交付有關部會審查，草案通過後暫告一段落，再送立法院審查三讀通過。

共有出租耕地送行政院過程中均一致通過全部徵收放領給農民，至立法院時又有各種意見產生，當時有些人主張共有出租耕地應比照一般出租耕地保留七則至十二則水田三甲，後因共有耕地關係複雜而放棄主張。繼之有人主張是否可依親等保留，即五等親以內共有耕地不予徵收，但執行技術有問題，主張未被採用。

「耕者有其田」因涉及經濟、財政、政治各方面考量，尤其法律問題，範圍甚廣，所以草案送至立法院時，由民刑商法、內政、經濟、財政四委員會聯合審查多次，對共有耕地最後由政策性委員會即國民黨最高機構（中央常務委員會）將五等親以內保留問題提出討論，認為執行困難，最後決定只有在下列二種情況下土地可保留：（1）出租人為老弱孤寡殘廢，且藉土地維持生活者；（2）出租地原為個人所有，但因繼承關係為共有，其共有人為配偶或兄弟姊妹者，亦即僅限一代繼承。上述兩種情況須經政府核定審查，再比照三甲土地保留辦法實施。

社區發展與鄉村基層建設

「社區發展」已有上百年歷史，但最初推行社區發展時稱之為「社區組織」（Community Organization），源於十九世紀末歐洲工業革命，都市化開始興起時。由於工業化、都市化影響，很多社會問題陸續產生，如勞工、福利、衛生問題，當時政府還未專設機構有效處理這些新興問題。鑒於問題的的嚴重性，有識之士遂主動發起社會改良運動，希望透過都市社區組織，動員社區力量，解決社區遭遇的社會、經濟、文化問題。改稱「社區發展」是二次世界大戰後的事，聯合國鑒於戰後許多開發中國家鄉村亟待改善，遂把原來運用到都市的社區組織原理，應用到開發中國家的鄉村地區，一九五二年在聯合國祕書處正式成立「社區組織與發展小組」，將原本應用在都市的社區組織原理，擴展應用到鄉村地區。

其實我國本也有和社區發展有關的活動。抗戰前在大陸曾推行過鄉村建設運動。當時辦法是動員學校老師、學生及地方領袖，從事鄉村建設運動，以改善當時所謂「貧、病、愚、私」等問題，後因抗戰沒有順利展開。

用學校力量推行社區發展，在我國已有相當歷史。據我所知，在台灣謝東閔先生擔任省主席時，也曾在學校，由師生和家長共同推動村里建設改善工作。我曾針對彰化縣田中國中推行類似社區發展的「小康計畫」作個案研究，深入瞭解如何執行。田中國中透過老師、學生和地方領袖力量，以「在家代工」的方式幫忙一百二十九戶貧戶自立，這不是容易的事，但事實證明可以成功。

在台灣推行類似社區發展工作已有一段歷史。光復時我們用「義務勞動」方式改善當時環境，那時雖不稱社區發展，但本質上已有社區發展概念，也就是說，動員當地勞力解決當地村道交通問題。光復初期，鄉下沒有柏油路，七、八月雨季過後雨水把路面沖壞，時見牛車陷入路中，用人幫牛推動牛車的情景。雨季後，還要動員義務勞動把路修好。到民國四十四年，執政黨為貫徹民生主義育樂兩篇補述理想，在當時的台北縣木柵鄉樟腳村（今北市文山區木柵）開始推行基層民生建設實驗村工作，那時還沒有正式使用社區發展這名詞，真正使用是在民國五十二年四月二十一日內政部成立「社區發展委員會」。因當時我們還在聯合國內，希望得到聯合國資金、技術及人才的協助，才正式使用社區發展名稱。後來聯合國曾派專家到台灣指導社區發展，記得一位英國人Apthorp先生來台擔任社區發展工作顧問，當時謝東閔先生將社區發展列為省政府四大施政之一，由民政廳主其事。

康乃爾念書期間，我曾當過社區發展課助教一年，為幫教授找文獻曾查過這方面資料。簡要來說，社區發展是社區民眾在自助、人助原則下，從事社區生活改善的過程。具體而言，所謂社區生活涵蓋範圍很廣，包括生產方面活動，比如要怎麼提高收入，增加生產效益，這是屬於經濟領域；另方面是物質生活，也就是農民或都市人生活的物質環境，如住什麼樣房舍，鋪設什麼地面，用什麼樣的爐灶、地板，通風設備如何？還有社會生活層面，比如一個人在家有家庭生活，離家後又有家庭外生活。日常忙碌工作之餘，有無社會生活？有無與人相聚、溝通、交流，乃致情感互相慰藉等。我們除了經濟、物質生活外，還有感情、社會生活。惟有經濟、物質、感情及社會生活能保持平衡，才會覺得生活豐富，很有意義。

台灣自民國四十二年起連續推動四年及六年經建計畫，既然有了經建計畫，為何還要推行社區發展，非從基層作起不可？不錯，政府當時已推動全國性發展計畫，如高速公路、國際機場、中鋼、中船、鐵路電氣化、台中港等，雖然如此，但上述發展計畫著重全台高層次發展計畫，未必能同時帶動基層社區發展需求，效果難免有時間落差，因此基於「社區發展能落實基層具體項目」的思考，才能使社區民眾提早享受現代化生活的益處。

以高速公路為例，完成後會帶動某些部門經濟效率，但帶動層面未必影響社會每個角落。政府力量還是有限，無法全靠政府資金，從事鉅細靡遺的建設。如果再配合民間力量，建設工作才能更完整。

村里組織是延續日據時代的保甲制度而來的。在保甲制度下，村里社區的主動性沒被推展開來，致使村里社區建設處於被動、靜態。所以小至路燈壞了，也要報請鄉鎮公所編預算，水溝堵住也要請政府派人清水溝。類似這些問題，社區本身應有能力加以解決。

此外，經濟結構和家庭結構變化，使家庭對青少年行為規範的控制減弱了，導致青少年犯罪日益普遍。如果透過社區發展中的精神倫理建設，或可解決其中部分問題。再說，台灣社會當年還存在許多進步性差異問題，透過社區發展及鄉村基層建設，可大大降低基層社區發展的落差。

社區發展三大建設

儘管台灣早年透過土改、提升農會功能，以及加速農村建設，但農村仍可見不少老房舍通風設備差、衛生條件不好，蚊蟲多等現象；庭院畜養鷄鴨，每逢下雨天，雨水和動物糞便滿地溢流，令人寸步難行；又因污水淤積、蚊蟲飛舞，臭氣沖天，令人窒息，環境衛生不好。在我家鄉善化鎮小新營，也有這種現象存在，顯示在整個社會發展過程中存在許多盲點亟待改善。早年雲林、嘉義沿海地區這樣的現象很多，也讓我們看到鄉下社區確實有許多需要進一步改善的地方。

社區發展工作，內容相當廣泛，主要包括三大建設：一是所謂「基礎工程建設」，在此建設項下，包括個人衛生、家戶衛生及家庭以外環境衛生和公共設施的改善，項目下還包括自來水、排水溝、路面、巷道等，希望把家庭以外的環境改善得更符合衛生要求；二是「生產福利建設」，也就是有關經濟和社會活動面；曬穀場、堆肥舍、手工藝、貧民住宅、托兒所、共同經營組織、醫護站、小康計畫等；第三則是一般人認為較抽象，過去推行不很徹底的所謂「精神倫理建設」，希望透過精神倫理建設充實民眾社會生活，能提高當地文化、教育水準，進一步培養正當的康樂活動，因而把一些優良傳統文化和固有道德重新恢復起來。

三大建設間互相關連，互相帶動。可惜過去推行過程中，沒把這三大建設好好加以連貫。如果精神倫理建設做得好，整個社區團隊意識、社區精神將更為加強，分工合作程度更提高，社區內民眾間互相瞭解以及意見溝通將更增進。利用精神倫理建設建立起來的感情和社會關係，可作為進一步推動生產福利建設的基礎。生產福利建設做好後，民眾才能有更充分資源，和政府的補助款配合以推動其他基礎工程建設。三大建設就像一個等邊三角形互為依角，互相呼應。儘管三大建設存在關連，但過去卻未緊密連結，也是應特別加強之處。

社區發展工作從民國五十八年開始，原預定九年完成，後因物價波動加上社區數目重新調整，遂改為十年計畫。不過十年也並非全部完成，只是把基礎工程建設初步完成而已。由於社區發展是社區生活改善的過程，基礎工程建設完成後還有很多事要做，所以社區發展是持續性、無止境的生活改善運動。

有形無形效果顯著

儘管剛開始推動八、九年的社區發展工作仍存在改進之處，但有形無形效果非常顯著，對農村生活改善貢獻很大。據實地訪問社區民眾所得資料可總結幾項成果：

一、一般民眾已從最初的抗拒、懷疑，演變到接受社區發展觀念。多數民眾皆認為社區發展是改善生活、健全基層建設有效的作法。這種觀念從何處看出？除社區民眾反應外，調查發現很多民意代表候選人皆以爭取辦理社區發展作為競選政見，由此可見社區發展已形成公認的社會價值，也是進步。

二、百姓已接受自助觀念，認為地方上的事不一定非完全由政府來做，民眾在某程度內應動員自己的財力、技術、人力和政府力量配合，推動社區發展。這種觀念進步雖然是無形，但卻很重要。

三、推行社區發展，民眾參與情況愈來愈高。根據調查，百分之六十一的民眾參加五至九項社區發展項目；參加十項以上有百分之十三，合起來有百分之七十四民眾，至少參加五項以上社區發展活動這是公共參與的一股力量。公共事務的參與，打破了社區民眾原來孤立、被動消極、靜態的生活習慣。鼓勵農民參與公共事務目的，在某程度內已達到目標，這是難得的現象。

四、民眾從社區發展受益的感受程度。簡要地說，環境衛生、交通、排水、家戶衛生、環境的美化、育樂活動，是民眾感受程度較深的，其他如精神倫理建設則較少，這也是後來需進一步加強的地方。

五、有關社會面評估，每到選舉時都會想到派系，一般人把派系、競爭混為一談，但其實不太相同。所謂競爭是指多數人遵循某一共同規範下，取得某些稀有社會資源的互動過程。派系則含有不擇手段和意氣用事意味，是一種無規則的非君子之爭。不可否認，許多社區多少仍存有派系意識，但辦過社區發展後的社區，派系觀念是愈強或愈淡？根據社區領袖反應發現，多數社區在辦理社區發展後，派系意識變薄弱，這是一項難能可貴的重要貢獻。

社區發展辦理過程中，民眾不分鄰里與姓氏常聚會討論。聚會討論過程中增加彼此溝通和相互間的瞭解程度，甚至於把原來不同的價值觀也慢慢統一起來。你、我之別，你們、我們界限逾來愈模糊，可說是社會意識擴大，社會整合度提高的表現，這也是一種好現象，此點雖然外表看不出，但卻是社區發展建設中非常重要的貢獻，也是台灣基層農村社會一種無形珍貴的社會資產。

社區發展仍待改善之處

談到社區發展較成功的一面後，也應談到需要改善之處。首先，社區發展財源不固定。一旦基礎工程建設完後，工作就停頓下來，無法再進一步求發展，即無法把社區發展做為動態觀念，加以具體實踐；其次，理事會工作能力尚待加強。調查發現，許多理事會在政府工作人員離開後，就無法獨立處理事情；其三，公共設施維護仍存問題。一個工程做好後須時常維護才不會壞掉，但發現有形的建設如路面、排水溝、巷道做好後，要和這些物質建設配合的維護價值觀念，還沒形成，因此無法長期保持成果；其四，生產福利和精神倫理建設不很積極，致使社區發展在無形中尚停留在硬體基礎工程建設階段；其五，社區內組織間的協調不夠，社區內組織如廟宇管理委員會、四健會、家政班、農事研究班、媽媽教室、家長會等，這些社區內組織有待進一步充分發揮組織內聚力功能，繼續推動社區發展。

針對這些問題，政府後續推動許多計畫作為補救。光復後初期的農村，年長家庭主婦很多，他們的教育程度相對較低，觀念較保守，期望她們配合社區進步要有相當耐心，為改善情況，農復會後來前往各地推行村里衛生教育計畫，希望透過重複加強教育，短時間內改善農村婦女衛生習慣，重新建立她們的衛生價值觀念和行為。

第二是小康計畫。按照原來社區發展計畫來推動小康計畫有很多阻礙，後來決定透過教育體系，解決此一問題。其實當時有些學校已開始推動，且很成功，謝東閔先生擔任省主席期間，就在彰化縣田中鎮推動。這點和抗戰前用村學推動鄉村建設構想，方式或許不同，但基本精神一致。我當時很希望看到在社區每一個國中以上學校，都能扮演某些社區發展角色，使教育和實際生活能打成一片。至今為止，我還是認為社區學校師生如果加以輔導，應可發揮有效的社區改善措施。

第三是綜合示範村。在區域發展計畫內有生產福利建設，其中很多項目關係到農業方面的工作，也有一部分與技術訓練和家庭副業相關。農復會希望透過綜合示範村的方式，整合與農業生產相關的活動，以免支離分散，這也是後來推動的工作。事實上，各地鄉鎮農會在這方面均扮演了一定角色。

第四是加強村里基層組織方案。此案經內政部研究後，採取某些方式逐步賦予村里特定地位，讓村里本身能主動地扮演更多社區建設性的角色，再也不必每件事都由政府來辦，以打破過去消極、被動、靜態局面。經過數十年的地方自治及探索，社區發展與建設也逐步臻至成熟，如每個里都有社區發展協會，扮演發揮鄰里互助及村里建設的重要角色。

最後，則是如何提高農民參與社區發展程度。據當年調查，百分之七十四的農民參加過五項以上活動，但仍有不少社區民眾對公共事務參與不熱烈。我們也發現不少社區缺乏有力的領導者出來協助政府從事村里建設。針對這問題，後來籌設了農民訓練中心，從事基層農民領導能力訓練與培養。台灣省政府曾推行培養八萬農業大軍計畫，讓這些受訓過的傑出農民，在基層發揮帶頭領導角色。

我認為惟有將鄉村社區往下紮根的構想，能在日常生活具體表現出來，我們的理想才會落實結果，否則便流於空談。社區發展原有的工作內容再加上上述五項加強發展計畫，對鄉村基層建設工作將有更大貢獻。

社區發展建設對農村起到改頭換面作用。農村地區因此才有了柏油路、電燈，才有了精神倫理建設，也才徹底改變農村生活面貌。持平而論，這應是政府的貢獻。日據時代開始有「街庄的改良」，剛開始也只要幹道才有，但光復後政府進行社區建設，在各地建起社區發展委員會，研究出透過縣政府出三分之一資金，省政府三分之一資金，村里出三分之一資金模式，一步一步克服困難，才逐步推廣了整個工作，從而整體改善農村及基層組織的風貌。

本書最後的附錄三則列舉了苗栗縣後龍鎮龍津里的社區發展實例，做為一個當年從無到有的活生生案例，供讀者參考。

第五章

行政經歷

民國七十九年五月三十日李登輝總統任命行政院新內閣，由郝柏村先生擔任閣揆。這次改組中原台北市長吳伯雄先生出任行政院政務委員，我則被任命為台北市代理市長。當時，院轄市長任命不像現在由選民直接投票決定，但需經市議會行使同意權。據後來了解，爭取台北市長的人很多位，客觀來說，以學經歷及對市政的了解而言，祕書長升任市長是順理成章的事，但我為何一開始只以代理市長身份任命，我不太清楚，後來十月十三日我被正式任命為台北市長。

不過對我而言，不管代理市長或市長都一樣，凡事盡全力推動。主持台北市政到民國八十三年止，包括代市長時期共四年半，回憶起來是人生中最具挑戰性，壓力最大，也最具成就感的一段公職生涯。我順利解決多項棘手的重大建設計畫，總算沒辜負當年李總統及其他長官的任命和信任。

基於前瞻思考，宏觀視野，整體考量，無私地為人民多思考、多流汗、多做事，本就是應有的基本價值觀、理念、心態與使命。

任職期間共平安順利地拆遷一萬四千多戶人家，完成了大安公園、中華商場、華中公園、基隆河截彎取直、龍山寺前十二號公園住家及違章戶的拆遷。其他諸如捷運路線的施工、環南高架、水源快速道路、基隆路高架、市民大道（東西向快速道路），以及基隆路廢河道附近的天文台等工程，也都恰好在我任內繼往開來，或在同仁們共同努力下完成或繼續施工。舉凡大規模市政建設有很多是延續性的，只是剛好在我任內同時施工的工程似乎特別多，捷運六線齊挖工程便是一例。施工期間對沿線商家住家及交通產生很大的不便，當時媒體還以「交通黑暗期」來描述實況，市民的怨言不難想像。

過去我因長期學術訓練，養成事情處理上要有層次考量的需求，從小到大，從個體到整體，從理論到實務的執行，都是從事行政事務應有的思維。以推動台北市政來說，台北都會區在整個台灣要扮演什麼角色？在亞洲、國際上又扮演什麼角色？層次問題先釐清，才能決定每個層次要擬定什麼計畫，進而決定執行方針。

考量國際觀和區域性定位後，也要參考台北市東西南北中，以及各里重點建設計畫，每個行政區在細目規劃則要包括鄰里公共設施細節，如路燈、公園、圖書館等，才能滿足各里公共設施需求；其次，是如何關照家庭及市民個人的問題。

如此一來，從「個人↓家庭↓鄰里↓行政區↓台北市」在大台北都會區定位，正是一個層次分明應有的行政體系，進而掌握有層次別的市政建設理念，才能有系統有計畫地追求實現美好的市政願景。

秉持這一理念，擔任市長後，台北市每個行政區位，應依其自然人文、歷史特性、角色與定位，建立行政區域間相輔相成的關係，再加以推展台北市的市政建設。此一系統化有層次別的市政建設觀念，在李登輝總統擔任市長期間就曾一再強調。

市長職位是榮譽，也是責任，更是使命。以往我擔任的職務是幕僚性質工作，為維持主管施政風格一致，除必要建言外常警惕自己嚴守地位、角色分際，不能逾越本分。但就任台北市長後，走到台前獨當一面，相對地就要承擔成敗責任。

四年多的市長任期，最大挑戰來自幾項大型建設計畫，譬如興建大安森林公園，拆除中華商場、推動基隆河截彎取直，以及同時建設台北捷運系統工程等。這些項目工程浩大，阻力一言難盡，但在這個職位上，該做且對的事就擇善固執去做。聖經說：「方向對了就不要怕路遠」，的確給我很大啟示。

雖然過程艱辛，特別是第一線官員及承辦人員面對群眾抗爭、辱罵，我一方面給予安慰，另方面也要一肩扛起，態度一定要堅決，部屬才能清楚該做的一定要做，且要使命必達。同仁們執行過程艱辛，的確非外人能體會，至今我仍相當感念。

事經多年後看著廣大市民在大安公園運動、散步，扶老攜幼享受天倫之樂，年輕人在大直河濱公園騎 Ubike、跑步或玩滑板車，一幢幢高樓及展覽館蓋起，都是因為基隆河截彎取直後多出二七二公頃新生地，對台北市產生難以估計的社經及生活空間價值，一切辛苦總算有了回報，感覺同仁的努力沒白費，心裡油然生出一定成就感。

不久前，電視資深媒體人唐湘龍先生寫了一篇文章說：「沒有黃大洲，你哪有什麼大安森林公園？你知道民進黨曾經消遣它是『大安泥巴公園』嗎？」「沒有黃大洲，你哪有什麼台北捷運？你還記得陳水扁說木柵線根本不能用，找『馬特拉』（木柵線包商）不如找馬來拉？」「沒有黃大洲，你哪有什麼基隆河截彎取直？不只開出了今天的大直重劃區，整個河濱公園全是黃大洲開出來的。那是台北人的超級運動中心。」「沒有黃大洲，『中華商場』今天還在。

別說什麼西區門戶計畫，連鐵路地下化都不可能。台北一定血管栓塞，一定中風。」「沒有黃大洲，根本沒有今天的台北。今天台北市如果還有幾分姿色，還有一點國際都會的大模大樣，幸好曾有過一位官派市長叫黃大洲。之後的每一任市長，其實都只是在黃大洲畫好的台北市建設藍圖上著色而已。」唐先生的溢美之辭我不敢當，但因當年不少同仁確實受到很多委屈，我把一切對我的讚美，視為對當年所有市府同仁及工作幹部的讚美，以及對市民忍耐包容的肯定。從這角度想，當年市府團隊並沒有愧對應盡的任務與角色。

事經多年，台北市政建設有目共睹。有位評論家曾說：「這位前市長得罪上萬商家，卻奠定台北市三十年發展基礎。」他在文章中說了一段話讓我深有感觸：「選民熱愛口才好、會作秀的政治明星，但事實證明，原來一個不愛作秀、媒體不愛的市長，才是過去三十年來對台北建設最實在的那位。」外界對我的評論，我很感謝，市長任期所作所為都是我的職責，也是應盡使命。我不是「王祿仔仙」，我重視的不是怎麼說，而是怎麼做，以及能得到什麼效果，至於做得如何，留待市民以及歷史來評價。

出任台北市長前，我歷經不同階段的行政經驗，包括台大任教時沈博士邀我擔任「中美合作土地改革訓練所」副執行祕書，隨後李前總統任台北市長時，邀我出任北市府顧問兼研考會執行祕書，再來就是李先生擔任省主席，任命我為省府副祕書長。省府工作後，台大孫震校長邀我重返學校擔任教授兼總務長；總務長後又再進入北市府出任祕書長、代理市長，最後真除台北市長。每一段資歷都是經驗累積，也提升了行政能力。我很感謝每個階段協助過我的長官良師益友，特別是一起經歷艱苦歲月的市府同仁、國軍官兵的相助，以及市民的包容忍耐，撫今追昔還是令人相當感恩與懷念。

對我來說，每個行政階段都留下深刻烙印，尤其台北市長四年多經歷，對我影響最深，對台北市民也可能影響最大。以下我先就人生中各階段主要行政工作，論述如下，其他有關市長任內進行的中華商場拆遷、大安森林公園的闢建、以及基隆河截彎取直等部分，因工程浩大複雜，擬在本書下一章說明。

土地改革訓練所副執行祕書

現代化國家都應建立精確的土地登錄制度，做為推展國家建設和課稅依據，故有「地政乃庶政之母」說法，可惜的是，受到當時行政效率及測量技術落後影響，有時效果不理想，許多和土地相關糾紛層出不窮。

廣義的台灣地政改革應追溯到清朝劉銘傳時代的清丈田畝，以及日據時代林野調查。清代田畝丈量因測量技術落後，加上漏報逃稅，登錄的精確度頗多疏漏，日據時代林野調查則較可靠。儘管如此，台灣農地除台糖等公有地佔很大部分外，農地兼併情形也相當普遍，不合理的租佃制度形成貧富懸殊，社會不安不滿情緒也瀰漫台灣鄉村各角落。

政府遷台後鑑於大陸二五減租失敗，失去農民的支持，中共又打著土改的農民運動起家席捲大陸，因此特別重視台灣農地分配問題。為爭取農民（佃農）的支持，也為刺激增產、充裕軍糧，安定農村，乃下定決心進行農地改革。過程歷經三七五減租、公地放領、耕者有其田、農地重劃，經十餘年努力終於完成台灣的農地改革，把農地的耕種權和所有權加以一元化，奠定國民黨在農村地區的穩固地盤。繼耕者有其田農地改革後，為提升用地效率，相繼推行農地重劃，改善水利和農路配合設施，對農產單位產量的增加與農機推行貢獻很大，且配合高產量低農價政策，為其後經濟發展奠定外匯基礎。農地改革的成功因而名聞遐邇，引起許多開發中國家重視與肯定。因此，美國林肯基金會遂和農復會、省政府共同出資，在桃園成立「中美土地改革訓練所」，廣邀開發中國家學員來台研討參觀，推廣台灣農地改革的成功經驗。

位在桃園市的土地改革訓練所採董事會組織，由當時農復會主委沈宗瀚博士擔任理事長，原省府地政處處長沈時可先生擔任執行祕書，我因沈博士的推薦擔任副執行祕書。我每周前往土改所二至三天，主要是負責課程設計、與外國學員研討並指導他們撰寫報告，以及邀請講員，還有為來訪外賓接待與講解。那段時間，外交部為了向國際宣揚土地改革及農業發展，時常安排外賓到訪。

在這之前，台灣大學已興建了土地改革陳列館，大門前放置了執行土地改革時省主席陳誠先生的雕像，宣導土地改革績效及台灣農業發展。土地改革館和我任職的農推系相鄰，所以在康乃爾大學修完碩士學位返國在農推系任講師時，也曾奉派兼任代理館長，負責接待來訪外賓和說明。當時校長是錢思亮先生，若有重要外賓到訪，錢校長會特地出面接待，記得他特別喜歡親自說明「三七五減租」的計算方式，說完後總露出得意的微笑，讓賓主皆歡，對促進來訪高層貴賓友誼幫忙很大。錢校長和藹可親的風範，迄今仍在我心中留下深刻印象。

當年在土改所工作時，土地改革已完成，為留存可貴的執行過程與操作紀錄經驗，我把握時間密集訪談執行土改地政的第一線人員，趁他們退休仍健在時蒐集整理農地改革的寶貴經驗，希望保存農地改革經驗作為歷史見證。整理的文稿也包括陽明山土改講習課程、台中西安村土地改革等。土改所在西元兩千年更名「國際土地政策研究訓練中心」。

台灣土改成功是基於許多因素配合，如執政者未和土地所有權相結合，這與不少開發中國家執政者和高層官員多為地主很不同；另外，「二二八事件」後全台戒嚴，對施政帶來一定程度便利，所以即使心有不甘，絕大多數地主們的經濟發展空間並未受阻，反而下定決心轉向工商業發展，搭上了台灣經濟發展初期工業列車。當然也有很多開明地主主動支持三七五減租條例，而這些關鍵因素是多數開發中國家所缺乏的。此外，其他相輔條件諸如戶政制度、稅制、農會組織、水利會組織、農業技術試驗所，也多非其他開發中國家所具備，以致無法徹底推行成功。因此台灣農地改革很難完全順利在其他開發中國家推展。

當年教導東南亞學員學習台灣農村發展經驗，但他們國家實行土改政策多數並未成功，原因在不少國家決策官員本身就是大地主，除伊朗皇室願把土地放領給農民外，其他國家高層官員多不願放棄個人私有土地給廣大佃農所有耕種；而且根據東南亞學員口述，當地農民認為地主有照顧到他們的福利，農民並無想把租地變私有地，因此土改推動不很成功。

台灣農地改革確實是成功範例，特別是三七五減租、耕者有其田部分算是很成功，但農地重劃因牽涉個別農場面積大小，又受臨水溝臨農道的限制，就無法全面執行。這一點在大陸因所有土地權皆國有，執行農地重劃較容易，可普遍推行。目前大陸正推行土地流轉，和台灣的農地重劃有部分近似之處。

在土改所兼職四年多，最得意的事是蒐集土地改革各階段執行細節並進行整理。這是屬於實證研究資料的蒐集與存檔性質，皆已完成初稿，俟日後整理再發表，以便留下重要歷史見證。國府遷台後政局得以安定，農業生產得以提升，農地改革乃關鍵因素之一，年輕的一代未必有此體認，所以特別將相關內容納入本書第四章加以說明。

在土改所工作的經驗對我是教學相長，一方面讓我深入了解台灣土地改革過程，更熱愛這片土地，也進一步了解台灣農業的各種相關因素，不僅擴大了行政接觸層面，與外國學員研究探討，也開闊自己視野，從更高層次及宏觀面向看問題。

踏入省市政府公職

北市府顧問兼研考會執行祕書

民國六十年康乃爾大學取得博士學位返國後，一直在台大農推系任教，民國六十八年我已升上教授多年，平常除教書就是在報紙寫專欄，日子過得平淡自在。會進到台北市政府服務，說起來相當偶然。

民國六十八年擔任台北市政府顧問兼研考會執行祕書，算是我正式踏入公職生涯。

李登輝先生當時邀我前往研考會任職，但因我不具公務員任用資格，便先以顧問名義進去。當時我還在台大任職，我在研考會的主要責任也是從事研究、發展、管制、考核，並與學術界保持密切關係。我常將學術界的一些概念介紹到行政機關，也和學術界共同擬定「中長程計畫」（參見第八章第四節），還負責計畫執行的追踪考核。

有時，研考會也幫李登輝市長撰寫有關市政的參考演講稿。後來我擔任市長時，執行的許多計畫都是李登輝先生任市長時擬定的，譬如大安森林公園，當時就聽過簡報和看過林木配置圖，中間經過多年卻一直未動工，直到吳伯雄擔任市長時議會才通過開闢大安森林公園的預算，其間是否定位為森林公園還曾有一番爭論，後經市民投票，議會才正式通過為森林公園。當時，市府已有不少中長程計畫，譬如和平醫院、仁愛醫院都是。

在市郊六個鄉鎮併入台北市以前，台北市大都會的確難以標榜有農業的存在。一般人以為農業就只是農林漁牧，其實城市也可以發展農業，只不過是和農村不一樣的形式，而且要以高經濟作物為對象。我一直希望能發展台北郊區農業，讓士林、北投、內湖、木柵、南港的休閒觀光農場，成為台北市民的周末後花園。最早從李登輝市長時期就開始協助木柵農民重修農宅改善環境，結合喝茶、吃農家菜等活動，進而帶動了木柵觀光茶園與鐵觀音產業；後來到省政府服務時，繼續在全省擴大推展觀光草莓、觀光葡萄等不同類型的觀光農園，乃至後來的民宿，都是從那段時間發展出來的。

我的第一份公職前後大約待了兩年半，把當時台北市政府研考會的人員作了不小更新，在我任內召募了十八位碩士，涵蓋工程、電腦、公共衛生、社福、公共行政等專業人才，有問題時，我也派專業人員實地了解，兩年半內研考會共提出五十四篇有關市政的研究報告，建立了相當的權威性。

省政府副祕書長時期

民國七十年李登輝先生奉命前往中興新村出任台灣省主席，也邀我前往省府任副祕書長職務。祕書長仍由劉兆田先生擔任，我則主管人事、財政、人二、研考以及綜合計畫祕書處及中興新村公管處業務。和李主席一同前往省府的尚有雷秉章、伍錦霖、呂火輪等人，連我在內不超過五人，一時傳為美談。據說當時爭取省府主席的人不少，也都擁有不少人馬班底。李先生之所以被選上，除了學經歷和台北市政府的歷練外，最主要是因為他不搞派系。據後來安全單位的人私下透露，台灣政治人物搞小派系的人不少，且都有資料，只有李先生是依制度行事的人，所以被經國先生物色擔任省主席。

相較而言，省府副祕書長的工作並不繁重，行政事務壓力較小，不必負責第一線的執行任務。省府下轄廳、處、局，廳下還有局，在全省各地有辦公處，再往下還有縣市和鄉鎮，所以省府委員會只通過主要的決策，和執行單位的行政距離相當遠。有人說省府打出去的子彈，到鄉鎮公所已冷卻掉了，一點也不錯，埋下後來組織精簡的原因。

省府兩年半時間，在李主席領導下，延續台北市政府中長程的做法，要求各鄉鎮、各縣市研擬中長程建設計畫，作為編制預算依據，以貫徹蔣經國先生的計畫預算概念，也就是所謂「PPBS（programming，planning，budgeting system）」，不得隨性起意當散財童子。

中興新村氣候宜人，居住環境舒適。在那兒兩年半時間，了解熟悉了南投、台中一帶人文地理，也喜歡上埔里霧社、霧峰、清境農場、台大梅峯春陽農場，以及合歡山一帶的山水風光。也是那段時間，從李登輝先生身上見到做為一位行政首長的不易，面對壓力及如何提出解決之道，都要有相當的毅力和能耐，不是一般人能夠做到的。

1. 面對抗爭的壓力

二重疏洪道違建拆遷的動工，是李主席任內最大的抗爭防洪工程，我們曾被群眾包圍在省府會議廳長達數小時之久。為解決問題，主席和建設廳長鄭水枝親臨現場疏導，面對群眾，氣氛頗為火爆。最後是苦口婆心加上毅力和魄力，終於完成必要的拆遷，乃有今日的景致，過程令人留下深刻印象，這對我後來從事的工作有很大啟示。為了水土保持以及解決萬大水庫優養化的問題，執行梨山蘋果園的砍除工作，省府委員解顯中先生銜命上山，情況也一度頗為緊張，最終總算化險為夷。

2.解決農業問題

此外，為了農業精緻化所推動的農業八萬大軍的訓練計畫，對後來農業技術的推廣助益很大；稻米小包裝制度與直銷，有效解決了當時滯銷的問題；葡萄酒的釀造、香蕉滯銷的解決、雲林冷凍農業倉庫的興建、雲林麥寮海埔新生地的開發等，都是記憶猶新的往事。

3.八萬農業大軍

省府工作期間，記憶深刻的是李先生推動「八萬農業大軍」培訓計畫。為改善農村建設和農業發展，李先生深感非從人力素質提升不可，乃有培養八萬農業大軍的構想提出。當時作法是在台灣各地農村，由農會物色具發展潛力的農村青年，分區培養訓練，訓練內容除了新的農業技術外，諸如領導組織，如何推動共同栽培、共同運銷皆為培訓重點。從長遠觀點看，培育具有領導能力的農村領導幹部確有必要，當時在台大梅峯農場就辦理了好幾梯次訓練活動。

4.包娜娜的香蕉

省府工作期間曾發生香蕉盛產滯銷、供需失調問題。本來依經濟學原理，價格由供需平衡來決定，雖然理論上如此，但農業生產受天候產季因素影響很大，很難事前完全調控。為解決產銷失調，省府透過行政勸說方法，以當時明星包娜娜（音近Banana）為名，鼓勵大家多吃香蕉，解決生產過剩問題。

記得當時無論是學校午餐乃至軍方伙食，都配合每人每天吃一根香蕉的方法，終於解決滯銷難題。這一成功的促銷經驗，後來在我任職市府期間，也依樣畫葫蘆幫省府解決了柑橘滯銷、蛋價滑落等問題。我曾利用學校運動會期間臨時設立攤位，幫當時的屏東縣長蘇貞昌解決洋蔥滯銷；我的鄉親黃崑虎先生以及養雞協會的王理事長，也曾因蛋價下跌，透過台北市副議長吳碧珠女士，要我幫忙解決，我便以「行政勸說」方式，鼓勵市府同仁一人買兩打雞蛋，在如此推銷下，兩周內就讓蛋價恢復常態。這些小故事現在回想起來，還有些自我得意的成就感！

省府工作期間也的確做了不少事，如兩年撥款一千九百萬改善台大設在梅峯和春陽實習農場一些基礎設施。當時有些故人也應一提，包括任職農林廳長的余玉賢博士，他是嘉義農專校長借調到省府工作，美國普渡大學農經博士，新竹客家人，個子很高，笑起來臉上有酒窩，儀表俊秀人緣甚佳。

5. 簡化行政流程 提高效率

就行政效率而言，省府組織和中央政府組織確有疊床架屋之處。據悉在蔣總統任內早有精簡的構想，後因韓戰發生而作罷。巧的是，後來在我擔任行政院研考會主委時，奉命負責省政府組織再造，曾經完成一大冊詳細的精簡計畫書。

此外，從當年土地改革過程中，處理地主與佃農間糾紛的經驗，李主席認為可透過不同層級的調解和調處機制，減少民眾之間的訟源。因此我當年還和省府委員張子源先生分別在鄉鎮推動「調解委員會」，在縣市推動「調處委員會」，以避免民間大小紛爭都要上法院訴訟，既勞民傷財又費時，影響社會的和睦風氣，協助地方減少了許多不必要的訴訟行政程序。

台大總務長歷練

李主席離開省府後，我又回台大農推系擔任專職教授，那時台大校長是孫震先生。他曾電商李主席同意我擔任生涯中的第四份行政工作——台大教授兼總務長。台大的行政職，包括系主任、院長、教務長、訓導長、總務長等，都是由教授兼任，當時並無副校長的職位。

孫震校長是位樸實和藹、平易近人的學者，我很高興在他帶領下做事。他要我在教職外，還兼總務長行政職務，是始料未及的人生際遇，也讓我有參與大學行政事務的機會。台大四年總務長讓我學習到很多行政實務經驗，對後來擔任台北市祕書長和市長幫助很大。

台大總務處轄下有營繕組、事務組、保管組、購運組及校警隊等單位，承擔的工作任務可說非常繁瑣。我個人的許多基層行政經驗，都是在這個階段有了較為深入的歷練，尤其是工程的設計、發包、施工細節、驗收、採購等方面。

雖然我從民國五十一年起就在台大任教，對台大的工作環境已十分熟稔，但庶務性行政工作卻還是第一次。我首先注意到當時大學的行政效率不高，因為那時的行政人員大多是經由聘僱直接進來，不必經過考試，以總務處來說，竟然有二十八位同仁有近親遠戚關係。由於行政人員的專業素質無法提升，雖富人情味但其行政效率可想而知。我認為一所大學的教學、研究和行政三大體系，就像是一個互依的三角架，三邊支柱都要均衡效率才會高，因此在效率不高的行政體系下，研究和教學工作必然受到影響，我發現行政水準的提升很困難，因此非親自參與學習緊盯不可。

我接任總務長後幾乎是本著事必躬親、全力以赴的精神，帶動總務處同仁從實際參與過程往高效率的行政運作進行，這也是為什麼能在四年總務長任期內做了不少事，前後蓋了不少的建築，諸如文學院普通教室、心理系館、地質館增建、應用力學研究所的新建、物理系擴建、農綜館、花卉館荷蘭式水簾式溫室館、法學院個別教授研究室的興建、工學院綜合大樓、農工系水工實驗室、農業機械館，期間也以籌建委員身份，每周參與台大醫院新大樓的籌建工作。

台大總務長任內，做了許多改善的工作，其中有些應該是創舉，後來普遍為許多行政部門採用。像是統一採購作業、建築體灌漿前須經結構技師現場檢測簽認後才能灌漿、水泥塌度在樓層而非在水泥車旁作檢測、評圖委員的多元化，需包括土木結構、機電以及景觀園藝教授的參與等。

一、**統一採購**：校內各項分別採購除增加行政負荷之外，也容易引起弊端，所以我積極推動了各相關學系的實驗器材、化學用品，以及經常性的文具類用品的共同採購。先把相關科系下學期欲使用的品項種類、數量、使用時間列單呈報總務處彙整，總務處再於教職員休息室公開辦理統一招標採購事宜，節省了不少採購經費、時間及不必要的閒話。

統一採購，應該是可行的行政措施，據悉，日本很多地區的中小學也是採取類似制度。國民黨以前也曾成立中央文物供應社，統一負責黨務系統共同用品的採購，不過後來執行並不成功。我到華夏公司擔任董事長時，有意加以恢復，還是沒有成功，體會到黨務的改革很困難，讓我很失望。

二、**小工程聯合發包**：我當總務長期間，台大共有一百多個系所，經常有修補漏水、換把手門框玻璃等許多零星修繕，金額又小的工作。往例是由各系所分別找工人修繕，工程品質難掌握，也不易節省費用。後來我們把這類零星的小工程分類彙整後再加以統一發包。記得第一次辦理共有四十多件修繕案，都能順利發包出去，雖然包商在校園為尋找修繕處就花了不少時間，但對學校來說，以最少錢完成修繕工作，品質也可以掌握。

我在總務長任內，經由精打細算的行政操作省下來的錢，不但還清了積欠廠商的未償還款，還做些油漆美化工作，亦用來興建法學院教授的研究室，讓每一位專任教授都有安靜獨立的研究室，學生要和老師討論學業也有合適的場所，有助於教學成效。

三、**工程品質嚴格管控**：我雖不是建築專業，但有感於台大應力所結構品質的重要性，嚴格規定未經結構技師檢查簽認的鋼筋工程，不能灌水泥漿。過去為免影響白天上課，水泥灌漿工程都在夜間進行，如此反而不易掌握工地安全與水泥塌度控制。因此，為確保工程品質，嚴格執行結構技師對建築結構的簽認，以及夜間地下室不得灌漿的規定，雖然會增加建築師的開支，卻是保障施工品質的不二法門，現在公共工程委員會也已把這個工作列為必要項目。九二一大地震後，就有結構技師公會的理事長告訴我，當年我對結構技師簽認的堅持，對提升工程品質的安全度產生很大作用，否則台北市會有很多建築物經不起九二一地震，倒的房子恐怕更多。

我對工程品質的堅持，還有一件趣事。台大有些建築是六十年代石油危機時蓋的，後因預算不足而草草了事。到了八十年代，外牆剝落以及漏水情形很嚴重。為了防漏並維持校園建築景觀的一致性，利用聯合採購節省下來的經費，將一些大樓的外牆整修一番。其中台大新生大樓外牆整修完工要辦理驗收時，我和營繕組同仁陳德成拿望遠鏡去驗收，果然發現包商偷懶，建築高處磁磚間並沒有勾縫。包商以為高處看不到，就把溝縫這個動作省了，沒想到我會拿望遠鏡來看，被我逮個正著，包商只好重搭鷹架補完勾縫後才領錢。之所以強調勾縫乃是避免下雨時雨水滲透牆壁，這是我在台北市研考會時管考工程的工務局同仁教我的。

我在台大總務長任內，除了採購和工程建築之外，還有很多工作是和員工福利與學生生活息息相關。一些有趣的、人性化的創意或調整，也是值得回憶。

一、**茶葉蛋半自動化機器的研發**：當年台大茶葉蛋很有名，因為有一位何姓技工手藝很好，煮出來的茶葉蛋特別香，茶葉蛋常被當「伴手」，經濟實惠又受歡迎。有一天，我看到何先生敲剛煮好的蛋，手持大湯匙一個個敲，常有把蛋殼和蛋膜同時打破的情形，也有許多只有輕微裂痕，造成八角、五香粉、醬油的滲透度不均勻而影響口味；又因用大鍋煮蛋，常發生上熱下冷、溫度不均，上層蛋已熟，下層蛋未熟現象，我認為這個茶葉蛋生產技術非改良不可。顯然何先生以為水溫是下熱上冷，其實剛好相反，下層溫度較低是因為熱分子往上升。因此，如何讓整桶內的水均溫，就要有能對流的簡易溫度設計。於是我請農工系的葉姓技工根據我的構想，設計了一個內有六層的桶子，一層擺一百顆，一桶可煮六百顆蛋，桶內的水可以上下流動，讓每一層水溫保持均勻，不致因上熱下冷而使上層蛋較下層蛋早熟的現象。此方法經過簡單試驗後，證明可以生產品質均勻的茶葉蛋，還曾向中央標準局申請到專利權。記得台大曾有一天賣出一千八百個茶葉蛋的紀錄，每日約有二千元的利潤，生意興隆。若每人都能細心注意小細節，周邊的萬象有很多好點子可以啟發出來，也可藉此改善許多處事的方法。

二、引進自動販賣機：七十年代初期大學校園裡引進自動販賣機，在當時可能也是首創。台大校地廣闊，學生人數眾多，遊客訪客與進入校園運動的人也多，當時想買罐飲料就得走出校門到對面商家購買。為了一瓶飲料如此大費周章，不但穿越馬路危險，學校也要負責瓶瓶罐罐的清理工作，實在划不來，所以我決定在校園內擺幾部自動販賣機，便利學生和遊客購買。當時有販賣機又有自產飲料的只有統一企業和味全食品公司。我認識統一公司董事長吳修齊的女婿莊南田先生，他是農藝系的碩士，也曾是我的室友，透過他請統一來擺設販賣機，但我不願只找一家廠商惹人話柄，所以請味全也來擺設。

除要求水電費由廠商支付外，販賣機的外觀也要和校園景觀搭配，不得影響人行動線和視覺，廠商也得提供兩名工友負責清潔環境和維護販賣機。結果味全擺設的販賣機數量不如統一多，因為統一有注意到販賣機顏色和周圍環境的搭配，味全則因未考慮和周遭環境的調和而台數較少。安排販賣機設置過程中，有一段插曲是，台大自動要求味全前來擺設販賣機一事，讓他們的高層很驚訝，因為依據他們的經驗，要在機關裡擺設販賣機是一件很費周章的事，萬萬沒想到竟有人會主動要求他們來擺設自動販賣機。

三、**鼓勵同學找好另一半**：我一向認為大學在研究教學外，也應扮演人際關係的社會功能，為學生營造正當交往的生活環境。我常對我的學生說，找對象不必捨近求遠到校外找，系裡的同學就是很好的對象，找對象也不要太重視外表，好看不好看都差不多，有感情就美，俗話說情人眼裡出西施，我當導師的班就曾有三對同班同學終成眷屬，婚姻也幸福美滿，見到我就感謝一番。

四、**醉月湖畔座椅腳墊的改善**：台大醉月湖畔是個適合年輕學子談情說愛培養感情的地方，時日久了，座椅前面的地面踩出了一個窪地，遇雨則積水泥濘，不好放腳，所以我就找人在椅子前的地面墊一塊石板，讓腳可以舒服地伸出來放在石板上，不致弄濕鞋子，即使下一點雨只要打個傘也可在那裡談情說愛，後來我把此做法也應用到我開闢的大安公園。還有台大椰林大道樹蔭太小，我也建議補種高大的樟樹，樹蔭下可以納涼談天，現在偶爾到台大校園，看到孫校長任內補種成蔭的樟樹有種愉悅的感受，所謂前人種樹後人乘涼，一點也沒錯。

此外，很多建築角落是男女生喜歡約會的場所，一些校警喜歡惡作劇，晚上巡邏時故意用手電筒深照，我知道以後，就嚴令校警晚上十點後先用廣播方式勸導這些情侶們離開，以免有尷尬鏡頭發生，傷了情人們的感受。

五、**把男女宿舍緊鄰興建**：台大原先男女生宿舍離得很遠，女生宿舍在傅園旁，男生宿舍則遠在現在的辛亥路旁，男生要去找女生約會時，路途遙遠還要透過舍監通報，或是在樓下大聲唱名，惹得誰找誰都成了公開的祕密，讓談情說愛交朋友這件事無法保持浪漫的隱私。所以在興建研究生宿舍時，特別做一些調整，讓兩棟男女研究生宿舍蓋在一起，兩棟中間有類似鵲橋的空中走廊相通，方便男女同學在頂樓交誼。同時把餐廳設在女生宿舍的一樓，因此男生要去用餐時得衣冠整齊一點，不會太不修邊幅，雖然只是一點小調整，期望藉建築結構發揮一點月下老人的作用，結果如何因後來離開台大不得而知，但事後據說，有些大學的學生宿舍都做了同樣的安排。

六、**收回校地**：台大校地被佔用、借用土地、宿舍的追回以及預定地的徵收是很棘手的工作。國府遷台初期情勢混亂，台大土地被公家機關長期借用、佔用者不少，原來的僑光堂，以及基隆路旁的軍方用地均屬於此類，辛亥路旁的土地則是民間佔用，還有公館的內政部用地以及商店都是台大預定地，也是台大當局亟需解決的校產問題。記得台大政治系繆全吉教授曾送給孫校長一幅「還我河山」的字畫，激勵校方要有追討校產的決心。

擔任總務長時發現逾期佔住宿舍的退休教授不少，有違規定，於情於理也說不過去。本來這類事情，在尊師重道的文化機構，都是拖延了事，乃因新聘但分配不到宿舍的歸國年輕學人抗爭壓力很大，不得不透過法律程序處理。後來，凡是新住進宿舍的教師同仁，都規定要到法院簽具切結書，以保障宿舍不再被逾期佔用。處理這些教授們的宿舍問題，讓我得到一個結論，那就是「在課堂、實驗室都是學者教授，一旦離開教室，教授的人性表現都和常人一樣」。公家佔用的房地後來都陸續歸還，讓原屬法學院許多科系得以遷回總校區，新建的管理學院就蓋在公館原本被佔用的地點。

在總務長任內徵收辛亥路旁的預定地，強制遷移長久居住的居民，畢竟是件很難過傷感的事，雖有相當的補貼，但仍無法補償居住數代人和地的感情。有位居民搬離後每天下午還回來故居的榕樹下納涼，令人感到心酸。

七、**協調市府單位執行**：原本經過舟山路的公車及大型車輛的噪音，長期影響了共同教室的上課以及兩側台大的研究單位，因此我當時向台北市政府努力爭取封閉舟山路劃為校園用地。此項工作一直到我當市長任內繼續協調市府工務局，協助台大舟山路成為校內地，最終才解決了舟山路劃入台大校園的心願，現在舟山路兩側也成為市民週末假期的好去處。

還有羅斯福路內政部旁公館學校預定地內的住戶，以及林森南路部分醫學院的用地，也是我在市長任內配合校方的要求，請地政處、警察局、工務局、拆遷大隊等單位，協助拆遷完成的，使台大從基隆路以西的土地，得以成為完整的台大校區。雖然人已不在台大，但做為校友的一份子，仍義不容辭有這義務和責任。

市長任內我也促成把校園內的台北市傳染病防治中心和市區內台北市政府的醫療機構交換。今之台大動物醫院，就是當年台北市傳染病防治所。

八、**參與台大醫院的整建**：台大總務長也是台大醫院整建委員會的當然委員，隔周周二都要到台大醫院開會，參與台大醫院新大樓興建的事，除了讓新建大樓能順利完工，有一些堅持和人性化的考量，是在我的建議下勉強同意實現的，包括：

1. 醫院六樓屋頂花園的興建：本來我建議把新建大樓屋頂建成屋頂花園，天氣好時可供不值班的醫生護士及康復中的病人賞花散步，鬆弛身心以發揮療效，但有些老師輩的籌建委員不同意，後來勉強在六樓做了一些綠化工作。當時我之所以提出這個構想，乃因國外有園藝治療效果的研究報告，透過花木和病人互動，有助正面療癒效果。若當年興建台大醫院時，大樓屋頂上加上空中花園的規劃設計得以實現，將會是一大特點，更能名聞遐邇，只是新觀念的推廣一向都很難。

2. 醫院大樓的外牆顏色是由建築師參考附近環境的顏色、天氣的變化、日照溫度等因素，由電腦模擬出的顏色，後來會議上有一位主管的女祕書竟然提出要改，我則認為既然由電腦模擬出來的顏色最適合，且經會議通過在案，自無變更的理由。

3. 台大醫院捷運站的命名：我認為看病、探病這件事比逛公園重要，所以我堅持把原為「新公園捷運站」的站名改成「台大醫院站」，否則後來新公園站又會改為二二八紀念公園站。站名改變是我擔任市長時同意時任台大醫院李源德院長的建議。據事後的了解，台大醫院的同仁都喜歡用台大醫院命名。

4. 林森南路違建的拆除：我當市長時動用市府拆除大隊的機械和人力，配合當地警察分局警力所拆除的，當時的洪分局長就是曾任台北市議員洪濬哲議員的父親。過程很順利，惟一戶兩位老人家因無夫妻關係只是同居在一起，由老婦人每天賣饅頭看護一位失智的男性同居人，令人非常感動。依照國宅分配的規定，這一對老人家並非夫妻不得分配國宅，我則以市長身份特別批准台北市國宅處安排一間房子，安置兩老以解決問題。我認為這是合情合理的事。

5. 未完成的憾事：雖然我不是台大醫生，但一直很關心醫院的事。記得在我還沒擔任台大總務長時，曾發生一位講師和護士在穿越中山南路時發生車禍，這報導讓我印象很深，使我決定在新建大樓和新建台大醫院捷運站之間的常德街地下規劃興建地下道，本來都已定案計畫要興建，後來因為市長選舉連任失敗而被擱置下來，實屬憾事。

6. 校園巡邏：台大校園近百公頃，每年都會發生失竊情形，雖然有校警夜間巡邏，亦無法遏制宵小的出入。為有效維護校園安全，決定把總務處的職員配合技工三人一隊，手拿長射手電筒，每晚從十二點到凌晨四點巡視校園，再和巡邏校警建立二次的會哨制度。此一制度實行結果，台大在每年春安演習期間就不再有竊案發生，效果很顯著。記得第一次是排我帶隊，是晚因臨時有事，由事務組長陳伯齡為我代班，回憶起來還是很尷尬。

7. 台大校園的綠美化：現在台大門口的綠色字樣是當年請園藝系李哖教授設計修剪而成，警衛室後面的龍柏也是那時種植。還有靠近舟山路的四棵琉球松因興建共同教室，沒有採取保護措施，差一點全部枯死，好在臨時動員了園藝系、植病系、農化系教授們幫忙採取一系列的換土、施肥、噴藥等多元措施，才救活了兩棵，現在已經用圍籬保護，長得還不錯。每次回台大看到這兩棵琉球松以及旁邊牆壁上的常春藤，都有一種喜悅的感受。

我和台大的關係從民國四十五年開始，前後六十餘年的歷史，關係很密切，所以擔任總務長的工作有一種回饋母校的心情，每樣事情都當作自己的事在辦。

在台大四十年的教職生活亦不無感觸，學者們有其獨特的自立文化，對於設備的共享很難做到，以致重複性的設備浪費特別多。對於用選舉方式產生系所學院以及大學主管，我深不以為然，把選舉文化引進校園，對學術研究和教學是一種傷害，採學生評鑑老師的方法，產生「營養學分」的校園次文化，都是錯誤的改革。

我也很反對到處普設國立大學，以台大為例，校總區才不過一百公頃，前後花了一百年才有今日之規模。近年來陸續成立了規模兩百公頃以上的國立大學，很多是資源的浪費，也是政策的錯誤。事實上應該擴大原有國立大學規模並提升教學研究水準即可，私人辦理大學則聽其自然發展，一來政府可把節省下來的費用補貼學生的學雜費，減少學生負擔，並加強研究工作；二來可減少政府財政負擔，兩者相依相輔，達成雙贏效果，才是正確之道。目前很多私立大學遭遇招生困難，其來有自。

台北市政的擘畫與理想

民國七十六年，我卸下了台大總務長職務，重回台北市政府，前後擔任過許水德市長及吳伯雄市長的祕書長，也開始深入思考台北市的未來。後來吳伯雄先生高升內政部長，我於七十九年五月出任台北市代理市長，當年十月正式擔任台北市長，直到一九九四年底參選首屆民選台北市長失利才離開北市府，算起來任職台北市府期間前後約十年。

我是台南人，民國四十五年因求學來到這個台灣第一大都市，從此台北市已成為我的第二故鄉。我在台北市完成了大學及碩士學業，在這裡組織家庭，也在這裡開啟我的學術及行政工作，一轉眼在這裡生活的時間竟然已超過半個世紀。

漫長的時間，使我可以經由實際的生活經驗，休戚與共的切身體會，深入思考台北市的未來。擔任市長前，我對台北市的發展即充滿信心。無論從地理位置、人文發展的潛力、經濟發展的結構等角度觀察分析，台北市是一個充滿璀璨遠景的都市。可惜歷史的包袱太過沈重，使我們瞻前顧後，不敢大刀闊斧的去蕪存菁，不敢邁開步伐追求美好的遠景。

我常想，以這個都市現有的各種優點和發展潛力，以及人民的勤懇儉實和積極進取特質，台北市要發展成一座現代化、人性化的國際都市，應不成問題。其實我們所需要的，只是堅持理想的勇氣，前瞻性的發展計畫，使計畫付諸實現的大魄力，以及遭受諸般困難艱辛之後，還能再接再勵的韌力。

曾有人說我沒有魄力，那是因為我對於「魄力」定義與他們不太一樣。我所謂的魄力，不是潑茶水、摔麥克風、拍桌子，或是以強烈語詞指責別人、向不同意見的人挑釁，甚至跳上桌子大聲叫罵，動輒出手打人。我認為那些行為，若非刻意製造新聞的作秀，就只是為彌補內心空虛與不平衡產生的外顯行為。

我認為所謂的魄力，除了要有勇往直前的勇氣，言所當言，更要包含對責任的擔當，對理想的執著，以及百折不回的堅持。這種魄力不是顯露在外的剛烈，而是深蘊在內的柔韌。以百折不回的韌力擇善固執，以前瞻的眼光和超越的胸懷，承受眼前的艱難困苦、誤解和屈辱，才是真正的魄力。

此外，多年的從政經驗，讓我深深體會到，擔任台北市市長一職，除了要具備應有的學識、行政經驗和基本外語能力外，沒有健康的體力、毅力和耐力，勢必連日常的政務壓力都難以忍受，更遑論開創新局和建構遠景，而忍耐、寬容、無私和愛心，更是心靈上的必要條件。

身為一市之長所追求的，無非是要讓更多市民有更安全、更舒適的生活環境，讓大家過得更平安、更喜樂。因此，推行市政建設應著眼在謀求多數人的長遠福利，而不是保護少數人的非法既得利益和暫時的方便；推行市政所應憑藉遵守的，也是為人的基本原則：良心、良知，以及大公無私的心。

本著這樣的理念，我以基層建設、區位平衡、都會區建設、國際視野考量為綱維，建構出市政建設的藍圖，希望從個別市民照顧出發，延伸至區域性甚至國際關係的拓展。

一、個別市民照顧上，希望透過社會福利制度的改善與全面推展，對低收入戶、原住民與殘障同胞，除提供生活資源之外，還應加強對其就業輔導與職業訓練，使其具備謀生能力，才能達到生活與心靈上的真正獨立。

二、基層建設方面，除了加強在各里鄰裝設電燈、疏通水溝、整修路面等基本建設之外，我非常注重社區藝文設施，如活動中心、圖書館等的興建、維護與利用，因我認為人民生活水準的提昇，固然有賴於衣食住行等生存要件的滿足，但文化藝術的陶冶，對人民生活素質的提昇也不能漠視。

三、區位平衡方面，在東區包括捷運南港線地下化、三鐵地下化共構、都市計畫再檢討、中山學園，以及松山特定區的開發案；西區與西南區包括更新學校、增設公共設施，更新萬華等區域的老舊社區，以及增闢生態公園；中區包括火車站特定區雙子星、華山行政特區（立法院新址）的規劃；北區則包括關渡體育公園的闢建、自然保護區的規劃，以及士林基隆河廢河道的副都市中心計畫，包括：大型購物中心、音樂廳、電視電影大樓、自然科學博物館、以及天文台等。

四、在國際化方面，基於國際經貿的考量，推動南港第二世貿中心、軟體科學園區、信義區第二經貿展示中心，以及金融資訊中心等的規劃興建，這些建設都已在我任內完成都市計畫。

五、至於都會區建設，我以大台北都會區為考量，歸納出交通與環境為兩大重點。交通問題一直是台北市的心腹大患，雖然在其他國家的許多大都市，尤其是倫敦、紐約、巴黎、東京等國際大都市，也都有嚴重的交通問題，但是台北市的交通似乎因為地狹人稠而顯得更為嚴重。幾乎每位台北市市長都想解決交通問題，卻也都難以徹底解決。

不過，難以達成並不等於無法達成，一時無法解決並不表示永遠無法解決。台北市的交通問題是許多因素經年累月所造成的，要解決這個問題也需要集眾人之力，做長期的付出，才能有改善的希望。在這樣的信念支持之下繼往開來，我持續推動興建七線的大眾捷運系統、東西向快速道路、信義支線、社子島高架快速道路，以及高架橋下原有停車場上再增闢一層停車空間等工程規劃，希望可以盡最大的力量，一步步的紓解交通問題。

六、我時刻不忘以藝術文化的都市觀作為各種建設的指導原則，因為可以淨化人心。多年以來，我之所以不斷的鼓勵成立社區媽媽合唱團、支持社區藝文活動，並提倡以「慶典藝文化」取代冗長的官腔致詞，無非是希望台北市的居民，除了享受富裕的物質生活外，還能普遍浸浴在文化藝術氣息中。希望我們的首善之都呈現的，不只是經濟繁榮的花團錦簇，更能歌詠出進步社會所應有的文化深度和現代文明的品味，並對其他城市居民有啟發與示範的作用。

七、環境改善方面，興建垃圾焚化廠和衛生掩埋廠，也是我在市政建設上的重點工作。今天的台北市之所以沒有像其他縣市發生垃圾戰爭，就是因為我任內繼許水德市長的努力排除萬難，不但繼續完成內湖焚化廠的興建，並促使另外兩座木柵和士林焚化廠的動工，其中木柵焚化廠在任內完工啟用，山豬窟衛生掩埋場也在任內完成建設。同時為了獲取民眾的支持，並從環保立場考量，不但加強美化垃圾焚化廠區以調和周遭景觀，並設置游泳池、運動場、慢跑步道等設施，以回饋嘉惠附近居民。

另外很值得一提的是，垃圾分類、不落地並定時定點回收制度，在當時北市環保局吳義雄局長及同仁的努力宣導，並動員說服了鄰里長後，終於建立了今日的回收制度。回想起來，實在令人感動難忘。

八、從生態的都市觀點出發，我也期許台北市能成為一個生態平衡的綠化都市。為了這個理想，有些人認為無足輕重的小工作，如路樹、綠堤、花槽等平面和立面的綠化等，都是我關心的對象。我之所以被冠上「綠化市長」頭銜，和這些作為有相當大的關係。其他諸如關渡自然保護區、雁鴨公園等有助於生態平衡與環境保護的建設，也都讓我投入了相當大的心力。

台北捷運全面施工

台北市設籍人口約二百六十萬人，白天人口四百五十萬人，大小車輛一百五十萬部以上，交通問題若不設法解決，將成為無法動彈和僵化的都市。因此從中央到台北市府，都非常重視台北市交通的改善與解決，特別是具有國際現代化重要指標意義的捷運系統，成為台北市的重大交通工程。

面對台北市交通問題，為了讓市區交通更順暢，市府交通局及交通大隊，也不斷提出創新規劃，例如公車逆向專用道，寬廣的十字路口設置待轉區等措施都是獨創的，至今也都對市區交通帶來有效的紓解作用；然考慮到在台北市工作的民眾不少來自基隆市、新北市、甚至桃園地區，因此，從大都會區觀點來規劃興建捷運已是勢在必行。

一九六八年交通部即開始研究台北都會區興建大眾捷運系統的可行性，但當時因所需經費龐大且需求不迫切而未執行。一九七〇年因台灣經濟持續發展，台北都會區交通量日漸龐大，為解決交通堵塞問題，台北捷運系統的實質規劃就此啟動。可以說在我擔任市長前，台北市捷運系統已開始思考和啟動。民國八十三年七月二十九日台北大眾捷運股份有限公司在我任內正式成立，也自此由台北市政府捷運工程局與新北市政府捷運工程局負責。

在我擔任台北市長任內，捷運是關鍵的施工時刻。因為台北的捷運實在推遲太久了，當全世界的現代化大都市都早已有捷運，台北卻在台灣國民所得接近已開發國家時，尚無一套便捷的大眾運輸系統，因此，衡量到捷運系統對於市民交通的重要性和迫切性，決定開始全面動工。

為有效執行預算，我們曾以三分之一的預付款鼓勵包商前來承包，以免耽擱施工的時程，結果工程發包很順利。台北市捷運的預付款發包的模式，還曾在行政院會上得到當時蕭萬長院長的認同，並指示其他部會的工程參考處理。

六線齊挖 半半施工

北捷自民國七十六年開始興建，有別於國外一條完工通車再建另一條的作法，而是六線同步施工，這在大都會工程史上極為罕見。雖說是全面動工，但為對交通影響減至最低，盡量要求施工所使用的道路面積以不超過三分之一為原則，保留另一半道路空間供車輛通行，完工部分先開放通行，隨即換邊繼續施工，部分路段甚至採取半夜施工、潛盾工法，此即「半半施工」。為因應交通安全需要亦設置圍籬與護欄，保障過路行人車輛的通行安全。初期所規劃的七條線路中，木柵線與淡水線可說是在我任內完工。

按照先進國家捷運工程的進度，一條捷運在進行都市計畫、土地徵收等前置作業時間約要二、三年，地面建築約三、四年，機電工程三、四年，再加上系統測試要花一年，前後約十二年，其中地面建築工程部分則是對市民生活影響比較嚴重的時間。而我從民國七十九年底到八十三年間擔任台北市長，正是六條捷運線同時動工，對台北市交通造成重大衝擊的時刻。

根據時任捷運局長的廖慶隆先生告訴我，以國外先進國家進行捷運工程的經驗來看，重大工程一定會對都市的交通產生影響，因此施工前要有詳盡評估。據統計，同時在地面上動工的部分頂多七、八公里，這是市民對交通受影響所能忍受的最大程度，但我們卻是六條線、八十八公里一起動工，如此對交通造成的衝擊可想而知。但因為我們已經落後太久，也沒有條件像國外那樣慢慢來。為解決捷運施工期間的交通，我們還曾特別動員了一千四百名義交，由何語先生負責總指揮，每天調度安排各捷運工地周邊的交通疏導。

那段時期，報章媒體常以「交通黑暗期」來形容，如今回頭看，沒有那段「交通黑暗期」，又怎麼有如今便捷的大眾運輸網？

台北捷運在今天成為重要的大眾運輸工具，每天有上百萬的市民利用這項交通工具，同時也成為台北進步、國際化的重要象徵。然而回顧興建過程的風風雨雨，真的應該珍惜今天的成果。

淡水捷運規劃點滴

淡水捷運線係沿原來淡水鐵路所建造，其實若能地下化，對今日淡水的市容、交通、景觀效果更完善，當時市議員郭石吉先生在議會也曾建議地下化，最後因工期和經費問題而作罷，使得大度路進入淡水市區的路面顯得很狹窄。

還有，我一向對都市環境保護、市容的景觀，非常重視，對捷運工程也不例外。像淡水線是地面上行駛，從車廂內向外看，沿途市容就很重要。記得當時我特別坐車沿著捷運淡水線探勘，左面的景觀看一趟，右面的景觀也看一趟，然後把沿線的市容改善一起設計進去，譬如北投車站周邊原本有很多違章建築，現在則是寬敞整潔的休閒公園，而這部分所需的費用是從捷運預算內支付，類似這方面的花費，成果看起來不起眼，卻是對市民生活品質很重要。

南港線地下化及三鐵共構決策

捷運南港線原先的規劃是高架。有一天清晨五點，我找都計處處長蔡定芳先生作陪到南港走一趟，當時我一邊看一邊想像模擬，地面上已有高鐵和台鐵，若再加上一條高架捷運，對景觀破壞太大，土地利用效益太浪費，於是我請同事研究把南港線改為地下工程的可能性。當時捷運局長齊寶錚先生告訴我改為地下工程要花很多錢，且行政院也表示中央不補助因工程變動而增加的費用。後來我請當時市長室的工程顧問康有為先生仔細精算，發現從高架改地下化沒有想像中花錢，大約只要追加二十多億，而且捷運一做好幾年，預算分幾年來攤列，市府本身的預算應該可以應付。有了康有為先生的這句話，我就放心做了三鐵地下共構的決定，迄今仍有成就感。

我決定南港捷運採地下化施工以前，曾遇上當地一位老太太跟我說，「為什麼你們官員都不用頭腦？市區內的捷運高架化，捷運經過民房時的噪音和震動，會讓多少家裡的小孩沒法好好讀書、嬰兒沒法睡覺？而且一段高架就把完整街道一分為二，地下化不是更好的選擇嗎？」

老太太的建言時常縈繞在我心裡，這也是我決定採地下化工程的原因之一。基層的反應是對的，地方首長確應有前瞻、整體、宏觀的視野去規劃百年大計的交通系統。

同時我們也發現，捷運和台鐵高鐵，如果能三鐵共構，不僅可節省許多工程費用，加上台鐵的南港調度場將外移到台東，可使南港的市容清爽許多，因此，三鐵共構的決策便在此時決定。雖然執行上高鐵方面一直沒有同意共構計畫，但幸運的是後來高鐵局長由原捷運局長廖慶隆出任，這項共構計畫才得到落實。從土地利用價值的提升，景觀、生活上的便捷，我深信市區內新建的大眾捷運系統應以地下為宜，再回憶美國芝加哥的地面捷運和莫斯科的地下大眾運輸工程，更證明地下化是正確的工程。

堅持部分物品向國內採購

捷運工程方面，有幾項決策讓我覺得別具意義。首先是要求和承造商的契約要有中文版本，如此可以避免將來因文字定義不同而發生糾紛；其次是我堅持一些相關的物品改向國內採購。把捷運的採購項目攤開來逐項檢討，有些物品台灣就有生產，品質差不多者，就改為國內採購，如此共有二〇二項的採購案做調整。我的想法是雖然捷運是先進國家產品，承造商也是外國商人，但有關結構、車體的部分可為了安全向外國採購，但不影響結構的部分則可國內採購，除節省外匯，也可對國內產業有幫助。我曾應法國馬特拉公司之邀訪視法國里爾捷運站，獲悉興建站場時曾規定，以採購當地五十公里範圍內的建材為原則，以造福當地的經濟，法國人此一規定讓我留下深刻印象。

另外值得一提的是，為維持捷運車廂內的清潔和秩序，一開始就嚴格規定執行不吃東西、不喝飲料、不抽煙、不嚼口香糖、讓座等規則，以養成市民良好的習慣，當時還特別招募了退伍的憲兵幹部為捷運警察，期能徹底貫徹整齊清潔的車廂文化，迄今頗有好評與此有關。國民的生活習慣如果一開始就嚴格要求，久而久之也就形成了好習慣，這也是我到新加坡搭乘捷運時所體會到的。

台北捷運被惡意抹黑

回想捷運建造初期，有人說台北捷運是全世界造價最昂貴的，這與事實不符。其一，因為台北蓋捷運起步太晚，各方面的費用都會增加，如果以當年的物價水準換算比較，台北捷運和其他國家的建造費用相比，並不會太貴；其二，捷運工程款四千四百四十四億的預算是分三期編列，第一期做木柵線、淡水線，第二期做中和線和新店線，第三期則是做南港線和板橋線，合起來才是四千多億，但為民喉舌的民意代表覺得我們太浪費，我們也檢討改進，所以又把預算案送到議會重審，一項一項檢討，譬如用提早與國外的總顧問費以解約的方式，從九十多億節省到五十多億，最後把省下來的錢做為土城線的經費，等於我們努力節省，又多做了一條捷運。捷運局都曾提出相關數據說明，奈何社會大眾並不想花力氣深入了解，寧願相信被操弄的政治語彙。

除了前述，在我擔任台北市長期間，正是捷運全面動工，而對交通造成最嚴重衝擊，也是最容易累積民怨的階段，最令人不解的是，當時的反對黨為了選舉和選票，對捷運工程提出許多不實的指控。這些不只是對我個人的聲譽的污蔑，也是對當時勉力從公，服務市民的許多公務人員造成莫大傷害，媒體更以「交通黑暗期」形容當時的情況。雖然當時我們都做了立即而正確的更正，但已在民眾心目中留下不正確的印象，事過境遷在此進一步澄清，以還原真相。

當時市長選戰期間，陳水扁先生指台北捷運太浪費，不單是預算額高達四千多億，還有一個垃圾桶要二萬八千元。我特別請當時的捷運局長廖慶隆先生說明。首先，一個車站頂多只有二個垃圾桶，在預算書中是一個八千元，二個一萬六千元。這是車站標中的一個項目，承包商再轉包給小包商施作。當大包商請小包商承做時，小包商要價二萬八千元，因此不應該說捷運局花二萬八千元買一個垃圾桶；其次，這個垃圾桶不是一般家庭用的普通塑膠垃圾桶，而是外圍洗石子，內緣有不鏽鋼套子，重達四百五十公斤，等於是垃圾分類箱，確實需要二萬八千元來訂做。這件事之所以會造成誤會，並被對手拿來大做文章，據廖局長說，是因為當時捷運局有許多甫出校園的年輕人，做事很認真，連洗手間的一個肥皂盒都列上預算書，做事太認真也會招致過錯。

後來選戰時，陳陣營在宣傳車上拿一個塑膠垃圾桶全省走透透，我的同事們建議我們乾脆也雇個吊車，把捷運站的垃圾分類箱搬到宣傳車上，告訴大家，這才是二萬八千元的垃圾箱，不過，這只是想想，當然沒有付諸行動。

還有，當時的市議員林瑞圖先生說木柵線是碰碰車、火燒車，陳水扁說若當選市長，要把捷運木柵線拆掉當停車場，這都是嘩眾取寵，不負責任的說法。木柵線所以有碰碰車、火燒車等說法，是因為在試車時有一些狀況發生，但這些狀況其實都是國人不了解捷運系統而產生的疑慮。舉例來說，主體工程的裂縫，是因為施工趕進度，而在樑柱水泥尚未全乾時，就把帽樑蓋下去，但裂縫的產生仍是在安全的範圍內。再如「火燒車」的說法，據廖局長告訴我，捷運系統的設計救援系統全在車站，車子的動力是一般電車的兩倍，若車廂出狀況，備用電力會啟動，車子的動力會把車廂拖回車站以便救援。那次是試車時，車廂煞車系統出問題，備用動力立即啟動，然操作員未察覺異狀而未即時處理，所以車廂一路從中山國中站拖到麟光新村站，才造成輪胎過度摩擦過熱而冒煙。但這是操作上的失誤，捷運系統本身沒有問題。

類似這些不實的指控還有很多，只要說明一下，民眾也能理解，可惜真相淹沒在選戰的口水中。如今時過境遷，二十幾年後木柵線仍順利營運，並沒有被當時的市長當選人拆掉，也沒有再發生碰碰車、火燒車的情況，足見我們的決策和施政是經得起時間的考驗。試想如果沒有當時排除萬難加速興建今日的捷運路網，台北市的交通真是不敢想像。過程都是艱難的，沒有辛勤的耕耘就不可能有今日的收穫，讓我對捷運局的同仁，不時感念在心，也對在施工中對市民所造成的種種不便，以及市民們的包容忍耐，深表歉意和感謝！

各局處行政措施與改革

我歷經了幾位市長幕僚工作，學到許多行政歷練，其中讓我印象最深的還是李登輝先生的深入思考、擇善固執和勇往直前的精神，他的意志力與魄力，在處理翡翠水庫興建及動物園的拆遷過程中充分展現出來。他能在各方激烈反對下，不管立委多嚴厲的批評，仍堅信水庫對台北市的必要性而毅然動工。若當年翡翠水庫不建，必然造成現在的台北市及新北市的供水嚴重不足。還有，要建台北市立動物園時抗爭很厲害，但他仍能完成徵收，順利把動物園從圓山搬到木柵，才有今天的榮景。這種面對困難時的毅力，實在令人佩服。當主管的人就必須要有這樣的意志力，且這種意志力還要能感染你的部屬，讓部屬覺得你是有決心把一件事完整地做下去，直到圓滿完成。惟有如此，才會上下一心，才能把事情做起來。

市長就是要站在前面，不可以有一絲的動搖。可以想像，市長是政務官，來來去去上上下下，能做個三、四年就很了不起了，但底下的部屬是做一輩子的公務員，只求無過就好，兩者不同。因此，能激發部屬的衝勁是做好市長的重要前提。

踏實、務實的施政是我從政的基本理念，我不會去作秀，事實上也沒有時間作秀，經營所謂的「形象」。政治人物到處作秀可說是地位與角色的認知錯誤所致，作秀有作秀的專業，政治人物應該把時間花在做事才對。台灣政治風氣之所以趨於華而不實，和一般政治人物的不良示範有很大關係，且從而導致選舉文化的敗壞。我寧願把時間用在視察工地上，掌握進度，鼓勵同仁，務實地把計畫與工作做好。所以市長任內我常親自跑工地督導，每周的行政院會大概早上九點開始，一般在十點或十一點結束，我會依照會後剩餘時間的長短，到幾個重要的工地去看看。時間多一點，跑基隆河；時間少一點，跑大安公園；再少一點，則去華中橋下河濱公園。我之所以能夠在四年多時間完成大安公園、華中公園、十二號公園基隆河及中華路的拆遷，就是這種務實理念的實踐。

結合民間力量的經營理念

在我當市長的時候，嚴格地說，政府部門還沒有現在所謂B．O．T的概念。一般的公職人員或許知道由民間來參與投資公共建設的重要性，但礙於身份，往往不敢明白主張。但我認為台北市是一個商業都市，維持商業的活潑發展是相當重要的事。社會的發展很快，政府觀念若不跟著調整，走在時代的先端，必定遭受淘汰。因此我一直強調民間參與投資，也在任內推動了幾個案子。例如當年的台北晶華酒店，土地所有權是屬於台北市政府，我們設定了地上權五十年，然後讓民間去開發，經營飯店，五十年後無條件歸為市府所有。如此，不但台北多了一座五星級飯店，市府每年還可以直接間接從晶華酒店那裡收到二億元左右的稅收。憑良心講，一個市政府怎麼可能經營飯店會賺錢？不虧損兩億就不錯了，何況政府除了提供土地外，不必花一毛錢的建築費用。

另外一個民營化的例子是萬芳醫院。醫院與飯店不同，飯店是高消費場所，市民消費不起頂多換個較為便宜的場所就好了，但醫院卻是救人的地方，與市民生活息息相關。因此，對於醫院的經營，我們必須做一些基本的規範，比如至少應包括哪些科別，設定收費的最高標準條件等等。此外，將醫院完全委託給民間來經營，政府不用花錢購買醫療設備，耗費龐大人力資源來經營管理或監督，因合約中規定五年後醫院所賺得的錢有一定比率要撥還給市府作為醫療基金。萬芳醫院開放給民營節省了二十五億元的開辦費。據說目前台北市立醫院之中，萬芳醫院的經營績效仍是相當好的。

公共雜費委由7-11代收

如何能便民服務，是當年台北市政府提高行政效率的重要施政要項。過去很多費用都要市民親自到市府相關單位繳納，費時費力，民怨很普遍。後來我們想到，既然統一公司的7-11遍布台北市各角落，於是徵得台南同鄉高清愿董事長的同意，請他們幫台北市政府代收許多水電瓦斯費、交通罰單等十多項小額款項，省卻了市民跑政府衙門繳費的麻煩，同時也可以為7-11帶來生意，迄今仍是令人備感貼心的措施。

我一直強調現代政府應小而精，政府萬能說應是民智未開教育低落的時代，現代社會已完全不同，所以建立一支精銳的文官制度，擁有高品質的決策，其他工作則委由民間力量去執行經營即可。只要民間有意願、有資源、有能力執行的，就應鼓勵他們做，而非排斥。曾有人問我，那麼政府官員做什麼，我半開玩笑地說，這點可以完全不用擔心，政府官員至少還有幾樣事可以做，那就是「動土時應邀兩手動土，落成時應邀雙手剪綵，然後一手收稅，一手發獎狀，最後再合掌拍拍手」。這樣老百姓就不會輕易把錢拿到國外去投資。政府一定要給民間機會，不但不是怕他們賺錢，相反地，要讓他們賺，甚至是鼓勵他們努力賺。政府要做的是不要貪污，努力把稅收回來，從事其他公共建設或社福工作即可。

社會局：以家庭為中心的社會福利政策

台北市的快速發展集中在最近三十年，而社會快速變遷與過度都市化也帶來了種種社會問題。其中與社會福利有關的包括：傳統社區的解組、家庭結構的解組、個人生活適應困難與偏差行為的增多、弱勢族群需要照顧等問題。我們由經驗與研究發現，增強家庭功能以滿足其成員個人需求，是建構福利社會、福利都市最理想的途徑。亦即，政府應依個別家庭的功能狀況，對於家庭的基本功能，生活維持，保護與照顧，心理輔導，學習發展生活調適等，扮演著支持、補充或替代的角色。因此，以家庭為中心的社會福利體系就包括了下列諸多措施：以家庭為單位的整體經濟的維護，協助家庭克盡照顧子女的責任，並抒解照顧壓力，以及提供支持家庭功能的各項福利方案。以家庭為中心的社會福利政策是我市政建設中福利政策的核心概念，白秀雄局長是這一方面的專家，後因高升內政部社會司，改由陳士魁任局長。

台北市六十五歲以上的人口早在民國八十一年底就已超過市區總人口的七％，達到聯合國制訂的高齡化社會標準。因此，如何規劃老人福利政策也是市府的重要施政。為此市府分別從安置頤養、社區照顧、文康活動、敬老優待、老人保護、關懷服務等方面推動老人福利工作，並規劃永公、至善、兆如、崇德等四處福利園區，作為重殘養護、殘障者職業訓練、庇護中低收入老人安養療養所。

社會局的工作是以人的關懷為主，我任內有些開創措施至今民眾仍感到便利，如「墓地公園化」，把國人避諱的身後問題拿出來談，並規劃為休閒活動空間。現在辛亥隧道左側原是亂葬岡，雜草叢生，處處荒塚，我請社會局進行規劃，先設置靈骨塔，再把墓地遷移，如今才有遍野的綠地，而全市十六處公墓，也進行規劃為公園，如果這些公墓都可以徹底執行墓地公園化的政策，台北市民會多出許多休閒的綠地空間，可惜這些政策並未被後來的市長執行。

延續對身後問題的關切，我任內也首創「聯合祭典」。凡同意火化不在路旁佔地舉辦告別式者都可參加，特別選在黃道吉日在一館或二館大廳，由市長或局處首長主祭以示隆重。當時只有聯合婚禮，當我提出聯合祭典構想時，有議員還在議會上質疑其可行性，但在我任內所舉行的聯合祭典上，典禮莊嚴肅穆，既達到追思告別的心意，而且非常寧靜乾淨，火化比例達到九十％，很符合現代化精神，可見聯合祭典也可以做的成功。

社會福利工作，不但要關心身後事，也要關心社會上的弱勢族群，像是掙扎在社會邊緣的不幸少女們。有感於這些身世可憐的少女，其實都很聰明，只因沒有好好接受教育的環境，被迫走上賣春這條路，我們很重視她們的後續感化教育，並請教育局協助，把學籍設在鄰近學校，然後請老師來個別指導，把國小、國中的功課都補起來，並補發證書，讓他們順利在感化教育期間完成學業。此一措施協助不少不幸少女因而得以繼續升學，成績最好的還考上了國立的五專，重啟人生的新里程。

我在市長任內曾到一些比較落後的老行政區探訪，不少老眷村，特別是有植物人的家裡，因無能力送植物人到更好的照護場所，於是為了就近照顧，在客廳挪一張床安頓病人，全家人進出都會經過植物人身邊，那種景象讓人看了鼻酸。這些重殘者的照護工作，把全家人的生活都賠進去了，等到照顧的人老了病了，重殘者只有自生自滅了。這些生活在社會陰暗角落的人，因為沒有其他選擇，沒有得到應有的對待，我就指示衛生局為這些人找病床，給他們應有的醫護照顧。當時我們請各市立醫院從慢性病床中騰出十%的空床給植物人養護，有些醫院院長反對，他們一方面怕麻煩，一方面考慮到長期經濟效益，我當時就很堅持這決策，說了「要是不願配合這項政策的院長，就不要做了，我找願意配合的人來當院長」的重話。

目前各方面對於孩童照顧的福利政策都設計的不錯，但當時這方面的施政卻很少。以得唐氏症等基因方面疾病來說，家中若有這樣的小孩，對孩子和家人都是長期負擔，所以衛生局規劃「先天性缺陷矯治服務計畫」，透過對胎兒、新生兒、以及三歲孩童實施健康篩檢，達到照顧孩童健康的目的，尤其是「放寬兒童家庭生活補助標準」，更嘉惠了許多中、低收入的家庭。

地政處：公設保留地百分百徵收

今天台北市有許多大型建設可如期進行，讓民眾享受市政的甜蜜果實，「公共設施保留地的徵收」是一個重要關鍵。我擔任市府研考會祕書職務時，就參與規劃台北市的中長期計畫，對於其中一些大型建設已有充分了解，任職市府祕書長時，即積極辦理相關事務，到我擔任台北市長時，更特別重視公共設施保留地的利用問題。

公共設施保留地徵收是一個艱難的任務，因為根據土地法規定，被規劃為公共設施保留地的土地，必須要在一定期限內取得，否則被徵收者可要求收回自行運用，因此這個公共設施就無法順利進行。可是徵收問題最困難的是人和錢，也就是動員和經費。大部分民眾對土地被徵收都不會太高興，也都希望拿到越多錢越好，但政府經費有限，不可能讓每一個人滿意。

都市發展的限制就是「空間」，空間問題解決了，都市才有發展的可能，於是我任內特別召開擴大會報，每周找一天上午七點半舉行會議，針對公共設施保留地問題開會，由我個人親自主持，各局處主管全員到齊。

徵收工作當然會遇到抗爭，但只要溝通得宜，可把抗爭化解到最低程度，比較困難的是徵收既成道路，因費用龐大，所以訂下十米以上才徵收的原則。

徵收除了動員困難外，還有經費問題，這麼龐大的經費，又有期限壓力，不能慢慢來。後來我們想出一個解決方法，就是向當時的台北市銀行借錢，然後再請被徵收者把這筆徵收款回存到北銀，用這個方式解決了經費問題。

由於我的強力要求以及所有同仁的努力，所有公共設施保留地都在期限內完成百分之百徵收，得到內政部公開表揚，這是空前也可能是絕後的紀錄。

民政局：移風易俗、基層鄰里、戶政電腦化

只要有參加過慶典活動的人都有個共同的感受，就是每年重複冗長的長官來賓致詞。往往一個好藝文活動，卻因為安排的來賓太過努力表現而搶了風采，等到致詞結束，再好的藝文活動任誰也無心享受了。這顯然是本末倒置的作法。藝文慶典中，官員應該盡量少講話，甚至不講話，一定要讓藝文活動做主角。我們也常聽到類似「文化沙漠」的批評，主要原因在於政府沒有負起帶頭的作用，也缺乏讓藝文界有活動的空間與表現的機會。我相信在台灣現在的社會情況下，只要政府想做也肯做，藝文活動一定可以蓬勃發展起來。

但是辦活動要經費，要場地，又不能太浪費，像大拜拜一般。為此，我要求每一個區公所每周都要有一個鄉土文化節目；至於場所，則要求在每一個區找一所重點學校，強化該所學校原有的禮堂設施裡面的表演舞台、燈光及音響布幕。平時學校可以利用這些設備作為教學的場地或娛樂休閒的場所，假日則由區公所負責辦些活動，吸引地區的市民前來參與，成為主要的活動場所。這樣不但可以節省經費，不必花大錢找地蓋房子，也可以把事情做好，對於學校、市民、政府各方面都有幫助，否則光找地蓋建築就夠花錢與腦筋的了。

市府自民國八十年八月至八十三年八月止，全面推展以區域特性為主的基層藝文活動，三年內總共舉辦了七百四十七場次，參與人數達一百五十二萬人次。如果還包括其他大大小小的各式活動，那麼在我市長任內，總計舉辦了表演藝術、展覽、演講、座談、演唱活動等近兩萬場次，計有一千三百萬人次參與。

還有擴大辦理「聯合婚禮」。這個舊稱集團結婚的活動早已行之有年，但在我任內，由民政局規劃為聯合婚禮，市長擔任證婚人，議會代表（通常是議長）及法院代表（通常是法院院長）擔任主婚人，而民政局長及社會局長則分任男女方介紹人。典禮隆重盛大，又不需新人負擔任何費用，所以很受民眾歡迎，報名的新人很多，最盛行時每個月都辦一場。其中有個小插曲，當時大部分都是由名聲樂家簡文秀擔任領唱人，帶領新人合唱「愛的真諦」，而曾任文建會主委的陳郁秀女士也曾擔任她的鋼琴伴奏。當時有人跟我反應陳郁秀的政黨色彩，我一貫的理念是，只要把事情做好，黨籍最不需要去考慮。

我任內很重視基層的意見，因為我時常對同事們強調，所謂公僕，就是為民眾服務，所以我首創召開分區「鄰里長座談會」，一方面傾聽基層的聲音，一方面可以督促基層加緊建設腳步。記得當時我們特別要求鄰里工程在六月底設計完成，七月會計年度開始時就可以開標，進而動工，早開工早完工，如有標餘款，還可再運用於相關工程上。

台北市還有一個全世界最大的里民活動中心，就是民生社區活動中心，當初是都市計畫的劃餘地，沒有單位要認領，民政局便爭取來規劃為里民活動中心。我一向的理念是尊重基層意見，像台北市四百多個里有二百多個里民活動中心，加上二公頃以下的鄰里公園交由區公所管理，讓民眾願意親近去使用，並參與公眾活動，如此，全市九千多個鄰，四百多個里，都動起來，市府的末稍神經就活絡起來了。

此外，戶政電腦化是內政部的重要政策，規定地方政府需於兩年內完成。台北市政府則動員戶政人員，以夜間加班的方式，一年內就完成戶政資料的電腦化工作，是全國率先完成戶政電腦化的單位，得到內政部的嘉獎，還記得受獎地點是在士林區公所。其他役政、地籍、車籍資料的電腦化完成速度，台北市政府也都在全國名列前茅。在我任內，公眾服務環境的改善，像服務櫃台高度放低等，也早就決定在進行了。

教育局：新創教育措施

為了提升台北市教育水準，便利莘莘學子上學，我在市長任內完成十四所小學、七所國中校舍的興建，二所學校遷校，成立六所完全中學，成立麗山高中籌備處等。此外，並推動社教機構與文化活動場所的設置，完成兒童交通博物館、兒童育樂中心「昨日世界」及「今日世界」、市立圖書館總館大樓、市立體育館、全世界規模最大之民生社區活動中心、新設八個圖書分館、動工興建天文台，並規劃設計青少年育樂中心。本來我還決定在松山菸廠現址開闢中山學園，在士林基隆河廢河道新生地興建音樂廳、自然科學博物館、電視電影大樓，並在關渡平原闢建運動公園，以及完成包括巨蛋在內的符合國際標準的運動場館，可惜這些計畫皆因選舉失敗而沒有被繼任者全盤的重視和推展，毋寧是市政建設史上一大憾事。社子島快速道路、松山機場地下穿越道以及信義支線的興建也是如此。

在教育方面，也有幾項在台北市的創舉爾後也被中央採用，推廣至全國，包括完全中學、補救教學以及認輔制度等。

我自己在小學學習階段，受到熱情的老師照顧，享受到補救教學的好處，所以我在市長任內特別重視補救教學。每個階段的學習都有一些跟不上進度的學生，因為有些學生的學習有特別傾向，不一定完全適應當年聯考掛帥的考試制度。中山女中的校長就曾告訴我，有個女學生物理很差，所以乾脆放棄物理考文科，後來考上台大外文系，可見落後的學生若有適當的補強教學，仍能幫助他們的性向發展。

1.引進補救教學 創設完全中學

為此，市政府設計了所謂的補救教學制度，由市府補貼找一些比較熱心的老師，在寒暑假或周末假期，特別輔導每學期成績最後十%－二十%的學生。當然，我不敢說全部都可被救回來，但是能救多少就救多少。所以我常說，家庭教育是上游、學校教育是中游、警察局則是下游，要是等到由警察局來補救，不但太晚，所付出的社會成本也太高了。現在許多人喜歡談教育改革，其實只要把小學和國中教育辦好，把每一條迷途羔羊找回來，問題就解決了一大半。況且，大部分的父母光是工作就沒時間了，有些家庭更沒錢請家教輔導孩子念書，那就可以由政府出面為他們的小孩聘請家教。

其次，我在和鄰里長座談時聽到，有些家長反應不知如何安排學生放學後的生活，還說，最好學校可以延後放學時間，這些都是我開辦補救教學的原因。家長對我們這個措施也很肯定，因為學生放寒暑假沒事做，學校能做這樣的安排，自是皆大歡喜。一開始只在寒暑假辦理，而且只針對每班成績最差的十%到十五%，後來越辦越好，就擴大到每班成績最差的二十%，而且不只寒暑假辦，也在學期中的周末辦理。不過教師對於學期中的補救教學比較不積極參與，我們發現是因為主計處對教師鐘點費規定的太低，於是當時教育局長林昭賢就研究把收費稍微提高，然後所收費用全部用來支付教師鐘點費，如此便改善了教師參與授課的情況。

高等教育方面，因台北市的政經環境較為特殊，台北市的學生素質比台灣其他地方要高，台北市的家長對孩子的升學需求也較強烈。我個人雖然比較傾向多設職業學校，但教育局同仁研究後認為，家長對學生就讀一般高中的意願較強烈。在我就任台北市長後，除台北市原有的七所高中外，我們新設了六所高中，從北到南分別是陽明、明倫、大同、華江、永春及和平高中。或許有人說，台北市有建中、北一女了，為什麼還要設這麼多高中？其實不然，很多台北市民考不上建中、北一女，所以為了使想讀高中的市民有學校念，我們在各個行政區新設高中，如此可使市民就近入學，減少越區就讀的社會成本。這些施政都是有成效的，舉例來說，永春國中地點偏僻，又在斜坡上，學生就學情況並不好，教室閒置了三分之一，升格為完全中學後，因為可直升高中，國中部的學生都回流了。而這種完全中學的設計，後來被教育部沿用，現在各縣市都設有完全中學。

另一個創新措施是「男女合校」。林昭賢局長告訴我，許多學者常研究性別的意識型態思維，在教育領域像是為國小教科書中寫的，「爸爸早起看書報，媽媽早起忙打掃」等不符合兩性平等，林局長認為，兩性平等教育要落實，打破男校、女校的分野是一大關鍵。在教育史上，女校是男女不平等教育留下的歷史痕跡，這是日本人發明的，原本女性沒有受教權，後來有少數貴族女性要入學，就成立女子學校來做區隔。還有研究報告指出，一路就讀女校的女性，出社會後比較容易遭到詐騙等情事。

所以我們認為，兩性教育除了強調兩性平等外，兩性如何相處也是重要議題。我們在台北市推動男女合校，高中部分因是選擇教育，受到像北一女，中山等校校友會的反對，所以我們只在義務教育的國中：大安與金華；萬華與華江；大直與北安等俗稱「配對」的學校，強制推動改為男女合校。實施後，當時松山高中每年都有研究報告，對男女合校的效果評估是正面的。

還有學生的輔導，因每個班級幾十位學生，只有一位導師不足以照顧關心全部學生的生活問題，所以我們也建立「認輔制度」，讓科任老師也在每個班級認養幾位學生，分攤導師的責任與輔導工作。後來我們還擴大認輔制度，請大學的社團學生到國中去協助輔導學生。這個認輔制度後來也被教育部採用並推廣到全國，稱為「攜手計畫」。

2.開設「無塵營」

另一件值得一提的事，是和南投白毫禪寺合作的「無塵營」。我自己也有宗教信仰，肯定宗教淨化人心的作用。教育局在林局長規劃下，安排和禪寺合作的學禪計畫，目的是讓一些在學校比較好動，不愛讀書，一般被稱為問題學生的人，有個淨化心靈，修身養性的機會。

我們對於被選去參加「無塵營」的學生，並不貼以「壞學生」、「問題學生」的標籤，可是當他們看到同去的學生都是哪些人後，其實心中已經明白，感覺好像是被叫去管訓。所以在「無塵營」的第一天，所有水龍頭被破壞殆盡，不過，學禪的感化作用也很明顯，第二天被破壞的水龍頭比較少了，第三天就沒事了。

白天在白毫禪寺由禪寺師父他們帶去撿柴或是找木頭、竹子等做工藝品的材料，像是心理學所說的「工作治療」，還帶他們討論一些人生問題，以及吃飯、漱洗等生活教育，晚上則由師父講經。這個「無塵營」辦了好幾個梯次，許多市議員去參觀都讚不絕口。

3. 讓學生跑得動

我們在做事時，考慮的是對市民有利，只要是對的事，即使會有反彈，我們仍然會不顧一切去做，男女合校是一例，ＰＵ跑道又是一例。

我注意到學校的操場跑道，天晴時灰塵滿天，天雨時泥濘滿地，學生也無法使用，影響學生活動。我的教育理念是期待學生「動起來可以投幾個球，靜下來可以寫幾個字」，提倡學生寫書法，以及推動慢跑，都是在這個「動靜皆宜」的理念下進行。

推動學校鋪設ＰＵ跑道又是件大工程，首先就受到來自立法委員的質疑。體育立委紀政就批評塑膠跑道在太陽曝曬下會散發有毒氣體，有害學生身體，但這說法並未得到驗證。我認為，即使可能會有不良氣體揮發出來，但跑道都在室外空曠處，而非密閉空間，並不會對人體產生危害。不過全市學校都鋪設PU跑道，確實可能發生工程圍標或圖利廠商的問題，所以我把學校分為幾個小組，聯合起來發包，而且是分年分期逐步汰換，後來並沒有發生舞弊之類的事。

我也是個很重視私立學校的市長，總覺得私立學校的資源較少，所以儘量想辦法給予便利，像東吳大學和政治大學的操場，都是我藉河川整治的機會，把河濱整治出一個操場供學校使用，還有銘傳的捷運地下道，送文化大學舊公車等。因我當過台大總務長，知道和公務部門打交道的過程十分麻煩，特別是建築方面，所以召開會議，邀請各大學總務長來，要求各部門協助解決公務單位行政手續的困擾，並要求由副局長親自列管追蹤。

另外，我一直期待能整合台北市高等教育資源，把台北市現有的市立師範學校、市立體育專科學校，並與台北醫學院合作成立台北市立大學。後來我因未連任，這些想法就都作罷，對照二十一世紀各個大學相繼合併，再見證當時我的理念，並無不對，要是當年就這麼做，我們的高等教育就不必繞遠路。

台北市有些開發比較晚的落後地區，要遴選特別優秀的教師去擔任教師，因為這些地區也是家長經濟力較差的地區，家長沒有能力輔導小孩的課業，也請不起家教，所以學生普遍升學率較差，甚至考不取學校，或無法完成學業，而成為中輟生，將來都會形成社會問題。與其將來耗費社會成本補救，不如在他們就學階段就防範於未然，只有派特別優秀、特別有熱情與愛心的教師，才會願意花更多心力在學生身上，可惜這個想法來不及落實。

建設局和工務局：都市農業 聯合管溝規劃

建設局是和民眾生活息息相關的單位，所謂「士農工商」，除了教育局管讀書人的事之外，農工商都是建設局的業務，尤其我個人有農業背景，所以任內對農業方面的事也特別著力規劃。

為鼓勵台北市的農業發展，我以補助的方式來鼓勵各行政區的農會開發新農產品，方法是農會有多少錢用在這方面，市府就相對補助多少。有些農會很聰明，跟農民說，只是投資一份錢，就有二份錢的補助，譬如有一年種一期山藥，農會出二千五百萬，市府再補助二千五百萬，分配給種植的農戶，這麼划算的生意，當然會有人願意去做。現在很熱門的農產品山藥和海芋，就是當時和市農會配合開發出來的。

我任內還有幾項和農業有關的計畫，包括今日建國南路假日花市、南港茶園和南區花卉市場。據說高玉樹市長任內也有此構想，直到我任內才落實，讓台北市及鄰近台北市的花農，有合適的交易場所，對台北花卉農業的發展以及綠美化皆有正面的助益。

城市內則因為空間有限，所以都市農業的場所要朝空間利用的方向設計，可以利用閒置空間、牆壁、屋頂等場所。當時我們也成立了四個基金會，包括七星綠化基金會、錫鎦綠化基金會、農業發展基金會及維謙基金會，這幾個基金會為今天台北的青翠蓊鬱做了很多事，貢獻很大。

此外，工務局在聯合管溝系統方面也有開創舉措。台北市內需要的地下管線共有十九種，過去市區內常有挖挖補補的現象，造成市民生活相當大的困擾，也使社會付出很多成本。一個現代化城市，共同管溝系統是必備的，但台北在這方面起步較晚，和捷運系統一樣，必須比其他先進城市付出更多的代價。為此，在工務局新成立「共同管溝科」，要求擬挖地下管線的單位開挖前一年度就先行文報備，再由工務局整合在同一時間開挖埋設，既省時又省錢，因此地下共同管溝的建設是一項重要的市政建設，但都被忽略了。

說到蓋學校，記得當時我建立一個「聯合規劃設計」的制度。學校經教育局規劃好，再與建築師充分溝通後，就交給工務局建造，等學校蓋好完工，驗收好了再交回給學校，如此可以避免綁標、關說、偷工減料等舞弊情事發生。我因為自己當過台大總務長，吃過很多虧，所以知道隔行如隔山，這些都是在擔任市府研考會從事工程管考過程中學到的。

研考會：「中長期計畫」執行文化

在研考會方面，我印象最深的是「中長期計畫」的擬定，這是我在擔任市府顧問兼研考會執行祕書，以及市府祕書長時就參與的工作，也是我在市長任內推動許多重大建設的依據。我的理想是市府各部門年度預算，都要跟著中長期計畫走。但中長期計畫不是毫無根據的擬定，而是各部門依職掌範圍，分析現況、檢討過去、掌握將來，再和人事、財政、研考各相關部會一起開會討論，擬出一個具體可行的中長期計畫，看這計畫和其他局處提出的計畫可有重覆或相關性，在時空和功能方面有無可整合搭配的部分。舉例來說，教育局擬定一所公立高中的設校計畫，就要工務局協助蓋學校，不只是學校的主體建築，還有相關的水溝、停車場等，都是要做全面而系統性的考量。我記得有一所市立醫院，居然醫療器材都沒有事先擬妥，等醫院蓋好了，大型醫療器材卻搬不進去，還得把大門拆掉才能解決這問題，這就是沒有全面整合的視野造成的結果。

前一陣子很流行說「執行力」。所謂執行力，就是我常說的執行文化，各項施政規劃好之後，最困難的部分就是如何去落實執行，研考會在這方面就有管制考核追蹤、落實的責任。我覺得各部門在研考追蹤進度時，常常以「處理中」、「進度良好」等官樣文字推諉，到底做了多少，沒有一個標準。為了改善這種現象，我們建議以照片列管，像種植物一樣，這棵樹長得如何，到底成長得多好，照片一拍就很確實了。用這種方式，各部門不能再以官式文字來推拖。當時任研考會主委的陳士伯告訴我，像北投光明里一條馬路，鋪了四年還沒有完工，居民怨聲載道，後來用照片列管，很快就完工了，可見行政工作，就是要劍及履及的去執行。「看得到，數得出，用得上，花錢少，完工快」，是我當年負責管考的具體化做法。

環保局：過五關建山豬窟掩埋場

我的市長任內，環保方面有一些觀念上的突破性措施，像是焚化爐塔頂的旋轉餐廳、木柵焚化爐外牆彩繪長頸鹿等，都是以柔性訴求化解民眾對垃圾的排斥感；此外，最重要、也最值得細述的一件事，就是山豬窟垃圾掩埋場的建設，時任局長的吳義雄居功厥偉，值得感念。

世界各國的大都市，垃圾處理是民生大事，不但不易處理，若處理不好，還會招致民怨，所以在選舉掛帥的台灣政治文化裡，政治人物能少碰垃圾問題就少碰。事實上，台北市的垃圾處理問題早在李登輝先生擔任市長的年代就已經產生了。當時的垃圾主要是運到台北縣淡水鎮掩埋，後來因當地居民包圍抗爭，即使台北市願意出錢也沒法取得同意。李市長只好在台北市的東西南北各區找一塊地，完成都市計畫的焚化爐用地。後來除了景美沒有通過外，士林、內湖、木柵三處順利完成徵收工作。三座焚化爐每日垃圾處理高達四千兩百公噸，因此，在當時尚能自力解決台北市的垃圾問題。此外，市府還另外規劃了南港的山豬窟第二垃圾衛生掩埋場，以便將焚化爐燒剩的灰燼，運往該處掩埋。因為當年有這些前瞻性的努力，現在人稠地狹的台北市才沒有所謂的垃圾戰爭問題。值得一提的是當時的環保局長吳義雄竭盡所能完成山豬窟第二垃圾衛生掩埋場的興建實在不容易，他也是一位默默做事的拚命三郎。

在我擔任市長前，台北市的垃圾是由木柵福德坑垃圾掩埋場處理，依照契約，民國八十三年六月就得停用，但蓋一座垃圾掩埋場的工期大約要四年，所以在民國八十一年時，這個問題就已經非常急迫了。

環保局的同事們把建設山豬窟垃圾掩埋場的工程稱為「過五關」，可見其過程的艱難程度。所謂「過五關」就是第一關：規劃、選址；第二關：議會通過預算；第三關：通過環境影響評估；第四關：都市計畫變更；第五關：土地徵收。過完這五關後，接下來才能談動工，而這五關，每一關都有故事，每一關都很難過。

首先是規劃、選址等前置作業。不願垃圾場蓋在自家門口是人性，幾乎每一次焚化爐、掩埋場等工程在這個步驟都要面臨居民抗爭。尤其是各地方民意代表為了選票，不願得罪地方民眾，一定極力反對，但當時我們有時間壓力，可說是「前有狼，後有虎」的緊迫窘境，我們也曾試過向桃園、基隆等鄰近縣市尋求支援以解決燃眉之急，但都未果，只好回到自己蓋掩埋場的計畫。台北市行政區中只有三個地點適合，就是南港山豬窟、內湖內溝及木柵有一處地方，但木柵已有福德坑，不適合再蓋，最後在民意代表的角力之下，擇定南港山豬窟來建設衛生掩埋場。

第二關要面對議會的預算拉鋸戰。議會對這種會引起居民強烈反應的議案，最好的辦法就是反對、杯葛，這樣才能保住選票。山豬窟的垃圾掩埋場在規劃選址的前置作業預算，被議會刪成剩下象徵性的一元，最後只好向經建會所屬的中美基金預支，才解決經費問題。市政建設要向基金會借錢，山豬窟垃圾掩埋場創了紀錄。好在當時的環保局長吳義雄很努力地和議員溝通，預算審查時剛好過半數的二十六位議員出席，其中二十二位投了同意票，這每一票都代表吳局長的努力。我在很多場合都公開表示過，如果每一位公務員都像吳義雄局長這樣，把公事當私事辦，我們的行政效能會更好。

議會通過預算後，就要進行環境影響評估。要說服當地居民同意蓋垃圾掩埋場也非易事，山豬窟當地居民可以分為三種，地主、鄰近居民和中研院的學者。我告訴同仁要以同理心來面對居民的抗爭，亦即，假如這個垃圾掩埋場是蓋在你家門口，你會如何？什麼樣的條件你會接受？所以我們為地主爭取加四成的較優厚徵收價，用來貼補地主需繳的土地增值稅，並承諾回饋當地居民，在垃圾坑填滿後闢為社區公園綠地，以及支付回饋金等。

另外就是中研院學者的部分。山豬窟離中研院滿遠的，但因中研院地位特殊，所以我們也得和這些學者居民溝通。我記得當時中研院院長吳大猷先生寫信給李總統表達不滿。我請吳局長去拜訪吳院長，據說吳院長根本認為垃圾就該埋到海底，對我們處理污染的技術並不信任，這部分的阻力直到李遠哲接任院長後才化解。我也專程去拜訪李院長爭取諒解和支持，他聽了我們的環評說明後就不再表示反對，還建議我們將垃圾產生的沼氣抽出來，做為發電的能源，後來山豬窟垃圾掩埋場也成為台灣第一個沼氣發電的垃圾場。

接下來是都市計畫變更的部分，又碰到阻力。由於時間緊迫，我還特別指示這個案子跳過市府都發局，直接送到內政部。都市計畫變更會議召開的前一天內政部長吳伯雄跟我說這個案子阻力太大，可能無法通過。翌日營建署外，就有四百多民眾包圍抗爭，不讓會議進行。開會時再請同仁繼續努力和居民溝通，才於第二次會議通過變更都市計畫。

過五關後到最後一關，也是最困難的一關，就是土地徵收。無可避免的，會碰到不願被徵收的地主，永遠嫌徵收價太低，所以土地徵收這部分需要工務局、警察局及建設課一起動員。工務局主管地上物的丈量、確認，建設課負責果樹林木的清點，而警察局則要負責點收人員的安全。我記得當時每一組點收人員都有二位警察陪同，以確保點收工作可以順利進行，可見當時的氣氛多麼緊張。

我們對地主的回饋其實很優厚，除了徵收價款，還承諾在台北市的保護區蓋一處五十坪的農舍，使居民不致流離失所。即便如此，還是有很多人不肯搬遷。有一戶地主一直希望市府以租用而非徵收的方式，但我的同仁認為將來地面的綠化公園是整體規劃，為免未來發生產權問題，所以還是要全體徵收，但可把不領錢地主的徵收款提存法院。我曾指示，工程還沒進行到的部分，可讓地主繼續使用，這也是我處理土地徵收問題的一貫原則。後來這位地主是最後一位搬走的，那已是工程進行後三年的事了。

土地徵收問題解決之後，由於和居民溝通良好，開工時，里長把開工現場的抗議白布條換成紅布條，這也是一項紀錄，後來很多工程都模仿此一做法。動工時，看到抗議的白布條變成歡迎的紅布條，就知道同仁的努力和付出得到了回饋。

民國八十二年底第一次進垃圾時還有個特別經驗。山豬窟掩埋場在歷經各式抗爭後終於動工，由於時間緊迫，必須日夜趕工，加快進度。為了對福德坑居民有所交待，原本四年的工程期不但要縮短，還得在先完成部分工程後就開始進垃圾，以表示市府會遵守約定，按時終結福德坑的使用。為了避免山豬窟居民知道後，可能產生不必要的干擾，所以第一次進垃圾的象徵時刻就選在里長選舉完當天晚上進行。當時市府曾承諾山豬窟居民要做的運垃圾專用道尚未完工，只好先向北二高借道，為了這個垃圾專用道，編了一億元的預算，簡直是用黃金堆成的垃圾掩埋場。

但是，如果沒有這處「黃金掩埋場」，今天的台北市會是什麼景況？一旦引起垃圾大戰，對國家的經濟發展，對首善之都的居民生活品質、健康又會有多大的影響！當年負責這部分工作的同事告訴我，原本規劃要在山豬窟期滿後接手的內湖內溝垃圾掩埋場，在陳水扁選上市長後，決議暫緩，因為他估計在自己任期內不必處理這件事。

1.垃圾減量和資源回收

除了山豬窟垃圾掩埋場這件值得大書特書的事外，環保方面，我們其實也做了一些效果不明顯但卻很關鍵的大事，就是垃圾減量和資源回收。目前台北市採用的垃圾分類、資源回收等措施，我們那時就有類似的做法。譬如原本環保局有水肥大隊，是環保局裡擠破頭的「肥缺」，因為收回來的廚餘可以轉賣給農民，獲取額外收入。可是隨著社會生活型態的改變，便把水肥大隊改為資源回收大隊。

2.長頸鹿煙囪的故事

另外，焚化爐也不是單純地蓋好硬體即可，有些問題還是要經過詳細考量的，例如，一根煙囪聳立在大地上，不但很難看，也讓人直接聯想到焚化爐。為避免這種情形，我們考慮了煙囪的美化工作。例如，木柵焚化爐的煙囪便是考量了周邊地景後，再畫上長頸鹿。這些看似簡單的美化工作，卻可能會有百倍的效益。士林的焚化爐則在頂部設計了一個圓形旋轉餐廳，讓市民對於原本突兀的建築物有不同的印象，不致於直接聯想到焚化爐。我想，誰都不願意每天心情不好吧！

最後，為了回饋焚化爐所在地的社區，配合垃圾焚化廠的興建，我們也設置了溫水游泳池、圖書館、健身房等設施，希望能夠取得當地居民對台北市垃圾處理的支持。我的想法是以柔性方式化解民眾對垃圾場的排斥，到今天，也證明了這些方法是有效的。關於長頸鹿還有個有趣的故事，那兩隻長頸鹿是我和同事們在很多張完稿中精挑細選出來的，後來又有人說這正反二面的長頸鹿是一雌一雄，所以現在應該在煙囪下端畫幾隻小長頸鹿，表示這二隻長頸鹿經過一段時間後，已經兒女成群了。這像不像一個美麗的童話故事？

交通局：大眾交通運輸、快速道路系統

交通是都市的重要課題之一，與市民的日常生活息息相關。台北市的機動車輛總數在我就任台北市長初期約有一百二十萬輛，並以每年一萬輛的速度持續增加。若再加上從周邊其他縣市進來的車輛，每天就有四萬輛車子在市區有限的道路行駛，造成了交通堵塞、停車位嚴重不足的問題。即使政府努力徵收土地、拓寬道路，還是難以滿足車輛增加的速度。所以，要解決交通問題，短期內除了增闢停車位，系統化整頓交通路線以發揮最大運輸功能外，斧底抽薪的辦法還是在抑制私家車輛的成長，並發展大眾捷運交通運輸系統。

為了紓解市區交通擁擠的現象，並因應大台北都會區交通發展需要，市府規劃了「台北都

會區快速道路系統」。除了將李登輝市長任內動工的環河北路快速道路完工外，還陸續興建環河南路高架快速道路、水源快速道路向南延伸及基隆路高架工程。另外，台北市內已有多條南北向的高架快速道路，如建國南北高架、新生北路高架等道路，但較缺乏東西向的高架快速道路，於是利用鐵路市區地下化後的地面，建了東西向的高架快速道路（今之市民大道）。此外，中山二橋、陽金公路馬槽橋、辛亥路基隆路立體交叉工程、基隆路車行地下道工程、環東段、環西快速道路等，也都是在我任內陸續完工或動工進行，並完成二十六處停車場，可提供大型停車位二一二個、小型停車位一〇一八二個，機車停車位一九八六個。

除了想辦法抑制成長速度外，作為一個積極任事的政府，還要努力推動便利的公共交通工具。我想只要市區的公共交通運輸系統做的完整便利，市民自然會放棄成本較高、又找不到停車位的私用車。

在捷運系統完成之前，公車系統是台北市最重要的大眾運輸工具，所以要想辦法改善現有的公共交通運輸。為此，我們那時一方面致力於推動公車服務品質提升、更新車輛，另一方面也開闢快速公車、幹線公車和夜間公車，並著手推廣棋盤式公車概念。這概念起源於吳伯雄市長任內規劃的逆向公車專用道，當時在仁愛路以及信義路實際執行效果很不錯。後來我們也想在南京東路上規劃，但因議會反對而作罷，不過後來陳水扁市長也跟著做了。

在我任內，比較特殊的大眾交通運輸就是台北都會區大眾捷運系統。捷運系統並不是在我任內規劃推動的，當我就任市長的時候，所有的路線事實上早已經規劃好了，部分的工程並且已經發包動工。

衛生局：公共衛生 緊急救護 醫院院長輪調

現代化城市對公共衛生非常講究，但二十多年前這方面的觀念還很薄弱，就連我們市政府執行公共衛生檢查工作的設備都很落後。我們的檢查員是騎著機車，後座放一個小檢查箱，到飯店或電影院拿著手電筒檢查廚房、公共設施有沒有老鼠蟑螂，這樣的配備有時觀光飯店都不讓檢查員進入，更別說配合抽驗了。於是我向李登輝市長建議改善，執行工作時配備精良的專用車，工作人員穿制服，才能順利進行維護公共衛生的工作。

我做市府祕書長時，就很重視緊急救護系統，發生緊急情況時即可知其重要性。以前有重大災難發生時，事故現場一定亂糟糟，後來擔任市府衛生局長的李鍾祥先生說，以當年陽明山大車禍為例，在啟動訓練有素的緊急救護系統後，重傷病人先送到陽明醫院做簡單處理後，再轉送其他醫院進行急救，屍體也是全部先送到陽明醫院，讓家屬認屍完成後，再由殯儀館的人接手，就不會發生民間殯儀館搶生意的亂象。此外，還開闢家屬安置專區，充分供應飲食寢具，而且統一新聞發布窗口，每半小時更新最新傷亡情況，檢察官勘驗屍體的工作也在半天內解決。我們這套緊急救護系統的井然有序，還受到衛生署的褒揚、獎勵。

到我台北市長任內，還有一件重要的是建立醫院院長的輪調制度，這也是議會一直很關心的事。按照制度，公立醫院院長一任三年，可再連任一次，二任任滿最多可再延一年，在此制度下，對於一位業績不好或行政能力不好的院長要如何安排呢？像台大醫院等教學醫院，教授可兼院長，等到任滿又可以回到醫學院教書，但任期屆滿的院長因職等太高，下一個符合卸任院長職等的工作只有衛生局長了，所以很多院長因為沒有退路，都是院長當到不能再當才退休，這對於醫院的管理並不適當。有鑑於此，我們規劃設置了「顧問醫師制度」，為這些長期從事醫學行政的院長卸任後，可藉出國進修一年醫學專業再回來貢獻所學。最明顯的例子就是二〇〇三年陽明醫院因發生SARS院內感染而請辭的院長，經由這套顧問醫師制度，前院長可以轉任顧問醫師，並得留在陽明醫院內協助新院長處理後續問題。這個顧問醫師制度在台北市試行不久後，衛生署也跟進，在全國推行這個制度。

都市綠美化

我國為響應一九九二年的地球高峰會議，亦在行政院成立了「永續發展委會」，我則以政務委員身份，於一九九七年擔任行政院永續發展委員會召集人，特別留意台灣的生態環境議題。其實擔任市長期間，我已開始注意台北市的環境問題，如大樓冷氣的散熱，建築的輻射熱、汽機車排出的廢氣、建築群對空氣流通的影響，陽光的透光性、建築硬體的壓迫感，地面逕流水的增加，視覺的污染等現象，皆對台北市的環境和生活品質污染極大。核電、火力發電、太陽能發電等解決之道雖非市府權責範圍，但台北市政府仍可從都市平面和立面的綠化著手，包括都市公園、河濱公園的闢建，路樹的栽植，以及建築體本身的綠美化等方面做起。

綠美化從平面和立面做起

城市發展導致高樓大廈林立，這是城市開發不得已的必然結果，但卻是以砍除或佔據原有林木或綠地為代價。過去的、已開發的已不可免，但未來的能免則免，城市的土地不能只用來蓋房子。

都市綠美化的基本觀念，主要是讓市區因被建築物占去而「在平面失去的綠地（生產）空間，從垂直立面及屋頂平台彌補回來」，以改善都市化所造成的生態環境破壞。除了大量闢建公園、河灘地的綠化外，我當年的構想是先從市屬公家機構開始示範，包括學校、醫院、區公所、國宅、圖書館、社區活動中心的建築體等，然後擴及其他公家機關也進行建築物的綠美化。

除公園、基隆河、華中橋下河岸生態整治與綠美化外，我也要求推動大樓綠美化，但實際推動時還是碰到不少問題，如當時推動大樓綠化時，提出申請的都是大樓管理委員會，但住戶仍缺乏共識。

推動校園綠美化

我也很重視校園的綠化，認為這是人和自然對話的重要一環。有綠化的校園，才有美化的心靈。整建基隆河及大安森林公園時，有些非搬不可的樹就移出來，送給各個學校種植，而且因為私校資源較少，優先給私立學校。像中山女中進校門處右邊的一排榕樹，是從大安森林公園搬去的，如今有些學校綠化、美化有成效，都是那時紮下的基礎。

我要求積極推動做好台北市各級學校校園綠美化工作，市府教育局更是全力進行督導。台北市學校的綠美化工作，大都是由全校師生及家長一起努力，尤其不少學校是由家長出錢購買花種、樹苗，使學校在投入綠化的同時，能夠不用為經費太傷腦筋，並增加學校與家長的互動溝通。不過，並非每所學校在推廣校園美化時都能如此順利，免去經費籌措的困擾。為此，民國八十一年十二月，當時教育局才會接受台北市錫瑠環境綠化基金會的協助，選定興雅國中、力行國小兩校，由該基金會提供全額經費補助，並結合園藝專家、學校教職員工、學生及家長的力量，共同耕耘校園，讓學校綠意盎然，並使校園美化綠化的觀念深入人心。

當時，環境綠美化的觀念已普及，學校對推行綠美化工作均極盡心力，而藉由環境綠化基金會更能彌補學校維護能力的不足，教育局同時也舉辦校園綠化周、植物健康門診、繪畫比賽等活動相配合，目標則是發展系列校園綠化模式製成錄影帶、幻燈片等紀錄，作為推廣學校綠化的教材。

「景教」影響個人身心深遠

經過近兩年提倡後，台北市已有兩百六十三所學校相當富有成果。記得民國八十一年底在台北市延平國小一場針對台北市公、私立各級學校舉辦的校園綠美化觀摩會，會中邀請台灣大學、文化大學園藝系及造園學會的專家學者作專題演講，我當時就期許各校教師人人動手做綠化，帶動學生養成愛護環境的好習慣，並進一步使台北市的所有學校，變成兩百六十三座公園。

當時，我在觀摩會上提出「景教」的重要性，我認為一個充滿綠意盎然的環境，不僅可構成視覺的美感及環境生態的平衡，對個人身心影響其實是很深遠的，我舉了一個日本社區的實例說，因為該社區建築擴大而減少了綠地十分之一，該社區的青少年犯罪率，例如打架、偷竊等行為即升高許多。

從事教育人員不僅要重視校園綠美化的功能及重要性，更要發揮智慧、創意及想像力，設計具有特色美感的環境，不僅讓學生有良好的生活學習環境，也可嘉惠市民提供休憩的好去處。

很高興經過多年提倡後，校園綠化美化工作及觀念如今已經普及，但要能長期維持成績，並做得更好，必須人人樂於參與才行，光靠市府出錢出力，效果有限；我當時就提出希望各級學校老師們身體力行做綠化，從勞動過程中，體驗植物生長是如何體現了生命成長的過程與價植。後來柯文哲市長也很重視綠美化工作，並以「田園城市」作為政策推行。

推動建國假日花市

李登輝先生擔任台北市長時，有感於堂堂一個首都城市竟連個像樣的花市都沒有，更遑論和歐美大都市的市容媲美，於是責成當時任職研考會執行祕書的我成立一個專案小組，尋覓市區內適當地點作花市。最後考量位置、交通與停車問題，我決定在信義路和仁愛路段間的建國高架橋下作為花市地點，並定名為「建國假日花市」。因為假日不上班，附近停車壓力小，加上我決定大安公園闢建時地下停車場就設在信義路與建國南路口，以及信義路與和平東路間的高架橋下加建一層停車平台，解決了花市人潮的交通進出與停車問題，使建國假日花市一直欣欣向榮，每逢過年前更是人山人海，蔚為奇觀，也連帶成立了旁邊的假日玉市，以及「陽光愛心洗車」中心，協助解決了一些身體不方便的市民就業問題。後來我們發現建國假日花市無法滿足台北市民的需要，才又利用基隆河截彎取直產生的新生地興建了內湖花市，也在木柵興隆路籌建了苗木市場，以滿足台北市綠美化的需求。

當年覓地尋找適當的花市地點時，完全沒有想到台北市對綠美化的需求潛力竟然那麼大，這些都是我始料未及的。現在每次到建國花市看到熙熙攘攘的買花賞花市民，都讓我有一種特別的感受和成就感。

都市各種空間綠美化

仁愛路是台北市重要的林蔭大道之一，但曾雜草叢生，杜鵑花參差不齊，椰子樹底部因割草方式不良而傷痕累累，既影響美觀又損害椰子樹的發育生長。有鑑於此，特請專家東海大學景觀系曹正教授研究設計補救，並由埔里台一農場張國禎先生施工，在每一棵椰子樹幹周圍圈植以低矮灌木——仙丹花，保護椰子樹底部不再受割草機傷及，且花開紅色可增加美感，施工費用則由分段認養的民間企業支付，紅綠燈口也設有該企業具名的「小心駕駛，平安回家」的公益形象牌。駕駛人於路口紅燈停下時，看到道路兩側的美麗花木，與提醒安全的公益廣告，有助平穩心情。這是一種三贏的行政做法，一方面政府不必花錢就能美化市容，柔化安全駕駛的提醒方式，亦可讓贊助的企業得以少量的費用兼作宣傳，提升公司的企業形象與知名度，值得推廣。

任職奧會時，奧會大樓旁原有一塊國有財產局地，因長期閒置未開發，故該地塊蓋大樓之前，我也先由奧會認養作為「奧林匹克公園」，進行綠美化種植，後來還得到國際奧會來信肯定。

此外，當年我在圓山飯店任董事長時觀察到，除了飯店本身的宏偉建築外，從飯店內往外看時也應能有獨特的景觀體驗，作為飯店特色。因此除了入口大花園外，我認為圓山飯店的空間綠化還可從二樓的室內咖啡廳延伸到室外原本閒置的九十多坪大露台，視覺上擴展延續了基隆河畔的綠化景觀。當年也因為鄰近二〇一〇年的台北國際花卉博覽會展場，我請園藝專家配合花博打造整個露台的景觀與排水，並與企業朋友們出錢通力合作，完成圓山飯店以「彩花、流水、新視界」為題的空中花園設計。在不大興土木的原則下，使用兩千八百個通氣植栽箱，選定紅色、粉色、紫色等各種草本木本植物排出圖像，與不遠處的花博展場相互輝映。後來大陸海協會董事長陳雲林先生來訪時，還特別拍照回去作為空間利用的參考。民國一〇一年圓山飯店六十週年時，大露台還曾用花藝蛋糕祝賀圓山生日快樂，也都令人印象深刻。

退休後，為推廣屋頂農園，我亦曾協助萬芳醫院第八層的屋頂變成農園，打造園藝治療場域，讓病患目睹栽種、轉換心情，是身體與心靈的雙重照護。此外，也推動了包括大安區老人服務中心、陽明教養院以及萬華國中等屋頂農園。建置屋頂農園時搭建雨水回收系統和太陽能板，夏天能降低室內的溫度，節約冷氣用電，讓長者們悉心照料自己認養的盆栽箱植作物，成熟後帶回家或分送給獨居長者，既是可口的食農教育、園藝療癒，也是生活教育。

第六章

三大建設影響深遠

市政府工作千頭萬緒，尤其像台北一個大都會區，若沒有慎重深遠的市政規劃，沒有一個耐操耐勞的市府團隊，沒有passion（熱情）、vision（視野）及mission（使命感），很難想像偌大一個都會區的靈魂中樞如何能夠全方位的正常運作。在台北市長任內，我感到壓力最大、窮盡心力最多、也獲得市民最大肯定的，非「三大工程」莫屬：大安森林公園的闢建、中華商場的拆遷，以及基隆河的截彎取直。有些工程曾由中央及數任前市長規劃，但因諸多原因停擺，有些則是前任市長已開始做，但在我任內最終完成。對這三大工程的完工，有市府同仁的汗水及淚水，更有廣大市民對沙塵與噪音無盡的忍耐，都讓我很感動，在此一併致謝。

大安森林公園的闢建

回想起來，在這許許多多建設之中，考驗我最多，也讓我感慨最深的，還是大安森林公園的闢建，這也是第一次大規模的拆遷。推動闢建大安公園原本只是市政建設的延續，不過這項計畫由於拖延太久，變成一個糾纏著歷史情結與政治因素的複雜問題。很多人在事前一再提醒我這項計畫的複雜性，所以我很清楚它的困難度，以及可能對個人政治生涯造成的負面影響。可是在面對這些問題時，我所做的思考，從來不包含個人的得失。我只要求自己秉持一貫對真理的執著和對理想的追求，勇往直前。

大安森林公園的開發其實早在民國六十三年四月就有行政院函示執行。闢建大安森林公園兼具生態、空間、交通、以及社會再造的意義，是實現理想都市的必要建設。無論從人民的福利，都市的更新，國家發展的角度衡量，這項計畫都沒有再延遲的理由。這個計畫和其他許多建設一樣，都是今天不做，明天就會後悔的事。我認為一個有為有守、有擔當的從政者，豈能因為個人的顧慮，因為少數人一時的短視，而使逐年累積的社會成本日益沉重。

在今天如此進步繁榮的社會中，讓大安森林公園預定地內的居民，仍然以令人難以置信的窳陋環境為伍，實在不符人道要求，也絕對不是仁政所追求的，這乃是我對眷村改建的基本看法。我一直認為，一般人過那樣的生活都令人鼻酸，更何況是曾經有功於國家的榮民。

民國四十七年，我讀大三時，為減輕家裡的負擔，曾在這個社區內擔任家教。當時我住在新生南路邊上的台大第十一學生宿舍，距離這個地區只有咫尺之遙。我還記得那家人姓張。由於擔任家教的關係，我親身見證了這裡的居民低劣的生活品質。雖然那段時期物資普遍缺乏，台灣人民的生活也遠比現在簡樸得多，但是這裡極度因陋就簡的情形仍然深刻地烙印在我腦海裡。當時想，我無法改變過去的既成事實，但我願意盡自己最大的力量，改變未來，為這些人做一些事，即使他們未必了解我的用心良苦。

早在日據時代，日本政府對台灣的建設規劃，大抵以長期發展為考量，堪稱百年大計。撇開中日間敵友交纏的複雜關係不談，當時台灣總督府對台北州擬定的許多都市計畫，即使以二十世紀的今天看，也相當值得肯定，例如在市中心闢建大安公園，即頗具獨到眼光。

以台灣這樣一個山多平地少的海島而言，土地十分珍貴，尤其都市土地。當時日本政府能提出廣達二十六公頃的土地，作為公園預定地，可見確實有決心想讓台北能在都市中心享有大型森林公園，提供市民遊憩休閒，並達到淨化空氣，降低噪音，美化都市景觀等多重功能。

遺憾的是，當時的台灣對日本而言，畢竟是殖民地，因此台北的建設縱然有完善規劃，但始終與日本本土的都市如東京、京都、大阪等，有相當大的差距。戰事雖使都市計畫成為空中樓閣，但幸好並未使台北淪為貧窮落後的城市，這不能不感謝上天的眷顧。

我的堅持和我的堅定，是因為這是實現理想的重要機會。我為台北市民謀求長遠福利的理想，提昇台北市民生活品質的理想都繫乎於此。大安森林公園這項建設所包含的意義不只是一般人所看見的「都市綠化」而已，更重要的是協助眾多的民眾脫離惡劣的生活環境，這還是一次大規模的「社會再造工程」。所以當三十二年後的民國七十九年時，我擔任市長時舊地探望，發現老眷村竟還是一樣的落後，甚至更殘破不堪，於是我下定決心，無論如何一定要突破困境，幫助這個地區蛻變。

大安森林公園的闢建，可能是我在台北市長任內，第一項最具挑戰性的建設。它的困難不在於工程技術，反倒是在與當地居民的溝通協調上。當地居民多為民國三十八年國府撤遷時，陸續隨政府來台的軍隊、軍眷及一般百姓之後代，最後竟然形成了大雜院式的軍民混雜區。可能因為當時的政府，都認為據守海隅只是暫時性的，隨政府來台的眾多軍民，也深信他們隨時可能返回故鄉。即使一時不能回到家鄉，也可以很快隨著政府軍的反攻，再踏上大陸的土地，因此，誰也沒打算要在台灣長期停留。

暫居與將就的心理，使這些大量遷入台灣的新移民，紛紛蓋起他們的違章建築。當時對這些流離失所而又單純善良的人們而言，就算只是用幾塊木板釘成的，只要能夠遮風避雨，於願足矣。

他們當中有些很早前就謹慎決斷的先遷出了所謂的眷村，去尋求更寬廣的天空，卻仍有些執著於同鄉情結的居民們，設法在原地向外擴張空間。也許是失去鄉土的悲傷與恐懼產生了對土地的強烈需求，也許是流離失所的危機意識太過於深刻，所以必須極力爭取生存空間。

這裡改建前的巷道非常狹窄，迎面路人只能側身通過。由於毫無規劃的擴張，使原來方便的道路，被迫自動縮小及改道。整個社區內原本寬敞明亮的道路，漸成了狹小彎曲而複雜如迷宮的巷弄。就是在六〇年代以後，如果沒有當地居民的帶領，也很難順利進出這個社區。

這些現象，政府其實一直都很清楚。但誰忍心去責怪這一大群離鄉背井的人？他們都沒料到自己會回不了故鄉，大部分的人，都是不得已才在這裡住了下來。他們已滿懷委屈，還能要他們怎樣？也因此，直接面對民眾的溝通協調，因包含了許多複雜因素，而變得困難重重。這些挑戰在我準備闢建公園之初，即有心理準備，但是當計畫開始進行，正式拆遷房舍的時候，仍然無可避免的遭受了無法形容的阻礙和壓力。但是我始終堅持信念，堅定決心。

民國七十六年我卸下台大總務長職務，重回台北市政府擔任祕書長時，大安公園闢建仍然處於爭論階段。當時台北市政府為積極推動這項延宕已久的計畫，曾成立「籌建大安公園專案小組」，由吳伯雄前市長擔任召集人，我任副召集人，專案小組設置委員十八至二十人，由市議會遴派議員二人，其餘則由台北市政府的各局處及研考會等單位推派代表組成。

藉由加入籌建大安公園專案小組的機會，我更加仔細研究了大安公園闢建計畫的歷史，並深思這項計畫如何能往符合民眾最大利益的方向發展。

闢建前期

民國七十七年，大安森林公園的闢建終於出現令人歡欣的進展。這年三月二十一日，台北市政府終於在第五〇五次市政會議上，經過審慎研討，達成了以「森林公園」型態闢建大安公園的共識。

民國七十八年正月十一日，台北市政府工務局公園路燈管理處正式委請中華工程顧問公司進行大安公園的初步設計。七十八年六月十六日，吳前市長進一步核可於大安公園內規劃地下停車場，並於七月一日批示編列台北市大安公園工程預算。

這一連串的進展，看起來好像這座令人嚮往的森林公園已近在跟前，其實一切都還在紙上談兵階段，因為最困難的也是最重要的具體行動，仍然因太多的阻力而未能邁出步伐。民國七十九年，在我代理主持市政四個半月後，真正成為台北市長，從此步入從政生涯的另一階段，開始人生的另一項考驗；而大安公園的闢建計畫，也跟著我進入了另一個截然不同的新階段。

為了大多數人的利益，為了社會發展，為了國家前途，都市更新絕對是必要的，拆遷違章建築與闢建公園也勢在必行。但如何進行拆遷計畫，則是一個必須深思熟慮的問題。

「法」固然具有它的崇高性，在進步的民主國家與法治社會中，絕對是必須被遵從的；但是「法」的產生，乃是以「人情事理」為基礎，所以我們說「情理法」，將法置於情理之後，而不說「法理情」或「法情理」。俗話所謂的「法律不外人情」，也是同樣的含意。因此，我一開始就認為，無論是單純處理這個地區的違建問題，或是為闢建公園必須拆遷這裡的住戶，都不只是表面的工程問題而已，它同時也是一項龐大的社會工程，而且是一項償付歷史債務的社會再造工程。

基於這樣的信念，拆遷計畫進行前，有關當地居民的處理問題，市府一次又一次開會研商，請大家集思廣益，盡可能的將相關因素都列入討論的範圍，在「從優補償，妥善安置」的八字原則下，謹慎擬定拆遷戶的安置計畫。

議會從優補償妥善安置

從優補償原則，使得這次拆遷補償費用高達新台幣一百八十多億元。這種天文數字的違建拆遷補償費，在當時是史無前例的，也曾經引起非議。不過，事情再不解決，只會更加嚴重，造成更大的負擔。其實，若這項計畫早幾年推動，不但工程可早日完成，所需經費也可減省許多；然若再拖延下去，不但困難度增加，所需經費又何止當時的數字？再者，以長程眼光來看，多花一些錢可以為國家換取更高、更好的發展機會，為社會大眾爭取美好的生活空間，又何足惜哉？

按所編列的一八一億一三三六萬六千多元預算，依照住戶情況，分別發放補償金及救濟金。合法房屋最少可以領到一三六萬七一三六元，土地補償費則為每坪十五萬餘元。這是一筆相當可觀的金額。

違章建築方面，民國五十三年以前搭建的劃為舊違建，發給房屋處理費、人口搬遷費，加上拆遷獎勵金，每戶最少可以領到一一一萬七七〇〇多元。民國五十三年到七十七年七月底之間搭蓋的，歸為新違建。新違建的拆遷，以往不給予補償，這次特別修訂辦法，每平方公尺也有五九〇五元的補償費，另外加上人口搬遷費和拆遷獎勵金，每戶大約都可以領到十萬到二十萬之間的拆遷補償。民國七十七年七月以後才搭蓋的違建，則不具備領取房屋處理費的資格，但仍發給其他項目的補償費用。

軍眷戶部分，則因情況較特殊，處理的方式也與一般民眾不同。軍眷戶的土地雖非住戶所有，但因依照規定，軍方領回的土地價款，必須分七成給軍眷戶，而軍眷戶的房舍，認定為合法房屋，二者相加之後，每戶可以領取大約二七〇萬的補償費用。

議會通過這樣高額的優惠補償，不但是空前創舉，也是政府財政負擔能力的極限了。但是有些居民並不滿足，仍然不斷藉由抗爭提出更多的要求。他們的不滿足，未必是貪得無饜的緣故，他們的抗爭並不完全是有心人挑撥的結果，而是因為他們面臨了生命中又一次的重大變動，一時無法調適而產生的不安全感所致。

興建國宅安置

除了從優補償，在妥善安置原則下，市府也擬定了「南港一號公園專案國宅興建計畫」。這並不屬於市府原先擬定的眾多國宅計畫之中。

闢建大安森林公園前，為解決公園預定地內二六〇三戶拆遷戶的安置問題，市府即責成工務局與都市計畫處尋找適當的土地，安置拆遷戶。經多方考量與評估，最後選定將南港一號公園南側六一七公頃的土地，變更為住宅用地，興建專案國宅。同時，為補足南港一號公園用地的原有面積，在不影響當地生活環境品質的原則之下，變更公園西側保護區內八五五公頃的土地以納為公園用地。這就是「擬變更南港一號公園及其附近地區都市計畫案」產生的由來，一切都是依都市計畫法程序變更而來，於法有據。

南港一號公園專案國宅工程，規劃有三十四棟建築物，內含住宅一九六〇戶，店鋪三十七戶，以及郵局、銀行、社區中心、托兒所、超級市場、管理站各一處，合計二百戶。鄰近有福德國小、成德國中、市立忠孝醫院及公車總站，是一個各項生活機能便利的新社區。

不過好事多磨，專案國宅的興建一波三折，自民國八十年十月十一日申請預審開始，歷經無數次各階段的審查。由於審議意見繁多，內容涉及商業設施面積、交通影響評估、植栽樹種的選擇、開放空間、道路護坡、排水防洪等等，都不斷的做補充修正。許多修正補充資料，甚至必須事先完成細部設計，才能正確分析評估。過程中，各有關單位不斷為這項計畫案召開會議、協調、調查、會勘，因此費時頗長。一直到民國八十一年五月十五日，才獲准向建管處辦理建照申請事宜，這前後則已經過了七個月；而正式建照的申請，因為法定程序的繁複，以及土地取得的過程複雜，又耗費了一年多的時間。

不但法定程序的完成繁瑣費時，工程發包與施工過程，也是一波三折。國宅處為了配合「大安公園拆遷戶安置於南港一號公園專案國宅」的政策性宣示，貫徹提前發包的指示，專案簽准於建照未核准前，先行發包以爭取時效。

第一次公告招標是在民國八十一年六月三日，並於八十一年六月十九日順利決標。然早日動工的希望還是沒順利達成，因為當時都市計畫變更的法定程序遲遲未能完成，土地無法分割，基地範圍內五筆國有土地使用權同意書也一直無法取得；再加上原徵收土地地主，抗議徵收補償費過低而不斷進行抗爭，工程遂無法進行。

第二次重新招標前，市府採取了一項開明而符合時代的作法，指示由國宅處處長李德進負責大力宣導，積極邀請大營造廠商參與，因此投標情況十分熱烈，最後由太平洋建設公司得標。為了讓工程順利展開，避免原地主再度抗爭阻撓，工務局公園處除加快補償費的發放作業，以及努力進行協調疏導工作外，並請警方支援。最後，南港一號公園專案國宅工程開工動土典禮，終於順利在民國八十二年十一月十五日舉行。

典禮由我親自主持，並邀請曹友萍祕書長，陳世昌議員，市政府相關單位主管，國宅處李德進處長，及太平洋建設公司董事長章民強先生等，與我一起舉鏟動土。當日風和日麗，這項具有多重意義的隆重典禮，就在陽光普照之下完成。一個理想的居住環境，一個嶄新的生命階段，都將在這裡開始。

大安公園正式動工半個月後，民國八十一年七月十五日，李登輝總統親自巡視台北市的各項重要建設並聽取簡報。這位後來當選中華民國第一任的民選總統，對台北市政府先後推動的各項建設極為稱許，尤其對大安公園的闢建與基隆河截彎取直工程，特別予以高度的讚譽。

他說，這兩項公共建設都是他在擔任台北市市長時代，「不敢做」或「做不了」的事情。李總統還特別說明，台北市政府先後推展的這幾項建設，不僅展現了市長的大魄力，對於台北市發展的遠景，更有極大的幫助，值得市民引以為傲。這件事立刻成為第二天台灣各重要媒體，爭相報導的重要新聞。李總統的「不敢做」與「做不了」之說，不無撫今追昔的感慨。

大安公園拆遷的難處

政府遷台後，對於台北市的發展與建設，不可謂不用心。尤其無論國庫盈虛情況如何，政府總是竭盡所能的進行建設。當時，台北市政府和市議會都曾注意到大安公園的重要性，一再表示要闢建大安森林公園，其中多位市長曾經還親自前往大安公園預定地，實地進行觀察與瞭解，事後也都提出建設計畫。

然這項工程付諸實行的前提是，必須遷移預定用地內的所有居民，而這兩千六百多戶、一萬三千多人的集體遷村，非但在台灣史上從未發生過，在當時世界其他國家中恐怕也極為罕見。無例可循對當時的市府而言，是一種極為沈重的負擔，要找到可以安頓這群居民的土地，談何容易？因此，雖然每位市長都曾提出闢建計畫，但當時的政治環境與難解的歷史情結，都是嚴重的阻力。

處於戒嚴狀態，軍隊的重要性與優越性，恐怕是今天的民眾所無法想像的。除了擔負所有攘外責任，軍隊實際上還兼負安內工作。政府對他們的倚重，儼然已超越當時的國家興亡之責。在這樣時代背景下，處理任何與國防軍事有關的事務，總是有諸多顧忌。而大安公園預定地，因為與軍方的關係太深，屬於敏感地區，更增加了問題處理的複雜度和困難。

另方面，住在大安公園預定用地上的居民，絕大多數都是當年歷經千辛萬苦追隨政府來台熱血忠貞的愛國之士。和其他眷村的居民一樣，他們付出了一切與政府共患難。然而，大部分的人在功成身退後，只能在簡陋的配給宿舍，或違章建築中棲身。因此，做好拆遷戶、特別是軍眷戶的安置，乃成為闢建大安公園歷程中最需要費盡心思的地方。

軍眷戶的安置

軍眷戶的安置因牽涉軍方，比一般戶安置要複雜許多。責任歸屬區分上，軍眷戶的安置，應該由軍方，亦即國防部負責。但是，市府與國防部及居民之間的三邊協調，卻遲遲無法達成協議，使得大安公園的闢建工程受到極大的影響。

大安森林公園預定地的拆遷戶中，軍眷戶大都集中在空軍建華新村與陸軍岳廬新村，總計有五百二十九戶。這些軍眷戶在拆遷補償及相關事項協調之初，即表示希望能全體安置於國防部所屬的婦聯四、五、六村的新建國宅中。但是市府與軍方代表數度接觸，始終無法達成共識。

在國防部與市政府初步協議中，國防部只答應在位於三民路的新建婦聯四、五、六村國宅中，從軍方分配到的一千兩百六十五戶中騰出兩百四十六戶，作為大安公園拆遷戶安置之用。除此之外，國防部要求市府相對從延壽國宅中撥出兩百八十三戶，以補足不夠的戶數。然國宅等候名冊早已建立，且歸屬軍方負責的軍眷戶臨時申請國宅，也不符合法令規定，更不符合公平原則，所以市府無法配合。

雖然當時的行政院長郝柏村，也曾指示國防部妥善處理軍眷戶的安置，但由於國防部遲遲無法提出妥善的計畫，遂引起軍眷戶的不滿。建華新村自治會會長曹正、副會長顧國生等人都認為，國防部應可設法再騰出更多的國宅安置他們，但是國防部卻沒這樣做。

軍眷戶的拆遷安置問題，在民國八十一年三月間成為大安公園闢建計畫中，最令人頭痛的問題。市府不斷的與軍方代表洽談，但都因雙方意見不同而無法建功。到了五月下旬，軍眷戶不知何去何從的不滿情緒，衍生了所謂的遷村事件。

以建華新村村民為主的這一批軍眷，在民國八十一年五月二十四日下午召開自治會，會中決議將集體遷村，遷回大陸廈門海滄定居。當時這件事在媒體上也沸沸揚揚了一段時間，正反兩面意見都有，甚至也有不少人認為這是居民的另一種抗爭手段而已。其實他們的不滿與憤怒，並不是明確的針對某一個人，或是針對某一個團體，或是某一個政府。他們怒吼的對象，恐怕是任何人都無可奈何的時代變遷，是沒人可以預測與掌握的命運之神吧！

市府從各方面協助照顧

在「從優補償，妥善安置」大原則下，市府從就醫、就業、就學、安養等方面，協助居民調適環境改變的衝擊，幫助他們面對遷離的事實，也盡量兼顧維繫其原有「社會網路」而就近安排在一起，並輔導他們邁出新生活的步伐。拆遷之前就已投入大量人力物及時間全面照顧，在整個拆遷過程中，這些工作也一直沒有停止。

例如在第一波拆遷工作展開後，發現有一位簡姓老翁因無處可去，被遺留在拆除工作範圍內。這位簡姓老翁年事已高，又行動不便，一個人住在兩坪不到的簡陋違建屋舍中。他的親人領走了他的拆遷補償費卻棄他於不顧。他在無處可住的情況下，只好傷心無助的留在原來的地方。公園處員工發現老翁的可憐遭遇後，立即聯絡社會局，將他送往廣慈博愛院安養，解除了這位無依老人的困境。

另有一位賴姓老榮民，長久以來都居住在大安公園預定地內的違章建築中，可是因為戶籍不在台北市，無法獲得拆遷補償。拆遷工作展開後，他的違建屋也不例外的被拆除了。於是，他帶著僅有的家當，開始露宿街頭的生活。八十二歲的賴老先生，外表看起來十分清朗，帶有一點老人的固執。失去居處後將近兩周，他選擇了信義路三段的人行紅磚道做為臨時的家。他在路旁堆放自己家當雜物，再用塑膠布遮蓋起來，晚上就睡在這個臨時住所。市府員工得知消息後，立即聯絡相關單位，迅速將老人送往板橋的榮家安置。

這位老人在他臨時的家，插上一面尺寸不小的國旗。那面突兀的國旗，不知道為什麼總是無法從我的記憶中抹去。這位老先生同時也給了我頗深的啟示。在物質方面，這位老人家擁有的並不多，甚至幾乎一無所有，但在精神上他應該是俯仰無愧，至少是對得起國家的。在我心中，其實一直都豎立著同樣的一面國旗，我無愧無悔，因為這樣坦蕩的心，讓我可以再接再厲，勇往直前。

同仁無怨無悔付出

工作時，我總是盡量讓市府員工感受到我的信心、決心和秉持的原則。開始推動大安公園闢建時，許多員工都心存猶豫。但由於我的堅持，慢慢的，市府上上下下，都呈現出一種令人感動的對工作的熱忱和信心。這種熱忱和堅持，使市府工作人員主動願意在職務之外，做更多的付出。

事實上，在整個拆遷過程中，市府工作人員所做的，早已超出「辦公事」的範疇。他們以愛心、耐心、細心和無比的毅力，毫無怨言的達成任務，並主動發掘民眾的問題，主動為民眾解決問題，表現出難得的崇高敬業精神。

市府動員的單位，並不僅是主其事的工務局而已，其他如警察局、社會局、教育局、衛生局、環保局……等單位，也都分擔了許多責任。可以說，這是一項全面動員的任務，更是台北市政府史無前例的一項重要社會工作。

至於市府相關單位的工作人員，他們承受的辛勞、壓力、危險、甚至屈辱，不但在推動計畫的初期，沒有得到民眾相對的諒解或感激，甚至在一切塵埃落定後，也未必能獲得有形無形的相對回報。但不管在公開場合或私下，我一直沒有聽過參與工作的任何一位人員，表示任何悔恨與怨尤。

這其中固然是因為時間發揮了很大的淡化作用，使人們在回憶中減少許多往事的傷痛，但是最主要因素，還是因為當初所有工作人員，都是誠心誠意的在幫助當地居民，脫離那個灰暗的生活，重新開創亮麗的人生。也正是基於這樣的信念，才能在我任內順利完成這項歷史性的重要建設。

挺直的腰桿

大安森林公園能夠順利完成，有一批出身軍旅的幕後功臣。這些有軍人背景的公務員，在執行任務時有一股打死不退的精神。他們那種貫徹命令、堅持立場、掌握原則、進退得宜，以及承受困難的韌度，正是工作能夠圓滿達成的關鍵。只要交付任務，不管困難如何，他們總是挺直了腰桿去完成。

政府機構的工務單位，能有部分軍中背景的同仁，應該是一件好事。例如台北市政府前、後兩任工務局局長潘禮門和曹友萍、公園處副處長楊綱、配合科科長王湘漢等，都是相當優秀的人才。

曹局長是以陸軍工兵署少將副署長轉任公職。他在民國八十年底到任後，立刻展開密集式的溝通協調。他訂下每周至少一次的協調時間表，利用下班後，或是晚上時間與居民溝通協調。他這樣做，至少有四個好處：

一是時間比較從容。雙方面都不會因為工作關係，而安排不出時間，也不會有時間的壓迫感，可以真正的坐下來談。

其次是氣氛上比較和緩。白天或辦公時間內的談話，總是給人比較嚴肅的感覺，特別是如果地點又選在政府機關建築內，容易給人一種森然感。在這樣的氣氛下，要暢所欲言可能有些困難。有些容易衝動的人，也比較容易被激怒，不如利用大家都沒有拘束的下班時間，在非正式的氣氛中，以聊天方式進行溝通協調，有時候再加上夜色的柔和，效果常常意想不到。

第三是可以爭取時效。利用下班後時間進行溝通協調，協調後的結果，或是溝通後得到的意見，可以立即在第二天上班時間向上級單位報告，或交付相關單位處理，不但節省很多時間，提高效率，更可因為效率的呈現，讓拆遷戶明白市府的誠意。

最後一個好處則是不會延誤公務。溝通協調所需時間長短無法預期，但市政府中有許多天天必須進行的例行性事務，不能因為與拆遷戶溝通協調而耽誤其他作業的正常運行。利用下班時間進行溝通協調，可以讓其他眾多的台北市民利益不受影響。

可是，這些好處完全是建立在曹局長的犧牲上。除了必須回家睡覺外，他等於是沒有下班時間。事實上，當時市府相關單位的許多工作人員，幾乎是天天加班，一邊吃便當一邊開會。燈火通明的挑燈夜戰，更早已習以為常。

更難忘的是曹局長的笑容。曹局長幾乎每次開協調會都會受到一些委屈，但他總是保持著笑容。曹局長常說，有恆心，有耐心，有愛心，有決心，再加上有信心，才能解決問題。誰說不是呢？

這些往事，以及當時這些同仁的付出，我永遠不會忘記。好在有這麼多任勞任怨的同仁，否則真不知道這項計畫能否完成。

王湘漢科長也是拆遷工作的大功臣。由於公園用地違建戶，許多是孤苦無依的老人，因此他是以解決社會問題的心態來處理拆遷，用耐心、愛心來化解阻力，要打不還手罵不還口，耐心溝通來達成任務。王科長在軍中時曾擔任蔣故總統經國先生的侍衛，多次獲頒雲麾勳章。在他擔任配合科科長後，對上級交付的任務，他始終全力以赴，甚至用六親不認的態度去執行。但在面對這些違章戶，他又常要求自己的科員們，不能一切都採取公事公辦方式，否則會遇上更大的阻力。

軍旅出身的工作人員，在這次公共建設中，還發揮了一項特殊效能。在與軍眷戶進行溝通協調時，他們的軍中關係成為極大的助力。

在市政府各單位中，最需要直接與軍眷戶接觸的單位是公園處配合科。當時配合科的科長王湘漢，是政戰上校轉任公務員。當他為了拆遷眷舍而必須與國防部、陸軍、空軍及聯勤總部召開拆遷補償協調會時，大家都戲稱他們是在開同學會。因為國防部及三軍總部眷管處的處長或副處長，大約有將近八成，都是王科長的同期同學。王科長一直認為，幸好談判雙方都是同學，才能順利的溝通協調。因為彼此看在同學的情誼上，都能相忍為國，逐一解決各項問題。

溝通協調工作的困難與辛苦，也充分顯現在一些激烈的抗爭事件中。比如有一次，屬於大安公園拆遷戶的新龍里民，在當地活動中心召開臨時里民大會，約有二、三千人到場，與會住戶們發言時慷慨激烈，發言內容不斷表示要與家園共存亡的決心。當時市府由黃南淵副祕書長代表出席，公園處楊副處長、配合科王科長及相關單位列席。會議由大安區馬區長主持，當會議進行一半時，馬區長正在發言，突然有一、二十人衝上台，混亂中馬區長挨了一耳光，旁邊的旗杆也被拆遷戶搶來當作武器，互相叫陣鬧場，現場一片混亂，會議因此而草草收場。

回單位的路上，大家心情都很沈重。不過，第二天大家很快的恢復高昂情緒。因為在協調過程中，我隨時掌握每日進度，並從旁為工作人員打氣，並且表現出充足的信心和決心，讓工作人員縱然遭遇挫折，也能在短暫的失望、灰心後，很快的又恢復士氣。

一位市府員工曾說：「黃市長比誰都有信心。他那種充足的、始終如一的決心與信心，有時候會讓我們懷疑：那個在市議會挨議員罵，又被民眾罵的黃大洲是不是同一個人？」我不斷鼓勵工作人員往前看，向前走。我一再告訴他們，為了國家發展，為了政府的既定政策，為了台北市的發展，更為了台北市民未來有更好的生活品質，一切的付出，一切的犧牲都是值得的。

化解自焚危機

在拆除地上物時，所遭遇的許多阻力與危機當中，引火自焚事件最讓人心驚，印象深刻，卻可以看出當時的市政府工作人員充分顯現了勇氣、智慧，以及對市民的愛心。

民國八十一年五月十日上午，拆除工作繼續進行。地點在信義路三段附近，主要對象是已領取拆遷補償費的住戶。工作進行到信義路三段七十號之一時，遭遇了嚴重的阻礙。住在這裡的一位中年男子，因為家人都各有房子在拆遷範圍內而領取了一筆為數可觀的補償費，他自己卻因未在居住地設籍而領不到分文，心中忿恨難平。

這天早上，當拆除工作進行到這名男子所住的木造屋時，原先也在屋外觀看拆除工作進行的人群中，突然衝進屋內，以鐵鍊盤繞鎖住大門，在屋內將汽油遍灑地板上並向窗外大喊揚言要用汽油自焚，與房屋同歸於盡。屋外的拆除人員、維持秩序的員警、相關的市府工作人員，以及旁觀的民眾，很快的就聞到了從屋內溢出來的濃重汽油味，大家都非常緊張。

王湘漢科長，和大安分局局長廖中堂，不斷用手提擴音器勸導屋內這名男子不要做傻事，一邊說些家常話緩和他情緒，一邊商量對策，並緊急調來消防車和救護車各一輛，防止意外發生。在這段緊張的對峙中，這名男子不但不接受勸說，並要脅屋外工作人員不要靠近屋子，不然就要點火燒屋。王科長和廖局長等人，擔心由警方採取任何行動，都可能刺激這名男子點燃汽油燒屋，因此不敢輕舉妄動，屋內屋外陷入僵局。

考慮到員警或男性工作人員，可能會加重這名男子的心理壓力，王科長最後請求公園處的女性職員鄭芳新和吳玲，進入屋內進行柔性遊說。這是很大的冒險，沒想到她們兩位竟然答應了。經過大約半個小時的苦苦相勸，這名男子終於被勸服。他自行步出屋外與公園處人員說話。一場可能發生的災害，因為公園處人員的機智和勇敢，和平的化解了。

事後這兩位勇敢的女職員說，當時也免不了緊張害怕，但現場實在是找不出其他適合的人了，而且勸導、疏通，也一向是她們的職責所在。「職責所在」四個字是多麼容易的說出口，但能像她們這樣確實做到的人有多少？我想我是一個很幸運的人，因為我曾經與那麼多勤奮努力、真誠付出的夥伴一起工作。

根據警方事後追查，這名男子在前一天買了三公升多的汽油，屋內也發現一只汽油桶，顯示他當時的確有自焚毀屋的意圖。幸好公園處的人員處理得宜，才沒有造成憾事。這名男子當天經警方帶回偵訊，被以公共危險及妨害公務罪嫌移送台北地檢署，地檢署檢查官諭令三萬元交保候傳。鄭芳新和吳玲兩位勇敢的女職員，則由工務局發給獎金，以資鼓勵。

自焚事件發生的四個月後，台北縣永和警方在永和市又逮捕了因吸食安非他命鬧事的這名男子，並在他租住處找出違法槍械。根據警方記錄，自焚事件前，這名男子早已染上吸食安非他命的惡習，並有竊盜、逃亡、妨害公務、違反槍砲彈藥刀械管制條例等前科。但拆遷當時市府的相關人員並不知道這些狀況，以為他是一個身心健全的人，只是一時情緒激動，才會有如此反常的行為。

我非常欣慰在闢建大安公園的過程中，沒有造成任何關係人命的憾事，否則對民眾關心再深，都將使我一輩子良心不安。

沒有圍牆的公園

大安森林公園是一座沒有圍牆的公園。公園的外圍只以綠籬圈隔，不但減少了人工結構物，也實質增加了植物栽種的面積。以綠籬代替水泥磚石的圍牆，更免除了隔絕的符號，使公園更能與民眾融為一體。

有很多人說，大安公園的綠籬，為繁榮的台北市增添了許多野趣，也增加了許多溫馨的感覺。走在大安公園的綠籬旁，會覺得都市的冷漠與疏離減輕了許多。因為過去在鄉間，最常見的就是這種純樸天然的圍籬。淳厚的農民以綠籬來區隔不同用途、不同所屬的土地，更常見許多人家以綠籬圈圍家園。傳統台灣農民簡樸篤實的性格，即使溫飽不虞，也不太會浪費不必要的人力、物力和時間，去砌築與一般社會隔絕的圍牆。晚近台灣農村逐漸增多的高牆，固然反映了農村的富裕，卻也宣告純真年代的消逝。這種人際關係的疏離，在繁忙的都市人之間更為嚴重。都市居民囿於土地的取得困難，雖不能砌築高牆以保護自我，但多數的都市民眾在心裡築起的高牆，卻是強固的令人覺得難過。

如今大安森林公園的綠籬，既具有區隔範圍的實際功效，又摒除水泥磚牆的森冷與斷阻，使習於冷漠、疏離的民眾重新感受到溝通的可能，互相鑑照的可貴，讓大家了解安全與防衛、阻隔不是絕對的相等。綠籬是大安森林公園的一大特色，它所涵括的意義，遠遠超過有形功能之上。

在大安森林公園規劃中，以精打細算方式強調物盡其用的實例隨處可見，例如：水生植物區的人工湖和地下停車場。公園處在挖築人工湖和地下停車場時，無可避免會產生一些工程廢土，一般慣例是由相關部門託請政府單位或民間事業，載運到適當地點傾倒或做其他用途。不過隨著環保意識的日漸高漲，以及台灣土地越來越高的使用率，可供合法傾倒廢土的場所越來越少，相對處理廢土的費用支出也因而不斷增加。事實上，所有公共工程或多或少都會遭遇到這項難題。

大安森林公園在工程進行時，也無法避開這個問題，不過我有一個比較不同的做法。我把這些必須花錢、花人力才能處理掉的工程廢土，一部分運往基隆河畔，轉成有用的工程資材。基隆河截彎取直工程正在進行中，回填河床必須用到大量的土壤砂石，而大安森林公園闢建工程所產生的廢土，正可移做填河之用。

另方面，在公園的音樂台前，設計一處坡度和緩的小山丘，正對著音樂台。這個山坡多少可以阻擋新生南路的車行聲音，也可充作聽眾席，民眾隨意席地而坐，自在的欣賞台上表演。因為有坡度，所以不必擔心視線被遮擋。堆築這個小山丘的土，大部分也是來自人工湖與地下停車場的工程廢土。新生南路上有好多間教會，當初之所以設有音樂台的目的之一，就是希望附近教會可以在此舉辦以宗教音樂為主的活動。後來我當奧會主席時，曾和公園對面的天主教會成功舉辦了宗教音樂禱告、慢跑以及運動，來了很多菲律賓外勞信徒以及相關的外交人員。

工程廢土的再利用，不但可以直接節省經費，又可間接減輕環境污染問題，一舉兩得，何樂而不為？很多人對我這樣的作法都很稱許。其實這件事也稱不上什麼創舉，更不需要什麼高深的學問或複雜的手續才能做成，這只是一個簡單的物盡其用的觀念，與即知即行的習慣而已。

這件事情之所以被肯定，主要是因為以前幾乎沒人這樣做過。以前沒人這樣做，可能是因為沒有想到，也可能是想到了卻沒去做。因為對很多人來說，這可能只是微不足道的小事。但縱然是一些別人認為無足輕重的小事，對我而言，只要是對人民有利、對國家有福，又有什麼大小之分呢？

無竹令人俗

大安森林公園各個區域的規劃，都經過繁複的討論過程。每個區域期待呈現的特色各異，考慮的因素也各有不同，做成決定的時間自然有先有後。其中榕樹區的規劃，是最先達成共識的決定。

榕樹是台北市的市樹，為台灣原生樹種，生長快速，存活率高，長成之後樹型碩大，枝葉繁茂，十分符合森林公園對林相與森林功能的要求。性喜濕熱的榕樹，絕大部分生長在熱帶與亞熱帶地區，台灣及東南亞地帶尤其種類繁多，幾乎涵括全世界的榕樹種類。大安公園榕樹區收集的榕樹種類，為台灣與東南亞地區的總和，也幾乎包括了全世界的榕樹種類。只要善加照顧，榕樹區一定可成為很好的教學園地。

這裡的喬木與榕樹種類包括：菸樹五九八株、白榕三五九六株、雀榕六十三株、琴葉榕十株、象耳榕二十四株、黃葉榕十九株、稜果榕二十七株、菩提樹三株、橡皮樹三十七株、以及乳斑榕二十八株。原先榕樹區規劃在公園東南區，但在該地區完成拆遷後，發現公園用地的西北角，有幾棵樹齡頗高且生長狀況良好的老榕樹，為了保存這些難得的大樹，決定將榕樹區改移到西北角。

竹林區和榕樹區的規劃過程，頗有相似之處。當初在選擇具有傳統特色植物時，竹子也是最先被列為考慮的植物之一。討論過程中，很快就因為它在中國人心中的傳統地位，適合在亞熱帶地區生長的特性，以及原有存留竹叢等因素，脫穎而出。

竹子的優美線條，一向被中國人比喻為君子，與松樹、梅花相提並論，稱為「歲寒三友」，因為縱然在冰天雪地，仍然保持旺盛的生命型態。竹子的主幹修長挺直，與竹幹上一層層的竹節，常被喻為君子謙虛堅忍的品德，有為有守的節操。因此，竹子在知識分子心中，常由喜愛而提昇為崇敬，所以蘇東坡會有「無竹令人俗」的說法。這種純潔而崇高的形象，更常與宗教結合。佛教中觀音菩薩的形象經常與竹子結合，就是典型的例子。

公園預定地內原有一尊觀音像，經過一番與不同宗教團體的周折後，以處理藝術品方式加以保留。連帶被保留下來的，是觀音像後方的一些美麗的金絲竹，和鄰近地區的幾叢綠竹和麻竹。因此決定以原有已存留的這些竹子為中心，將竹林區規劃在這個區域。

楊柳青青惜維護不良

大安森林公園中的柳樹，也是值得一提的美麗植物。原本在公園用地中，就有幾棵頗有年歲的老柳樹，我小心的將它們保留下來。另外在水生植物區、公園外圍的綠色隧道區等地方，又多種了一些柳樹。柳樹的柔美線條，常讓人聯想起許多美好的事物，因此在古人詩詞中多有歌詠柳樹的篇章。

記憶中的柳樹，多是年少時的和風明月，尤其是台大醉月湖邊的垂柳，至今難忘，那些隨風搖曳溫柔的柳條，不知道曾經慰藉了多少孜孜不倦學子的心。

美國康乃爾大學裡那些頗具樹齡的柳樹，將茂密而柔軟的枝葉，垂掛成一個個巨大的綠色圓球，常見到年輕的情侶，藉由柳樹的遮蔽，在童話般的綠色小屋中相依相偎，更為人間添加了無限溫馨和浪漫。

印象中的另一美景，是在有名的英國劍橋。康河清澈的流水及美麗的柳樹身影，因詩人徐志摩而有了《再別康橋》：「那河畔的金柳，是夕陽中的新娘，波光裡的艷影，在我心頭蕩漾」的膾炙人口詩句。康河兩岸如煙的柳綠，小舟徐徐的穿過彎垂柔軟的柳條，心情彷彿也被梳理得輕快平和了。

樹木的功能，有時候真是你所意想不到的，繁忙的台北市民，也應有這樣的柳樹以緩和緊張的情緒，讓僵硬的心恢復柔軟和敏銳。我當初力主在基隆河兩岸種植柳樹的理由也在此。本來公園四周以及池塘邊的水柳都長得很好，後因介殼蟲為害，疏於防治，幾乎全部枯萎，現在只有池塘邊殘存幾棵，樹勢不美樹型也不雅，實在可惜。

檢討起來，公園裡施工時部分地點夯實過度使樹木根部生長不佳，應以機械在長不好的樹木周圍鬆土，並施灌有機肥。若能補植原來在公園四周種植的青皮柳，並注意介殼蟲的為害與防治，創造出四周垂楊搖曳柔和的美景，則大安森林公園的品味將能更加昇華。希望公園的每一棵喬木樹種，都能樹根伸延，樹幹粗壯，樹枝挺拔，樹葉茂盛，樹形優美，使台北市的市容經由樹容的美化而更進一步提升。這是我多年來想把樹容和市容聯合思考的理想願景。

感恩和希望

每次信步大安森林公園的美麗環境中，總會使我回想起闢建大安森林公園的往事。當初的艱難辛苦，如今都成了「別有一番滋味在心頭」。時間真是奇妙，它具有一種無形的特殊力量，常常可以將過程的辛酸苦楚化成記憶中的甘醇。

有時我不免也會詫異自己何來那麼強韌的毅力和堅定的決心？這股使我始終堅持的力量，除了天生個性使然之外，我所受的家庭教育，師長的教導，知識的累積、工作的經驗、以及人生體驗等，應該都是它的來源。

另外，家人的支持也給予我很大的鼓勵。當初推動工程時，少數民眾激烈的抗爭，甚至已經威脅到家人的安全。有人恐嚇要燒我的住家，有人揚言要對我的家人不利，然而因為公務在身，只能囑附家人們凡事多加小心。有一次我接到消息說，有抗議的民眾要包圍我的住處，我只能以電話通知家人，讓他們小心保護自己，內人甚至還要得到她姊姊家去「避難」。

有一段期間，家母一看報紙就緊張，因為報上登的常常是大篇有關市政和我的報導，而且很多都是報導民眾抗爭的新聞。大安森林公園拆遷戶抗爭最激烈的那段期間，我和家人都不敢讓老人家經過公園附近，怕她看了那些白布條上激烈的言詞，要難過傷心，有時甚至要先抽走報紙的台北市政版以免她看到。

儘管生活受到嚴重的影響，家人卻始終給我最大的支持，使我減少許多後顧之憂，能夠更加堅定的向前走。

所謂眾志成城，大安森林公園的成功是最典型的範例。當時的工作同仁，尤其是第一線工作人員，他們的任勞任怨，對我的信任合作，也是支撐我的力量之一。我永遠不會忘記這群可愛可敬的工作夥伴。最重要的，當然還是當地居民的忍耐與包容，以及拆遷戶的配合與犧牲，才有美好的結局。

走在大安森林公園，回首來時路，心中除了感謝，更有感恩。撫今憶昔，希望這兒的一草一木都能在我們的愛護中成長、茁壯，讓我們子子孫孫都能悠遊在這座綠意盎然的大安森林公園之中。

中華商場的拆遷

印象中第一次去中華商場，是念台大的時候。那時的中華路、衡陽路、萬華和西門町一帶，可說是台北市最繁華的地區，販賣物品的種類多，價格又便宜，對我這個沒有什麼錢的大學生來說，真是最方便的逛街地點了。還記得那裡賣的牛肉麵既便宜又好吃，也記得第一次在中華商場買東西，是同學帶我去的，我買了一個淺藍色留聲機和一些唱片。最常去買的，是為了舉辦系際活動，購買郊遊用具，或是買送人的小禮物。

然而，在那年少無憂的歲月，悠閒逛街的時光裡，從未想過有一天，我會拆除這些曾經逛過的商場和街道！

中華商場的起源與第一次整頓

中華路原本是台北市中心主要的交通幹道之一，卻有一大片違章建築，住著中國近代史上歷經風霜的戰鬥英雄，無情的歲月使他們變成弱勢的一群。民國三十八年政府遷台後，許多軍民居無定所，市府委託台北市警民協會在中華路鐵道兩旁的空地，從北門開始到小南門，以鐵皮、棚架、木板搭建臨時棚屋一六六一間供居住之用，也逐漸形成最大的攤販區。

當時，原本政府打算馬上反攻大陸，認為這只是個過渡時期，軍民們也以為暫時窩一下而已，沒有長遠打算，只是沒想到這個非常時期會那麼長。

由於人口不斷繁衍，原有空間不足，住戶遂因實際上的需要，不斷加高擴大，老違建變得破爛，新違建如雨後春筍般搭蓋，新舊雜陳。十年後，該地區變得參差不齊，破爛不堪，而且影響市容觀瞻，阻礙交通，妨害衛生和防火安全，成為台北市的「盲腸」，與當時最繁華熱鬧的西門町及衡陽路相接，形成強烈對比。曾經多次有市議員在議會開會時提到應加以整建，但都無疾而終。

民國四十八年十月，先總統 蔣公看到此處凌亂不堪的景象後，即於反共抗俄總動員會報第六十三次會報中指示：「應予徹底整頓。」當時的台灣省政府、台灣省警備總司令部，以及台北市政府隨即組成「中華商場整建委員會」，並由當時台北市長兼主任委員，遵照指示綜理全盤整建事宜。中華路的違章建築，便在規劃之下逐步改建為中華商場。

當年中華路的整建具有多重效益。首先，全部整建經費計四千七百三十三萬五千八百四十五元，均由住戶以預繳二十年租金方式負擔，未曾動支政府公帑，且仍由台北市政府保有全部產權。其次，因係就地整建，不僅提高了中華路居民的生活水準，而且解決了他們謀生的問題，各住戶因整建獲得極大利益。往日污穢凌亂、破爛不堪的臨時棚屋，代之以整齊美觀、堅固的三層樓房，有利於市容觀瞻和交通秩序，在五十年代更是一件大事。整建後的中華商場在民國五十年四月十日落成時，八幢三層樓嶄新建物宛如「脫胎換骨」展現在世人面前，東側中華路也配合中華商場完工，擴建為四線道大馬路，中華商場遂成為台北市最繁榮、最吸引遊客的名勝地區，有利於觀光事業發展，商業日趨繁榮，政府稅收也日益增加。

當年中華商場的整建成功，不但使中華路整齊美觀，暢通無阻，亦為政府提供了新經驗，用以解決多處其他重要地區的臨時違建。過程中對於各項紛爭的處理，並未發生任何人命安全的意外事故，均堪稱圓滿順利完成。

然而物換星移，三十多年過去後，當初整齊壯觀的三層樓水泥建築，又顯得破舊不堪了。原分配面積，因僧多粥少，不得不縮小每一單位面積，實在不適合居住，加上周邊市區老舊，環境髒亂，商業生機逐漸由繁華榮景漸趨沒落，不僅影響該地區環境衛生和交通安全，甚至有礙市容觀瞻。為了重新規劃、建設中華路，使其重現生機，拆除中華商場成為不得不然的措施。

始料未及的是，原本周密的整建計畫和原則，仍為日後重新規劃中華路，留下龐大的紛爭。雖然中華商場只是八棟三層樓房，但其中居住商家高達一千七百多戶，數量非常龐大。反對聲浪不斷和沉重的執行工作，是許久未能進行拆除的原因。而拆除中華商場所面臨的第一大難題，就是產權歸屬爭議。

當年中華商場就地整建時，是由住戶以預付二十年租金方式募集資金，台北市政府仍保有全部產權。這兩項條件其實已非常清楚，卻仍成為日後產權紛爭的伏筆。民國七十年四月，中華商場二十年租約到期，市府通知住戶續約，住戶以二十年前的整建委員會是臨時組織，不具任何法人要件為由，不承認過去所立的契約書，並聲明興建經費既然由他們付，產權應屬住戶所有。民國八十年間，住戶代表顧汝照向台北地方法院提起民事訴訟，要求確認建築物所有權為住戶所有。

其實，我國對建物所有權登記採非強制性，只要有足以證明所有權的文件，就是建物所有權人。市府握有所有權人的相關文件證明，而住戶卻拿不出明確證據；此外，過去市府每年都有編列修繕費，並經議會通過，若產權是他人的，這筆修繕費根本不可能通過。因此，居民原以為只繳二十年租金即擁有永遠的承租權，在經由法院判決和多次前來調查的監察院說明後，才把問題釐清。最終經法院判決，駁回告訴，確定中華商場建築物產權屬台北市政府。

商場興衰看盡時代的縮影

中華商場的雜亂和居住環境日漸惡質化，可能讓人以為這裡只是藏污納垢的地方，但了解居民背景後，中華商場可說是臥虎藏龍。只是，在生活壓力下，不管是打游擊出身、曾是威風八面的司令、老牌演員、甚至在家鄉當過父母官、國大代表，各階層人士都混在難民群中，經過安置，每個人不再突顯過去的身份，而是各憑本事討生活。在這裡人人都是平起平坐的市民，把家裡看過卻不純熟的手藝拿出來謀生餬口，拿槍桿的改拿起麵棍，大夥兒捲起衣袖幹活兼跑堂，各種大陸風味，特別是北方口味的麵食、小吃店如雨後春筍般出現，成為大陸南北小吃的集散地。此外，這裡還有舞台劇創辦人在商場度過了童年和青少年，也保留有傳統國劇生旦丑角戲鞋製作的手藝等。

信、義、和三棟，是中華商場中最膾炙人口，小吃最多的地方。這裡有各省南北小吃，北方的麵食、烤鴨、南方的湯蟹荷包、四川的紅油抄手、廣東的燒腦、台灣的蚵仔煎、麵線羹，應有盡有，甚至有全省少見的純清真館、牛肉餡餅和涮羊肉火鍋。中華商場最繁榮時曾有五十八家飲食店，後來只剩十六家。當時極受歡迎的「北平小館」，以及賣鍋貼酸辣湯的「點心世界」的興衰，都象徵了中華商場的誕生、成長、衰老、逝去。

中華商場的特色還包括從忠棟到平棟的商店，曾是全台最大的徽章、錦旗、獎盃、紀念牌、各種刀劍的集散中心；忠棟和孝棟則以電器、電腦軟體、電子零件出名，電動玩具排滿走廊，青少年常在此流連；忠棟也有傳統的蒸籠店、各類木器和藤器的販賣。忠、孝兩棟二樓還有不少專賣玉器、珐瑯、台灣民俗古玩的店面，這些店往年是執業界牛耳，生意十分活絡，並綿延至仁、愛等棟；仁、愛棟的小吃和郵票一向聲名在外，尤其是錢幣和集郵之友社更是收藏家的最愛。

樓起樓塌三十一年，中華商場曾經是台北市的繁榮指標。從南部到台北的親朋好友，也一定要帶到中華商場一遊，逛逛當時的各種新式物品和舶來品，表示不虛此行。

難擋進步壓力拆除勢在必行

中華路兩旁最初的違章建物，以中華商場風貌展現了三十年的繁榮風華。中華商場從北門到小南門，猶如一條巨龍，曾對西門地區的商機有不可磨滅的貢獻。為配合當時西門町與台北市交通的發展，台北市府曾於民國五十二年四月十二日通盤檢討，欲將中華路道路寬度縮小作為中華商場整建用地，並列為第四種商業區。但歷經三十多年的演變和都市發展的衝擊，已無法因應西區都市發展和全市交通動線順暢的要求。

交通上，中華路為台北市內最主要的幹道之一，具有全市級的轉運功能；就都市整體空間結構而言，中華路為城內與西門商業區間的界面和聯繫點。為提升該地區都市機能及環境品質、吸引更多人潮進入、促進台北市都市中心區的發展、解決因縱貫鐵路平交道阻隔所產生的市區交通問題，市府工務局都市計畫處遂於民國七十年間著手研究台北車站特定專用區，及中華路一帶興建地下街之可行性規劃。

同時，為不失整體性與前瞻性，中華路的整建亦應和台北市許多周邊重大交通建設一併考慮，包括：台北市鐵路地下化、台北車站特定專用區計畫、捷運系統建設計畫、東西向快速道路（即今之市民大道）、西門町都市更新和徒步區計畫、地下商場、共同管道等。反之，若中華商場就地整建，該區交通線道維持現況，對未來交通改善勢必毫無助益，並將無法與台北車站特定專用區、快速道路、捷運等計畫配合，且會與東西向各路口形成很多交織點，影響車流甚鉅。

因此，為配合相關計畫之整合、路面交通和市容的改善，若能將原中華商場八棟大樓拆除而合併成全幅的道路系統，對於中華路與忠孝西路的交通改善必有助益，而且愈早動手，愈能及早讓臺北市具備邁入現代化都市的條件。所以從都市計畫的觀點，拆除中華商場勢在必行！

全盤交通路網的串聯

先談鐵路地下化的相關計畫。鐵路地下化、整建台北車站、興建地下街、東西向快速道路，整合起來可解決中華路東西向交通因火車通過所受的阻隔，以及造成道路容量降低的問題。

台北市區內的縱貫鐵路及淡水支線，將台北市區分割成三部分，與市區主要幹道構成五十處鐵路平交道，其中縱貫鐵路二十九處，淡水支線二十一處。每當火車經過，鐵路平交道柵欄放下時，即造成橫向道路嚴重的交通阻塞與延滯，其中又以中華路段最嚴重。在縱貫鐵路完成電氣化後，密集的火車班次使交通狀況更惡化，故惟有將東西向快速道路、市區平面道路、區外環南環北快速道路，和中華路相連接，才能使市中心區交通更為順暢，提高路網的流暢效率。

因此，民國七十二年開始規劃與執行台北地區縱貫鐵路地下化工程，至民國八十三年六月，已完成第二期由萬華至松山間的工程，淡水支線鐵路亦於民國七十七年停駛，由捷運淡水線接續施工。自此，鐵路從台北市區的地平線上全面消失，過去平交道柵欄放下的鈴聲終成絕響。

其次是台北車站特定專用區計畫。中華路具有交通樞紐地位，因此擬藉由中華路林蔭大道和地下街闢建，使台北車站地區人行系統得以連結成一整體，促進沿線商業大樓更新和增加商業活動。另配置地下商店街與地下停車場，均有帶動中華路沿線商業區活動機能，促進該地區繁榮的直接效果。

在捷運系統相關計畫方面，考量地區發展特性和東西走廊需求，台北都會區捷運網路初期計畫是讓南港線和板橋線經過中華路，即原中華商場地下，並設有西門站以帶動西門地區的繁榮發展。初期捷運路線往東可達南港，往西可續往萬華、板橋、土城地區，另透過轉車往北可達淡水、士林，往南到公館、新店、永和及木柵等地；後續路網則可連結松山線，直通南京東路商圈、松山地區，亦可轉車至信義計畫區、三重、新莊、蘆洲等地，形成捷運系統各線交會轉運的重要地區。

台北車站及中華路地區，亦乃多數市內公車和長距離巴士集中地區，是北市的交通轉運中樞，可結合日後通過本區的捷運系統紅、綠、藍線，以及台北、塔城、西門三站，使得交通量劇增。因此，台北車站和中華路的地下街，將可發揮其特有的公共地下步道系統功能，負起車站與捷運站間、捷運與公車站間相互轉乘的交通機能，成為台北市交通中樞最主要的動線系統。

帶動西門町更新

而在西門町的更新上，中華路是西門圓環向東聯繫的動脈，與西門徒步區，含武昌街、漢中街及其相關巷道，串聯成東西向人行步道，可增加行人活動空間。透過對理教公所的更新改建，將提供適度開放空間，以與西門廣場、中華路相連，增進都市活動機能，帶動西門町的更新再造。為加速西門町的都市更新，我曾決定沿中華路兩側的舊房舍，給予容積和台北市銀行貸款利息的優惠，以加速舊市區的更新重建。另外，把中華路兩側紊亂的管線整合成地下共同管道，一來整頓市容，二來避免為人詬病的不時挖挖補補問題。

商業活動方面，中華商場若只局限於原地整建，由於實質環境及相關設施的不足，擁擠混亂的人車交通，對整個西區而言，無法帶來重大改善，其商業機能將仍只能維持小本經營的型態。我的構想是，把中華商場拆除、中華路段拓寬開闢為林蔭大道，則原本密集的交通、商業活動的混亂型態、空間性格，皆可整合改變，讓整個西門地區有再發展的機會。另因台北車站特定區將發展為高密度的運輸、商業核心區，加上地下街規劃和林蔭大道闢設，結合原有西門町行人徒步區和台北市最密集的大眾捷運系統，必將促使台北西區成為最多樣、便捷的高品質消費商業區。

同時，中華商場整建計畫中比較特別的，是我構想要設置地下商場。設置地下商場的目的，在於為交通輻輳地區設置行人專用之公共地下通道，以謀求步行者安全、便利、舒適的環境；設置公共地下停車場與商業設施，則在於增進都市活動的便利。因地下街計畫係當時台北市較前瞻的規劃案，為求理想和計畫確實可行，民國七十六年十一月舉辦國際競圖後，委由萬華郭茂林先生、KMG建築事務所、三菱地所、鐵道會館共同辦理「台北車站與中華路地下街規劃研究」，並於民國七十八年元月完成報告，就中華路附近地區因車輛交通擁擠而產生之不良都市景觀意象提出建議，將中華路段由北門至廣州街間，原中華商場商業區，闢設為林蔭大道。本案於民國七十九年十二月五日由市府工務局都市計畫處向台北市都委會提出簡報，並於八十年七月十一日正式完成法定程序。

香榭大道的願景

中華路的整建還包括了景觀方面的計畫。中華商場因基地狹長，深度不足，整體景觀上缺乏恢宏氣派，也阻隔了開放空間，無法與台北車站特定區的開發相互輝映；拆除後的中華商場，動線和空間上能使鐵路地下化和地下街建設互相配合，地面層再配合良好植栽計畫，應可形成林蔭大道。如此不僅可以紓解交通，更可直接提供都市中心賞心悅目的綠化效果。

綜觀前述各項研究分析，基於都市更新、交通改善、市容景觀、市政建設等各方面整體規劃的考量需要，中華商場是非拆除不可。做這樣的決策不難，但落實執行政策則需要決心、耐心、愛心和周延細膩的計畫。拆遷過程堪稱我一生公職生涯中，不亞於開闢大安公園之另一個大挑戰。

遺憾的是，對於地下街的構想和相關計畫，繼任者看法不同，沒有實行，失去了千載難逢的良機，實為一大憾事。其相關構想我放在本書第八章說明。

中華商場的拆除規劃與安置工作分配

決定拆除是為配合市政建設需要，其中涉及將一併進行的工務局規劃林蔭大道、財政局收回市有產權、捷運局規劃中華商場地下街、台北車站特定區地下化、鄭州路地下街開發、捷運南港線預定在中華路上興建西門地下車站等相關計畫。過去進行時，都是由捷運局、工務局、財政局成立專案小組，共同出面與現住戶協商，並未指定應由哪一局主導。基於產權與安置問題複雜，若無主導單位，難免各單位互踢皮球，避之唯恐不及。我決定將拆遷安置問題交由捷運局，是因捷運局負責的工作包括捷運系統規劃設計、工程發包、施工管理、用地取得、拆遷協調。捷運局長賴世聲年輕有為，捷運局內同仁亦不乏博士、碩士，是市府平均學歷最高的單位，處理中華商場拆遷安置應該沒問題；加上中華商場地下街由捷運局規劃，拆遷經費也由捷運工程特別預算支應，捷運局當為主導全案的不二人選。而把拆除工作交由新工處，則是因為新工處較有經驗、決心和執行力。

決定如何分工後，捷運局長賴世聲邀集專案小組開會，確定並公布最後的安置補償方案。為使住戶順利自行搬離，他也邀集五百戶合法承租戶與捷運局面對面溝通，由他向承租戶說明安置計畫。他很同情住戶處境，對於合法承租戶，承諾一定做完善補償。聽說捷運局內部對接下中華商場拆遷工作，頗有怨言。不少人認為平時開拆遷協調會時，工務局和財政局出席狀況極差，主導工作落到他們頭上，令他們感到頭痛。不過，我想若有這樣的怨言也是難免的。

隨著市府公告「中華商場拆除規劃案」後，工務局邀集相關單位，針對拆遷公告、拆遷通知、拆遷期限、經費來源、補償費發放對象等問題加以研商並獲結論。民國八十一年三月十七日核定後，工務局新建工程處即參照捷運局提供的中華路段捷運系統及地下街等相關工程計畫資料，擬訂中華路北門至廣州街段拓寬工程執行計畫，三月二十八日正式核定，四月二日發布拆遷公告，九月二十二日市政會議上我指示由捷運局主導安置事宜，住戶必須在十月十五日前自行搬遷拆除，另預定十月二十日為執行中華商場拆除之日。

連站六小時被質詢的市長

自拆遷公告發布後，可以想見的是，住戶、店家，以及選區的市議員，開始出現不斷的抗爭，期間工務局多次召開協調會，住戶也曾有上百戶共同到市議會陳情，里長甚至透過國大代表，前往中國國民黨台北市黨部陳情，還有住戶代表赴台北地檢署按鈴申告我和財政局長瀆職。十月十五日下午，我率捷運局長賴世聲、工務局長曹友萍、財政局長廖正井三人召開記者會，宣布執行拆除中華商場，決不改變，並預定十一月底拆除完畢。

但因十月十五日晚間的協調會變質，五百多人聚集捷運局辦公大樓，要求暫緩拆除；加上現場多了不少孔武有力人士，住戶開始摔東西、砸椅子，甚至揚言縱火燒掉捷運局，賴局長為顧及在場員工安全，做出了暫緩拆除的緩衝承諾，暫時化解這場圍堵暴力危機。

不過十月十六日上午，我修正了賴局長暫緩拆除的允諾，重申二十日執行拆除的堅定立場與不變的決心，並堅持市政建設不容因少數民眾的暴力脅迫而有所改變，政府的公信力和公權力不容被脅迫就範、退縮。抗議民眾轉往市議會陳情。賴局長因感有虧職守，向我提出辭呈以示負責。賴局長非常懊惱的表示，「暫緩拆除」是他在幾近被要脅的情況下作成的決定，完全是個人行為。我很了解面對情緒激動的民眾時，壓力有多大！過去我擔任台大總務長時，拆除民房就有三次類似經驗。對於賴局長的表現，我十分肯定，也能體諒當時做此決定的背景因素，他自請處分，更是肯負責、有擔當的表現。至於賴局長所提出的辭呈，我的批示則是「辛苦了，所請免議。」

十月十六日下午，顏錦福議員因我否決賴局長的承諾非常不滿，認為市府前後態度不一，於市議會民政審查小組會議室召開記者會表達不滿。

同日下午，為了堅持拆除中華商場，我在市議會挨罵、在質詢台上共站了整整六小時。當時，市議會變更大會議程，討論「中華商場暫緩拆除案」，要求我率同賴局長赴議會報告。在面對議會暫緩拆除的決議和住戶的陳情壓力下，不管如何叫罵，我一再維持二十日拆除的決定，絕不延後。至晚間八時許，旁聽民眾情緒失控，再度拍桌叫罵，整個議會叫罵者有之，扔東西者有之，還有人要從旁聽席上往下跳，秩序頗為紊亂失控。部分議員在壓力下，發表反對拆除意見。儘管居民與議會再三抗爭，我堅持依照原計畫執行拆除。因「中華商場住戶權益促進會」持續陳情抗爭，議會在長達六小時的強烈質詢與抗議辱罵後，做成決議「如果市府於十月十九日前不同意暫緩拆除，市議會將休會以示抗議」的決定。這種以休會方式抗議市府的決議，實乃空前之舉，但我堅持不妥協的立場，並無改變。

十月十七日上午，商場住戶一百多人到市府抗議，要求能進入市府協商談判，市府駐衛警和大同分局動員兩百名警力到場維持秩序。由於我一早就到行政院開會，正副祕書長、各局處首長也另於他地開會，在無人可以接見處理的情況下，市府機要科長楊麗明表示只能接陳情函不能進府，遭住戶以「敷衍、打發」為由拒絕交出陳情函。群眾在叫囂兩小時後，自行散去，並揚言將擇期至我官邸抗議。然此同時，台北市政府市長室卻也湧進許多支持與鼓勵我「絕不緩拆」堅定態度的電話，對我在議會上的表現表示肯定，希望我能堅持到底，絕對不要屈服在「威脅」之下，讓飽受威脅的相關市府人員感受到社會正義和溫暖。

十月十八日，媒體報導有個「對外關係很好」、「應會很有辦法」的財團介入住戶方的消息，聲援「就地整建」訴求。吳家壽里長證實並對記者表示，有關撰寫陳情函和法律上的問題，都是該財團在捉刀。居民的初步規劃是在中華商場現址改建成一個獨棟、樓高八層、地下四層、面寬一千兩百公尺的建築，他們相信不僅不會影響市容觀瞻和交通，更有助於西區經貿發展與繁榮。

另外，也有多家報紙刊載支持我的評論，例如大成報〈市長肯做事，市民該支持〉、〈市長魄力，掌聲響起〉；台灣日報〈民眾支持拆除中華商場〉、自由時報邱彰專欄〈公權力不容妥協〉……等。媒體報導我在市議會堅拒緩拆，有市民打電話或送鮮花到市長室表示支持，甚至有位在議會抗議的住戶王先生，也打電話向我口頭道歉，報導中並提到〈公權力不容妥協〉，中華商場從民國七十四年已正式發函住戶表達拆除立場，但因產權爭議延宕七年。「公權力」代表政府的威信，在任何狀況下都有責任去支撐它、維護它；對於我的魄力，市民應支持，否則市民將必須生活在一片非法的陰影中。

市議會方面，市議會陳健治議長裁示，依議會決議，十九日下午二時起休會抗議，創下台北市議會成立及改制三十餘年來的先例。我則下令利用議會休會期間快速完成拆除工作。我的強硬態度獲得李總統和當時行政院長郝柏村先生的支持與肯定，李總統還表示，「該做的就去做」才是政府執行公權力的正確認知。郝先生則是在行政院會中聽取我的報告後，當面嘉獎，讚揚市府在中華商場拆除案中，不因少數抗爭者而屈服或退縮。

十月二十日下午四時，台北市的姊妹市洛杉磯市市長布萊德雷拜會台北市議會，但因議會正在休會，只能由議長陳健治陪同參觀空無一人的議事廳。陳健治議長對布萊德雷市長表示，雖然府會間目前衝突中，但議會基本上仍支持市府的市政建設。為顧全大局，避免府會陷入長期破裂的關係，拆除工作完成後，市府祕書處以正式公函請求市議會復會，並以我個人信箋行文給市議會每位議員，說明不得不拆除中華商場的苦衷，強調為使市政建設順利推展，共謀市民福祉，休會期間不宜太長。十月二十七日，市議會正式復會。

拆遷作業啟動

民國八十一年十月二十日凌晨四時三十分，警力開始封鎖忠棟每一個出入口，在樓梯間、天橋及附近進出道路架設拒馬、鐵絲網等阻絕器材，實施交通管制。

清晨六時二十分，警方霹靂小組迅速登上忠棟三樓頂制高點，訓練有素的隊員一字排開戒備，仔細觀察現場一舉一動。

位於洛陽街、中華路口的福星國小緊連中華商場，為顧及學童安全，二十日停課一天。上午六時三十分，市府工務局、捷運局、警察局等單位人員、車輛，陸續進駐設置於福星國小的聯合指揮中心。

七時實施警力勤前教育。市警局長陳學廉希望員警在執行勤務時，必須沉著、冷靜、忍耐。指揮所總指揮工務局曹局長表示，這項行動是市政建設史上輝煌的一頁，執行人員必須服從上級命令執行任務，對市民的態度要謙和，若有抗拒，由警方蒐證、排除。過程中人人要「注意安全保持體力」，並謹守「預防意外」、「堅定執行任務」的原則。

上午八時，管線人員進場實施斷水、斷電、斷瓦斯。副總工程司賴五照與勸離組人員共七十多人，從頂樓開始逐層逐戶檢查。副總工程司羅俊昇與物品搬離組人員一百多人，手提紙箱、麻袋、麻繩等，開始處理未搬遷的物品，一一打包裝箱、編號、搬運至指定存放處，交由主任陳清鈐和管理組保管。

八時五十分，在六十三號發現年逾八旬的黃老先生和潘蘭夫婦，因行動遲緩，一直無法及時完成搬遷，在員警協助下護送至石牌其兒子家中。

在八十五號發現八十六歲老太太高白匏，護送至三重其女兒家中。發現她時，她正無力地癱坐在破爛的矮凳上，手裡半塊漸硬的饅頭和一杯即將冷去的米茶，身邊則是散落的包裹。看不到前景的未來，對一個年過八旬的老者是一種何等淒涼的折磨？我想在這裡略述我所聽到這位高老太太的故事。高老太太年輕時住在現名延平北路的太平町，獨力扶養因受騙生下的兩女一男。後來卻被親生兒子偷變賣家產後拋棄，留下她露宿街頭八年，女兒則為了她，四十多歲還不敢嫁人，也無力維持家計。高老太太以前賣獎券維生，獎券停了就改賣香菸，一包賺一塊半。她捨不得丟掉手中半塊硬掉的饅頭，「這要賣多少包菸才有？」有時一天還賺不到幾十元，生活要靠親友接濟才能捱過。雖然親友和女兒都願意接她同住，但她覺得畢竟不是久居之道。唯一賴以窩居的斗室被拆除，讓她感覺前景茫然。臨行前，城中分局組長吳振吉見其晚景堪憐，還特致贈三千元，場面感人。

八時五十五分，在一樓女廁所發現八十歲老人郭斯成先生。這位郭老先生因為不知道要去哪裡，已經在女廁住了十餘年，將此視為唯一住所，因無家屬，竟無人知曉。發現他時，沒有行李，只著一件背心，神情顯得無助，後由救護車送至廣慈博愛院安置。

在現場圍觀的人越來越多，有些存著看好戲的心理，有些住戶則不時觀察拆除行動是否真的展開。商場一位住戶代表潘兆松先生隔著鐵絲網向工作人員及警方吶喊、抗議，經警方嚴密監控疏導後離開。

九時十分，位於忠棟一〇五號一樓明泰電器行老闆范光湖，因來不及搬遷物品，不滿市府比公告拆遷時間提前進行拆除，一時情急跳上已打包的箱子大罵市府。經城中分局副分局長李平生上前安撫，請搬離組協助打包搬運。捷運局則指出，其實前一天晚上最後查報中，該電器行即無搬遷跡象，現場執行的新工處隨即再做一次嚴密的徹底清查。由於這起意外風波，一度引起福星國小內的指揮所緊張，頻頻以無線電查詢狀況。在市警局、捷運局、新工處的協調下，迅速將商店內剩餘貨品封箱打包，以貨車送抵別處，始暫告平息，幸未刺激到鐵絲網外旁觀住戶的情緒。

直到九時二十五分，忠棟後面圍牆即開始先行拆除。面對中華商場拆除命運無可挽回，中華商場忠棟以外的店家住戶，加速打包整理工作，不少鋪面和住宅都已人去樓空，徒留一地廢棄雜物和垃圾。

如釋重負，感謝市民

最後一波拆除行動，終於在民國八十一年十月三十日下午執行結束，並於下午五時清理完畢恢復通車。這項重大拆除工作的完成，使我心中的大石得以放下。事後我對媒體發表以下五點聲明，表示我的感激：

1. 對中華商場住戶之配合，表示謝意。
2. 對中華商場兩旁住戶，多日來因拆除所受之不便，表示歉意。
3. 市府對安置問題，尊重市議會意見，秉持法理情原則，由各權責單位繼續確實辦理。
4. 對所有工作同仁之辛勞，表示慰勉。
5. 對後續工程，將儘速開展。

另外，拆除中華商場後的廢棄物將傾倒於福德坑，不但可以使市政建設儘速進行，而且福德坑掩埋場的便道也亟需廢磚角鋪設，以便垃圾車進入，預計將可省下兩百萬元購置廢磚角的費用。

市政執行力有目共睹

拆除工作最後一天，李總統特別打電話到我車上嘉勉我說：「拆除中華商場這件事對你以後的政治前途影響很大。」世盟主席趙自齊先生也來電致賀，甚至還有市議員說我當時是「漲停板」。媒體對此事更有許多正面評價，例如民國八十一年十月三十日中國晨報和民眾日報，認為拆除商場的魄力使我一夕成名，政治行情如日中天、水漲船高；十月三十一日大成報，提到我推動大安公園拆遷、基隆河截彎取直、中華商場拆除、後續的十四、十五號公園拆除等公共建設工程，帶動整體都市發展；十一月二日中國時報，報導我不畏住戶激烈抗爭與市議會休會杯葛，執意強力拆除，贏得各界喝采；十一月二十七日中國時報，認為我與官場傳統的推拖拉文化不同，即使遭到來自議會的強大壓力，仍不為所動，按進度完成市政建設工作，並期待我能持續為理想而堅持的精神，貫徹實施每一項政策等。

這樣的鼓舞讓我覺得很高興，也很有成就感。我想，中華商場拆除作業的確引起廣大民眾關切，成為膾炙人口的話題。聽說這在南台灣的屏東，曾經有人為了能否順利拆除開賭盤，因為大家都認為，如果要拆，早就拆了！

在此我想引述其中一篇，是十一月二日自由時報〈黃大洲，拆人所不敢拆！北市七號（大安）公園、中華商場一一解決，雖無雄辯之才，但施政日漸圓熟，令人印象深刻〉，以表示我的感謝，也和大家分享我的喜悅：

……拆遷過程中，台北市長黃大洲堅持立場，毫不妥協的態度，予人印象深刻。

在市府同仁的眼中，黃大洲為人木訥、隨和，卻不失坦率；做起事來則是非分明，擇善固執。這些特質和當前官場習氣似乎格格不入，但卻塑造出屬於黃大洲個人的獨特風格。七號（大安）公園及中華商場的拆除，即是最典型的例子。這兩項棘手工程毫無疑問的是近幾任市長心中的「最痛」，大家認為應該拆遷，卻又遲遲不敢動手，也不願動手，其原因是背後牽涉太多的利益糾葛和複雜背景，弄不好還可能丟掉烏紗帽。黃大洲憑藉一股傻勁，抱著「雖千萬人吾往矣」的剛毅精神，硬是把前面幾任市長沒能做好的事情完成。

黃大洲的人格特質和處事方法，並非毫無缺點，在歷次民意調查中，黃大洲的排名並不討好，即為明證。也有人將此一結果歸因於黃大洲不擅長和媒體打交道，以致形象遭到若干扭曲，加上民意調查常因預設立場而流於偏頗，使他在排名上始終不吃香。

不過，在民意調查和基層民眾的實際觀感上，仍出現相當落差。黃大洲是歷任市長中最勤於「走基層」的人，他把每一個假日都貢獻給台北市民，……

幾年主管歷練下來，黃大洲的施政技巧漸趨沉穩圓熟，這可從他最近主動出擊協調因拆除中華商場引發議會休會一事看出端倪。黃大洲曾說，府會關係宛如划龍舟，船兩邊的人數要相等，用力要均衡，才能奮勇奪標，如果一邊人數少，或一邊不用力，船必定斜行而浪費不少時間。府會關係如能同步齊力，將使百姓受惠。……

媒體除了對我個人的肯定，也視中華商場順利拆除為公權力提升的重要指標。例如民國八十一年十月二十二日大成報提到，公權力不彰的主要原因，在於有一個可以對抗公權力並使其就範的「公壓力」，而公壓力往往凌駕公權力之上，壓迫政府的政策退讓或改變，以達到違法亂紀或特權特例的目的。在拆除中華商場過程中，住戶聯合市議會所形成的就是公壓力。該報導對於我排拒公壓力、發揮公權力，如期於十月二十日開始執行拆除加以肯定。我想，這是對市府團隊的肯定，在此想引述十月二十三日中央日報社論〈黃大洲市長的果斷、堅定與依法行事的作風──為公權力運作開創了一個良性模式〉，以表示我對市府同仁辛勞的感謝：

黃大洲市長的果斷、堅定與依法行事的作風，亦為公權力樹立了良好的執行榜樣，尤其重要的，這件事的順利推動，不因選舉日漸接近而由於「敏感」出現猶豫阻滯，為「行政中立」建立了一個正確的觀念與認知。

這件事也給社會三點啟示：

第一，民眾……均能明辨是非，不會再盲目的同情一些會叫會吵的人。而政府也經過一段摸索之後，逐漸的了解到如何在民主時代仍能有效執行公權力。……台北市政府順利拆除中華商場，是一個國家整體進步的里程碑。

第二，若干習於抗爭、「自力救濟」的民眾，也得醒悟了，現在「會吵的孩子」不但不會有糖吃，而且還可能嚐到苦頭，受法律制裁。以這次中華商場住戶抗爭為例，凡主動配合的，也就是不吵鬧的、講道理的、守法的，都受到政府合理、合法而優惠的照顧，這就是很好的情形。尤其主動配合的住戶，能及早在附近另租店面，結果一個月租僅萬餘元，而懷疑政府決心，不能體察時代進步，以為今天還停留在「脫序時代」，只要吵鬧，政府就不敢拆房子的人，都吃了大虧。到最後一刻，他們發現公權力不再像「軟腳蝦」，而二十日一定拆除，這才急於到附近另租店面，店租已抬升了四、五倍，且有錢也不一定租得到。

這個經驗值得日後有意抗爭的民眾，引為教訓，要看自己有沒有理、合不合法，如果這兩樣都站不住腳，還是不抗爭的好，否則最後一定吃虧，弄不好還會吃上官司。

第三，市府的拆除中華商場，贏得市民一片掌聲，這個事實，不啻是打了市議會休會之舉一個重重的耳光。

市議會以一點觀全面，以為現住戶的抗議就是社會的民意，其實這完全錯估了民意。我們的民意代表，常常錯估民意的原因，就是他們老以為聲音大就代表人多，人多自然就是民意，其實廣大的民意往往是沉默的，他們雖然不會叫嚷，但有足夠的智慧與冷靜的頭腦，來分析與判斷是非。

以中華商場為主要選區的議員，為服務自己特定的選區，多爭取一些福利，這是說得過去的，但其他的議員，竟也不研究真正的民意何在，而通過議會休會，實在荒唐可笑。

中華商場的拆除，為公權力運作開創了一個良性的模式，這是社會的進步，值得我們大家欣慰。

為了中華商場的拆遷，我在議會罰站整整六小時，當時還有民眾揚言要從議會二樓的旁聽席跳下來，氣氛非常緊張。最後議會提出緩拆的要求，但我告訴他們，中華商場拖愈久愈難拆。在解嚴以前，無論是土地徵收或房舍拆遷都要比現在容易得多。隨著時代演進，這些工作變得相當困難。在議會不同意的情況下，我利用議會休會期間拆除中華商場，然後再寫信給每位議員一一說明。

中華商場早在民國七十四年就計畫拆除，卻因選舉因素和各種壓力而撤銷原訂拆除計畫，以致延宕下來。為了台北市的整體建設，今天不拆，明天就會後悔，再拖延下去，政府將付出更大的代價和社會成本。當初我的構想是，讓中華商場的商家以優先承租中華路地下街的方式繼續營商，後續的市府卻並未依原計畫開闢中華路地下街，而是改以鄭州路地下街安置。依原計畫，中華路和鄭州路地下街應是安頓中華商場、西門町一帶的商家和攤商，可讓西門町的市容煥然一新。可惜繼任者想法不同，未能繼續地下街和共同管道工程，實在有些可惜。我想，如果能夠完成，中華路和西門町一帶必定能比現在更好、更美。

記得當初中華商場是否拆遷，時任台北市政府工務局長的曹友萍，曾經問過我四次之多，

「要不要拆？」我被問得有點不耐煩，就問他為什麼要問這麼多次？曹局長就告訴我，「因為以前每位市長都說要拆，但最後都沒有。」我也很感謝像曹友萍這樣從軍中退休轉到公務部門工作的將軍，軍人在軍中養成守紀律、有執行力的特色，台北市政府多項大型工程，如果沒有這些出色的退伍軍人徹底執行命令，是不可能完成最後的建設的。

前總統李登輝先生有時說話很直率，他曾說他想做而未做的事，我做到了。其實，學生把老師想做的計畫完成，未嘗不是天經地義的事。另外值得一提的是，當時的行政院長郝柏村先生對於我所執行的拆遷工作，也一直給予很多支持和鼓勵，尤令人深感難忘。

基隆河截彎取直

基隆河發源於平溪鄉菁桐山，先往東北方向流，到瑞芳一帶時出現大轉彎，再經過暖暖、八堵後，從汐止附近蜿蜒進入了台北盆地，最後在關渡地區與淡水河匯流入海，是台灣少數具有航運功能的河流。由於基隆河流入台北盆地後地形平坦，坡度和緩，水流速度變慢，河流宛如蛇行，彎彎曲曲。每當颱風或大豪雨發生，下游因為河道彎曲，洪水來不及流入大海，經常造成基隆河兩岸南港、松山、內湖、士林、社子等地區淹水，嚴重影響居民生活。

民國五十二年九月九日到十二日，葛樂禮颱風侵台，在台北盆地降下豪大雨，整個台北地區大淹水。災後政府檢討淹水禍首，認為很重要的原因是基隆河彎曲的河川地太多，因此決定整治河道。民國五十八年，水資會成立「台北地區防洪計畫工作小組」，檢討並希望全面修訂「台北地區防洪計畫」，以符合時代的進步與社會發展的需求。當時防洪計畫提出多項分洪、攔洪、疏洪等方案，最後決定把潮水洪水從同時進行分流的方式，改成僅將原河槽不能容納的洪水分流，以減少河性變化，減輕原河槽淤積的問題。於是，沿著基隆河，在關渡至福安里河段的右岸、中山橋至玉成橋河段左岸、大直河段右岸，興建了堤防，也就是今天的二重疏洪道。

濱江計畫未獲同意

中山橋至成美橋河段，左岸已建松山堤防、撫遠街擋水牆、玉成堤防，右岸已建大直堤防，上游於民國六十九年，經市府提報經濟部核定內湖堤線，但因行水區土地徵收、居民遷移安置、財政等困難問題未能興建。區內房屋、工廠、豬舍、垃圾廢土、高莖植物四處雜陳，嚴重阻礙洪水宣洩，一遇洪水即氾濫成災，影響當地及兩岸居民生命財產安全。

民國六十九年，李前總統擔任台北市長時，曾指示市府工務局都市計畫處規劃「濱江計畫案」，希望透過基礎建設，提高土地利用價值，改善當地居民的生活品質。

濱江地區是指基隆河迂迴於台北市區東北部，所造成的五百四十公頃土地，包括現有水面一百一十公頃。濱江計畫的理念，是在不違反水利安全原則下，改進行水區土地利用辦法。按照當地發展情況、資源特性，及適合開發為遊憩使用的潛力，細分成五個區域，建設為東北區生活圈的親水型遊憩空間，同時為鼓勵推動民間私人投資興建公共設施，也予以獎勵，相信不但可改善行水區內因土地利用不當造成的髒亂現象，增加地主收益，且經由土地資源的有效利用，全體市民都將受惠。

濱江計畫中有幾項重要原則，例如低窪地區及洪水易流經的地區，應限制新的設施與建物設置，必要時配置開發成本及維修成本均低的活動設施為原則；解決高灘地區准予設置臨時性或活動性的結構物；原有房舍在不增建原則下，准其配合遊憩活動需要作適當修繕並調整使用，以提供必要之服務。此外，還包括區內原有林木儘量予以保留，並配合遊憩需要種植低矮軟莖灌木、地被植物或花卉以美化環境；同時，計畫也須合乎北市河岸行水區土地開發目標與準則，包括觀光遊憩資源的開發，植栽和農產的維持與改良，及生態區的保護等。

遺憾的是，因為水利法的限制，濱江計畫案未獲中央同意。但在若干年後，卻也間接促成了基隆河截彎取直規劃案的推動。

要整治基隆河，除了堤防工程規劃，更重要的是將堤外居民遷出，將違建拆除。但堤外居民為了自身權益強烈反對，要求市府同意他們將堤外建物加高，一樓挑空，以便洪水來時可以往二、三樓避難。市府評估，若將堤外居民集體遷出，將耗費兩百多億元。市府不僅無力負擔龐大的拆遷補償費，台北市根本也沒有現成的大片土地或國宅可以安置，令養工處左右為難。

展開可行性研究

為順利推動防洪工程，兼顧都市發展與河防安全，市府開始研議將蜿蜒曲折的河段截彎取直，其中包括拆除行水區內全部建築物、變更內湖堤線、縮窄堤距、將部分洪水滯流區劃入堤防保護範圍等。市府期望藉此產生新生地，用於重劃後安置必須遷移的堤外居民，不但改善基隆河的排洪，使防洪、環保、其他設施可以儘早實施，同時解決因堤外一萬兩千居民無法遷移安置，而產生的社會問題。

民國七十年七月，市府開始規劃截彎取直方案，擬將河道彎曲部分截彎取直，利用內湖新堤線堤內新增土地，作為遷建戶安置之用。截彎取直方案的芻議提出後，市府與相關單位開始進行可行性研究。為了解截彎取直後對基隆河的影響，並選擇最佳的防洪布置方案，需先委託學術單位就基隆河水文水理特性進行研究，並做水工模型試驗驗證，以擇訂最佳防洪布置，而後才研擬土地取得、拆遷安置計畫，與新生地開發方案。

另外，基隆河整治為台北地區防洪計畫的一部分；基隆河流經路線，與整治時包含的區域，跨越了台灣省與台北市，必須送請中央審議，由中央政府審定後才可以實施。故自從市府提出芻議，至民國七十七年底間，曾先後由水資會、國立台灣大學土木工程研究所、美商塞蒙斯李顧問工程公司⋯等學者專家，以水工模型試驗、數值模式模擬演算，對不同堤距、河道寬度等進行分析評估，獲致可行的結論後，才做成決定。

市府曾在民國七十三年三月二日及七十四年八月一日，分別向市長楊金叢先生與接任的許水德市長簡報「基隆河截彎取直及土地利用計畫」及「濱江計畫」。報告中提出，濱江計畫不宜再做大規模投資，僅宜規劃簡易運動區供市民使用，並應儘速修正及報行政院核備。截彎取直案如確可行，可速將堤線報行政院後，依變更都市計畫程序辦理。

就在行政院經濟部、水資會及台北市政府分頭緊鑼密鼓研究「截彎取直」各項評估時，民國七十六年十月二十五日琳恩颱風過境，再度造成基隆河沿岸的嚴重水患，使大直橋最高水位達五·四公尺，松山站最高水位達八·二六公尺，淹水範圍包括台北市中山區、松山區濱江街、撫遠街，內湖區東湖路、成功路，南港區興南路、向陽路，士林區通河街，以及當時台北縣的汐止、五堵等地，總淹水面積約三三二一·七公頃。如此嚴重水患更堅定了市府整治基隆河的決心。

反對者盼勿與水爭地

不過在確認基隆河採取「截彎取直」方案前，治水方案各方看法並不一致，多數反對者擔心這種做法恐是與水爭地。民國七十六年十月底琳恩颱風過後，行政院舉行了一次基隆河治水簡報會議，會上許多人對截彎取直採取了反對的立場。

當時的行政院長俞國華先生雖未表明贊成或反對，但表示政府一向重視防洪，可是部分工程建設計畫卻背道而馳；行政院政務委員高玉樹認為，截彎取直計畫擬在行水區開闢高爾夫球場、興建工廠，令防洪效果堪虞；政務委員李國鼎、國科會主委陳履安也認為應慎重評析基隆河防洪改善計畫，以免造成災害；行政院經建會副主委王昭明認為，應記取琳恩颱風的教訓，任何防洪計畫都必須慎重從事，避免與水爭地；住都處處長蔡勳雄明白表示，琳恩颱風造成嚴重水患後，中央從上至下更不可能同意截彎取直計畫。

另外，旅美水利專家劉肖孔則認為與水爭地十分危險。琳恩颱風在台灣滯留兩天所帶來的豪雨，是因為在基隆河上游的連續雨量最大，導致基隆河的排水量高達兩億五千萬噸，相當於一個石門水庫的水量。劉博士強調，從清代起，基隆河的走勢就是彎彎曲曲，自有一番道理，截彎取直恐將縮短河流，日後帶來更大的災害。

儘管不少官員及專家一開始都提出反對意見，但眼見治水方案始終無法獲致共識，後經行政院多次召集專家學者，無數次評估討論後，有些專家顧問最後則認為，在未能研究出其他更好的防洪方案前，截彎取直的整治計畫是優於其他防洪辦法的可行方案。此外，基隆河河道整治計畫專案小組提出了兩項建議：一是河道整治後，左右兩岸堤防的堤距，台北市政府原計畫為三百五十公尺，應予加寬為四百二十公尺，以減少洪水通過時可能造成的不利影響；其次，維持當時現況下的低水（不超過二年頻率洪水）及潮流運作，以減輕可能對環境造成的不利影響。

專案小組並提出基隆河截彎取直後續研究計畫，由經建會核定同意，公告基隆河河道整治計畫。至此，基隆河截彎取直方案才初步獲得中央政府與國內外專家的認同。再經多次修正檢討後，行政院於民國七十九年九月十四日，核定市府提報之基隆河整治計畫。行政院長郝伯村先生並於民國八十年九月十日聽取市政簡報，提出了兩點要求：一是工程應按計畫如期完成，其次，新生地開發應即刻完成變更都市計畫及辦理區段徵收。

補償與安置

政府興辦公共工程時的兩大障礙，分別是土地取得和地上物拆除。由於民意抬頭，拆遷戶常因補償費過低，無法承購國宅安居，而百般抗拒搬遷，致使各項重大建設無法順利推動。推動基隆河整治計畫時，為求順利完成拆遷工作、兼顧工程進展與照顧拆遷戶，我常要求市政府同仁必須從實質上尋求解決途徑，以化解拆遷戶因為不安、憂慮所產生的抗拒，提高拆遷戶的搬遷意願。

民國七十九年七月十六日，大安森林公園、十四號公園、十五號公園、基隆河整治等重大工程動工在即，為了確實照顧拆遷戶、協助居民另行購屋居住，市府祕書長莊志英召開第一次「台北市政府舉辦公共工程地上物拆遷補償及安置原則」會議，討論補償標準。有鑑於整治工程的重要性和物價指數上升，在參考相關學者專家的研究數據和意見後，深覺除土地補償費外，應提高補償標準，故決定以提高二至三倍為原則。

十二月四日，由我親自主持，在台北銀行總行貴賓室舉行第三次研商會議。會議中決定，在違章建築認定方面，按照當時標準，以提高一倍為原則，由工務局在原補償項目內檢討調整。也就是說，民國五十二年以前的舊有違章，處理費按規定的七十％計算；民國五十三年至七十七年八月一日以前的新違建，按三十%計算。其次，拆遷戶可以優先配售國宅。

工務局為配合實際需要，依市價提高各項拆遷補助費用標準，並按照法定程序修正拆遷補償辦法，通過合法房屋拆遷補償辦法，與舊有違章處理辦法。整治工程範圍內，拆遷戶每月房租津貼補助額度與期限，以議會通過之每月補助一萬元、期限兩年為準。至於無門牌的違章建築，其特別救濟金發放，以民國七十七年核定基準辦理。換言之，凡於七十七年八月一日前，有戶口遷入、門牌編訂證明、原始設立稅籍之完納稅捐證明、繳納自來水、電費收據或證明的違章建築，養工處也都依「台北市舉辦公共工程對合法建築及農作改良物拆遷補償暨違章建築處理辦法」辦理，按合法建築物重建價格五十%計算。

安置問題則又是另一項重頭戲。民國八十年九月十四日，第六次督導會報中，就討論多個案例。其一是在整治工程範圍內，於成功路二段二〇〇巷十五號，有一舊式三合院民宅，祖孫數代同堂居住，同一門牌，但戶籍設立為四戶，原規定是每一門牌，只能承購一戶國宅，最後決定從寬認定，以解決拆遷戶居住問題。

大佳里濱江街二二九號的建物，日據時代即已存在，但因戶政單位未建立檔案，無資料可稽，影響住戶權益，會中亦決定比照合法建物補償。此外，成美橋至成功橋右岸段拆遷戶高鳳菊，多次陳情其所有房屋補償，應比照中山橋至成美橋段補償標準辦理。後於八十一年一月三十日簽報核准，以行政救濟方式辦理。

國軍工兵弟兄表現傑出

由於工程範圍遼闊，工期緊迫，河道開挖作業以土方為主，需要大量人力與重機械配合，尤其必須配合防汛期，在短時間內完成，極具風險。但近年國內勞動力嚴重缺乏，營建業更甚。為顧及經費、人力的有效運用、施工人員安全，市府研究後認為，國軍工兵部隊有人力、重機械多，正符合土方作業條件，若能以工兵協建方式辦理，當可提升施工成效。

為爭取時效、保障市民生命財產安全，市府協調軍方支援工兵協建新河槽開挖、土堤施築、舊河道回填等工程。其間，養工處曾與軍方多次舉行協調會議。民國八十年四月五日，基隆河中山橋上游整治計畫第三次督導會報中，請工務局依程序向國防部申請工兵部隊支援施工。七月十九日，由工務局長潘禮門主持有關工兵部隊支援施工綱要計畫等相關事宜。

十一月十一日，基隆河整治工程開工典禮，第六軍團開設施工指揮部，當日即進入施工程序，由黃元寧上校擔任指揮官。國軍工兵部隊進駐後，配合工程的全面推動，陸續增加兵力、機具、工作面。從原先的兩百一十六員兵力、四十六部機具裝備，到舊宗段新河槽開挖時，兵力已增為四百員，並在舊宗段工區另外成立一個施工營。

國軍工兵部隊配合工程進度日夜趕工，終於在民國八十二年十月三十日、十一月十日使新河槽金泰段、舊宗段分別通水，達成整治工程第一階段目標，為基隆河歷史寫下新頁。

民國六十年工兵部隊支援建設高速公路，展現不凡成效。民國八十年，支援市府辦理基隆河整治工程，協助新河槽開挖和高灘地整理，再一次展現傑出的施工成效。

其實，國家重要建設若能在不妨礙戰備的情況下，請國軍工兵部隊協助，通常都有不錯的表現。因為工兵部隊在工作中，充分展現國軍部隊任務取向、支援第一的傳統精神，發揮國軍為達成任務，不分晝夜趕工的紀律，和不畏艱辛的精神。這次他們協助辦理基隆河整治計畫工程時，在工作上的各項表現皆令人敬佩，值得向國人推許。

因此，我曾正式答應參與基隆河施工的國軍弟兄，在退伍後於工務單位優先錄用。

由於工兵部隊協助，兩千一百公尺長、一百至一百二十公尺寬的新河槽如期通水，使新舊河道的轉換工程，有好的開始。廣達兩百二十四公頃的河川高灘地，也因工兵部隊積極施工，使綠化得以逐步展開，更由於工兵弟兄進駐工地，就近協助，使當地三千兩百戶拆遷戶搬遷情況，比原先預估的更為順利，也使原本窳陋的基隆河地區，得以順利邁開改頭換面的步伐。

各級長官的支持

民國八十年十一月十一日舉辦了基隆河整治工程開工典禮，施工期間也獲得了各級長官的鼓勵和支持。

李前總統在民國六十九年任台北市長時，就計畫要整治基隆河，當時我是研考會執行祕書。李前總統說，看到當年推動而未施工的工作，由後任的我破土興建，而且進度超前，感到興奮與欣慰。民國八十一年七月十五日，李前總統率部會首長，首次到基隆河整治工程施工處巡視，除了慰問工作人員辛勞外，更一再指示要注意河防安全和施工安全，並對施工人員頻頻肯定和鼓勵。

在整個基隆河整治工程中，李前總統也非常重視中山橋改建工程。民國八十二年十一月一日，再度由我陪同，巡視中山橋新橋興建工程。過程中，李前總統不斷詢問中山橋完工後對市中心與士林、北投間的交通效益。從圓山天文台頂樓上，往基隆河上游觀看時，也特別指示必須妥善處理新生北路銜接舊橋的問題。李前總統提到，新橋與舊橋銜接處的號誌運作，應妥善規劃，美國舊金山有類似的橋樑運作案例，市府應派員赴美考察，使中山橋完工通車後，有最完善的路口管制設施，保障行車安全和車流順暢。對於總統的精密思慮，我和陪同人員都感到非常佩服。隨後我即要求工務局遵照李前總統指示辦理，還必須擇期向李前總統作簡報。

時任行政院長的連戰先生對此重大建設工程也相當關切。民國八十二年七月三十一日，連戰先生到基隆河整治工程施工處巡視，除聽取簡報外，特別慰問國軍支援工兵部隊的辛勞。民國八十二年十月三十日基隆河金泰段新河槽舉行通水典禮時，連先生再次率同相關首長親臨主持通水典禮。連先生在典禮致詞時提到，這項工程以「大禹治水」精神，完成第一階段的河道轉換工程，值得道賀：首先，完工後將可減少內湖、南港、松山等區域的洪水氾濫威脅；產生的新生地將成為台北市發展的新希望；舊河道的回填，可容納北二高和台北市捷運工程的公共工程棄土，實為國內公共工程的表率。

此外，前行政院長郝柏村先生，是基隆河整治工程得以進入執行階段的催生者。民國七十九年郝先生就任行政院長前，基隆河整治方案已經歷長達十年的研究、規劃、評估、水工模型試驗、國內外專家審議。郝先生上任後，隨即於九月十一日核定整治計畫，在工兵部隊支援進駐工地後，才終於在民國八十年十一月十一日舉行開工典禮，工程才算是進入實施階段。郝先生非常關心基隆河整治工程，曾於民國八十一年和八十二年兩度巡視工區。除了給予工作人員肯定和鼓勵外，也提出許多建議，讓我們都非常感念。

此外，基隆河整治計畫截彎取直方案推動的過程中，也特別感謝監察院長錢復先生大力支持。當時錢院長任經建會主委，深感台北地區防洪工程的重要性，又曾屢次由專案小組報告中，獲知台北地區洪水災害損失的嚴重性。在錢先生巡視基隆河後，認為應減少基隆河對附近地區的洪災損失、加強環境美化、提高生活品質，故極力支持基隆河整治計畫。

五十七次巡視

從民國八十年十一月十一日舉行開工典禮至八十三年一月止，據工務所的紀錄，我前後到工地巡視總共有五十七次。我所秉持的是李前總統的理念：施政者應走出冷氣房，多到現場鼓勵同仁、發現問題、培養實感。我也相信，多巡視工地，對工地的工作人員會有鼓舞作用，因為這表示主事者重視、關懷基層同仁的辛勞，而且經常巡視，才能達成市政建設全方位施政的時程和目標。

不管周末、周日、假日、行政院會後、中常會後，或經過工區附近，我都會抽出時間到工地看看。除了督察工地的施工情形，也關注河道開挖中的安全，和未來河道轉換的過程。我最重視的觀念是：安全、如期、如實，也要求每一個工作同仁都要朝這目標去做，使這世界上難得一見的河川整治工程，能順利推動，妥當完成。

工程棄土再利用

基隆河未整治以前原本是彎曲的河道，取直後低窪地需要運來土石來加以填補。當時有人建議要挖山來填，但我認為台灣到處有興建工程，一定會有大量的廢土必須傾倒，只要把這些廢土找來即可。果然，北二高工程因為經過山區必須挖通隧道、剷除部分山壁，產生大量的廢土。利用北二高工程的廢土來填築基隆河的廢河道，不但可以省下一大筆錢，也同時解決了北二高的廢土問題，一舉兩得。此外，也就近利用了台北市大安森林公園開挖人工湖及地下停車場的工程廢土來填補。

根據工程規劃資料、基地現場土質鑽探調查結果，並參考以前台北士林廢河道地質改良工程的施工經驗和成果，預計基隆河截彎取直工程施工時，將面臨至少包括：工程棄土再利用、舊河道河床污泥處理、舊河道回填後的地盤沈陷和地質改良工法等問題。其中像工程棄土再利用問題，就是門大學問。

舊河道回填時，需要大量回填土方。原先計畫利用六十六號公園預定地開發所產生的土方來進行回填，但所需經費過於龐大，超過新台幣一百億元，不符合經濟效益考量，而捷運和北二高等重大公共工程，產生大量工程棄土無處屯置。根據我的經驗和觀察，這兩者間應可形成互相截長補短的合作關係，因此進行相關評估，仔細研究利用大台北公共工程棄土，回填基隆河舊河道的可行性。

由於公共工程棄土種類複雜，大部分棄土又是軟弱、含水量較高的粘土，需要先研究評估棄土對工程的影響，確認沒問題後，就開始了基隆河截彎取直工程的各項工作，包括第一階段的新生地屯土工程，第二階段舊河道回填工程，第三階段的進行地質改良工程，第四階段再進行整地工程。在完成這些「地底下的學問」後，接著便展開新生地與河川綠地的整建。

整個基隆河截彎取直後，舊河道回填和新生地整地，總共需要七二〇萬方的填土，才能達到原設計高程。為掌握土方數量和來源，有效控制舊河道回填進度，特別在施工區內，設置「廢土利用管制中心」，統一辦理填土管制作業。

土地經濟學

在我市長任內進行的多項大型工程建設中，時常會遇到居民抗爭問題。其中，以闢建大安森林公園及中華商場的拆遷最嚴重，最後也都透過市府同仁以包容，忍耐的心情，以及聖經教我們的「愛是恆久忍耐，又有恩慈」等心態，才逐一化解抗爭，順利解決。在基隆河截彎取直工程上，這方面問題反而比較少，原因之一是，基隆河截彎取直土地大半在居民原本就相對不算多的行水區內，不像中華商場及大安森林公園因歷史遺留下來問題人數較多；其次，基隆河工程部分很多原來是公家土地，與其他重點工程相對照，遇到拆遷補償的問題也就比較單純，並未出現集體抗爭的情事；而且由於市政府對拆遷補償標準不算低，比如對兩岸商家減稅等，民眾也能了解市府的努力。

基隆河因多數是行水區，當年不少土地再便宜都沒人買，但在截彎取直工程完成後，二七七公頃新生地不僅成為台北市最繁榮的商業區，大直、內科、南港經貿園區的設置帶動周邊產業發展，也讓房價上漲。如此一來政府增加了稅收，民眾也都能得到好處。

有趣的是，有位住戶原本對拆遷房子有意見，但在拆了之後，竟然在自己老屋的牆壁內發現了祖先藏留下來的黃金，這位住戶後來反而跟我道謝拆了他家的老房子。

基隆河截彎取直後，不但增加了二二四公頃的高灘地可以作為公園用地，還獲得了二七七公頃的新生地。這大片新生地等到土壤中水氣蒸發一段時間，土壤比較結實以後，就可以用來打地基蓋房子了，其中有部分土地用來賠償原來地主的損失。原本地主的土地絕大部分是臭水溝地，整理後現在變成是建地，利益不但沒有受到損害，很多人還因此賺了大錢。現在到內湖一帶去，以大直水岸作為廣告的推屋案很多，就可見一斑了。

執行力才是重點

整治基隆河的目的基本上在淨化水質以及消滅水患。跟其他的市政問題一樣，在「要不要做」、「做了以後，要不要承擔風險」的層次上，市長自己可以做判斷，然後下達命令。但是要怎麼去做，則是涉及了專業的判斷，不是光靠自己一意孤行。基隆河之所以要採取截彎取直的辦法，是當時水利局在新店的試驗所做了七年的水文實驗後，才決定的方案。以中山橋的橋墩應如何更改設計為例，試驗所便做了許多相關的實驗，包括假設一旦基隆河上游發生驟雨，洩洪與洪鋒隨之到來，再加上海水漲潮的條件下，若中山橋維持原狀不予改建，水位會漲到什麼地方？或是改變拱橋的設計時，又會造成怎樣的影響？這些都經過了細密的模型實驗。

截彎取直案從研究到定案都還不是很大的問題，問題是定案了以後，要面臨執行的問題。即使現在，我還是要強調執行文化，我認為沒有執行的政治理念以及中長程計畫，所有再好的決策基本上都只能算是空談。這是我國政治文化的通病，也就「想想、說說、寫寫、不做」。我認為：要評估一位政治人物的政績，與其觀察口號、政見，倒不如去看看他到底實際上執行了多少。基隆河截彎取直所面臨的最大的問題便是政府的執行力。

這幾年台北市有兩個地方地價漲的比較多，一是大安公園周邊土地，另一是明水路附近基隆河旁的土地。從這裡可以發現，政府把一件工程做好，它的外部效益一定會超過眼前所看到的。政府其實會幫人民賺錢，但要讓市民開始有這樣體會的時候，需要一段相當長的時間。真正的前瞻性計畫不易被認同有共識，其原因在此，因此很多政界人士只做短期內討好選民、可增加選票的事。

宏觀遠見與執行理念

有人說，台北市長不是人幹的。的確，要成為具有前瞻、宏觀的視野、且具備愛心、耐心和執行力的台北市長，實在不容易。在市政建設上，絕非簽幾個姐妹市、頒獎或接待外賓等工作而已。我認為作為台北市長，在施政的優先順序上，首先要透過健全公平的社會福利制度和社區藝文設施的興建，提升市民的生活品質；其次，以改善大台北都會區的交通及環保問題為主軸，確實解決市民食衣住行的問題，以提升人民的生活水準；此外，還必須從區位平衡發展的觀點，加強老舊社區的更新發展，規劃建立副都市中心，以減緩都市部分地區過度開發及人口過度集中所造成的問題。最後，將台北市現有資源作最佳分配，為未來和現在的市政做出最好的規劃，並將美好的台北市推向國際舞台，使台北市成為國際一流的城市。

政格比政術重要，動工比剪綵重要

其實，只要以民眾福祉為依歸、超越個人利害思考、無我無私，除了忙一點，擔任台北市長並不難，從為市民謀福利的角度來看，實在有很多可以發揮的空間。可惜的是，時下流行作秀文化、口水文化和追求個人名利的政治風氣，耽誤很多應做而未做的國家與市政建設。

要做時下應景的市長並不難，只要會寫幾個字就好了，像「如擬」、「可」、「再酌」、「依法辦理」、「切實辦理」、「有法依法、無法依令、無法無令循例」、「無法無令無例、開會共同決定」。當這種市長不僅好做，可能升官還升得快些，但對我來說，卻一點意義也沒有。

如果問我，為什麼能熬過拆遷過程中的艱難、困阻與誤解？很簡單，因為不追求任何個人利益、清清爽爽、坦坦蕩蕩，沒有私心。人生在世，應該要為歷史留下一些東西，也要為自己走過的路，留下一些痕跡。我所追求的，是淡泊無私的成就感。我不太會推銷自己，我不會、不願意也沒有時間做的，就是「作秀」，亦即用文字、聲音、表情、動作去取悅群眾，博得民眾一時的快感和瞬間的滿意度，模糊其理性判斷和冷靜思考，進而影響判斷。

因此，綜觀市長任內，為了台北市的永續發展，可說是「冒了許多風險」來進行市政各項改革。因為一切為公，絕不像有人惡意中傷，說我買了哪一塊地，如果真有那樣做，早就是個大富翁了。我沒有，所以我心裡感到很平安，也很踏實。在我接任市長時，就下定決心做些「應做、未做、不好做」的大計畫，過程一定很艱辛，但我內心早有準備，也一直認為，「動工比剪綵重要，政格比政術重要」！所以當時決定進行的重大建設包括：闢建大安森林公園、十二號公園和十四、十五號公園，以及基隆河截彎取直、拆除中華商場、興建焚化爐……等，其他如捷運系統，則因已有完整規劃，只是要不怕煩，全力加以推動執行，期能儘速完成。

「四C加二C」理論

我經常從做事的經驗中得到一些新啟示，進而歸納出新的做事方法，我的「四C加二C」

理論，就是其中之一。所謂「四C」是指人際關係中的四種狀況：人與人之間最好的關係是合作（Cooperation），其次是妥協（Compromise），差一點的是競爭（Competition），最壞的關係則是衝突或對抗（Conflict or Confrontation）。這四種關係要從壞變好，一定需要溝通（Communication）與協調（Coordination），亦即所謂的「二C」。

抗爭、衝突雖然不好，但在人際關係中必然存在，因為它們的背後是有理性、有感情，是可以感動，可以溝通協調，可以改變的「人」，所以大可不必因有衝突或抗爭就覺得目標達成無望。但有智慧的人一般是不會在這種情形下強渡關山，因為要付出的代價多半相對很大，達成目標的機率很小。

會形成衝突或對抗多起因於互相不認識、不了解、不信任，或是利益有所衝突，但只要經過充分的溝通、協調，增進彼此的了解，雙方無法達成共識的模糊地帶會在一次次的接觸和說明後，逐漸清朗而被理解，被接受，並非一定要其中一方立刻有所退讓不可。溝通與協調有時可因時間的滌淨作用，讓彼此有更多的空間去冷靜和深入思考，對於原本不清楚、不能接受或尖銳的部分，因不再陌生而慢慢產生心理調適，再逐漸變成可以接受，於是改善了抗爭與衝突的情況，從而進入到競爭的階段。此時，就像是兩雄相爭的局面，仍是要透過溝通協調來爭取維護各自的利益。再往上推到妥協的階段，此時要達到目標的風險就已小很多，需要投入的成本也相對減少，達成目標的機率更高。

例如：為執行某些公共政策，市府需要徵收土地作建設，市民與市府間定會有些競爭，但在合理能力範圍內，市府多給市民一些費用或福利作為補償，使最終的公共利益目標得以達成，則為從競爭到妥協階段的方法之一。接下來若能再繼續經由溝通協調而達到合作的階段，距離目標的達成就靠時間，以及實際進行的努力了。

在大安公園關建過程的例子中，市府與拆遷戶之間關係的演變，其實就是整個四C的過程，而市府的相關工作人員更是在溝通、協調這二C上，投注了難以估量的時間和心力。

市政建設過程中的最大挑戰

進行這些市政建設過程中，最困難的工作就是拆遷補償。拆房子絕對不能有意外，尤其是對執政黨而言，否則隔天報紙上的標題一定是「好大喜功」、「草菅人命」、「引咎辭職」等的標題出現。其實，在我進行大安森林公園預定地居民拆遷工作時，對家家戶戶狀況早已做過詳細的訪問與調查。這一家有幾個小孩？那一家有幾位老人？我們都非常清楚，我自己也走訪過每一巷道，與居民溝通協調。我要求市府對住戶要做到「就醫、就業、就學、就養」的服務，並儘量維繫其在原有社區的「人際社會網路」。當時為了爭取國宅配額，還曾與時任國軍退除役官兵輔導委員會的楊亭雲主委，有過密集的業務溝通往來。

事實上，市政規劃綜合開發有其必要，民眾抱怨搬遷及補償也很正常，畢竟中國人傳統想法就是安土重遷，不願輕易搬離祖先留下來的老房子和土地；但在一個地方經過大型工程改造，也能帶動當地市容發展。當地經濟發展了，房價也會跟著上漲，對居民的經濟並不會帶來任何損失，反而會給多數市民帶來更大財富。

解嚴後，人民向政府抗爭可以說是必然的正常現象；要拆除上千居戶，卻沒有任何抗爭，才是不正常。然而，不只人民會抗爭，政府更要據理力爭！細察整個過程不外乎衝突、競爭、妥協，由於已有處理大安公園的經驗，大致能掌握抗爭民眾心理。政府只要依法兼顧情理，問題必能解決；若不敢面對抗爭，則問題永無解決的一天。明乎此理，政府官員只要訴諸於理、動諸於義、公正無私、堅守立場，以堅毅的平常心處理這些不可避免的抗爭事件，就能克服難關，迎刃而解，使公共政策得以貫徹執行。反之，若優柔寡斷，畏首畏尾，適足以助長部分民代和民眾的氣焰。

我想，讓行政首長最心煩的不外乎抗爭和布條，紅布條當然好，白布條卻一點兒也不好玩。以我自己的經驗而言，包括大安森林公園、基隆河截彎取直、中華商場拆除，都是拆遷戶多、狀況複雜的艱難工作。拆大安公園和中華商場時，這兩個地方都掛滿了白布條。家母出門時我都要特別交代司機繞道而行，不讓母親看到這些罵我的白布條。許多住戶還揚言，要到我家埋鍋造飯，說要來放火的也有，但我並沒有因此被嚇到或感到沮喪！

從各拆遷戶的身上可以看到忍耐力的堅強。從一開始慷慨激昂的抗爭，到後來平順的落幕，證明國人具有彈性和韌性的人格特質。只要我們依法兼顧情理，不要把住戶逼得走投無路，露宿街頭，始終如一的堅持立場，努力溝通，即使住戶不滿意，他們最終還是會理性接受。所以我才一再強調，公共政策的執行，只要依法兼顧情理，再加上愛心和耐心，絕無不可解決之事。

「正當的堅持和貫徹執行」，是我對「魄力」的定義。大聲謾罵、摔杯子和麥克風，只是彌補內心空虛、懦弱的外顯行為；情緒性的紛爭，實在是非常浪費時間和社會成本。然無論如何，政府做事必須要有前瞻性，為全民長期的利益考量。當然，在蛻變的過程中，難免會有苦痛，難免會有風險，但長痛不如短痛，該做的還是必須去做。我一再提醒自己：應該做的，就要繼續向前走；中間有挫折、抗爭、批評、謾罵都是在所難免，也是必然過程。既然下定決心，決策又是正確的，那就做下去，不用多想，也無暇多想！

我的人生觀是不虛度光陰，不白走一遭。公務員不論位居何種職位，最重要的是要有「使命感」、「責任心」。尤其學者從政，更要有做事的理想，懂得執行方法，同時要有一定的堅持。有人認為我在市長任內沒有把時間花在人際溝通上，但我認為把寶貴的時間用在市政推展上更重要。例如木柵動物園、翡翠水庫、垃圾焚化爐用地等建設，是從李總統擔任市長時，就排除萬難開始規劃。如果沒有那段期間的前置作業加上後續的努力，台北市不但缺水，如今也可能陷於垃圾戰中，更遑論有能力接收其他縣市的垃圾。

短暫的掌聲固然令人感到欣慰，最有意義的還是對整個市政建設的長遠影響。身為台北市長所能做的，對市政建設影響可長可短。同樣是取之於市民，用之於市民；同樣是用市民繳的稅來做事回報市民，用具體、長遠的建設回報，比起短暫地、討好地送錢，前者似乎更有意義。經費就是那麼多，就像一張餅，端視如何劃分。把錢用作建設經費做長遠規劃，是長期受惠、造福市民，比一時的討好市民，更有意義、更為重要。

市政建設永無止境，需要執政者前瞻的眼光、宏觀的規劃、細膩的執行，不厭其煩的以忍耐、包容、愛心、對理想的堅持，才能帶領市民跨越落後的階段，完成都市蛻變，進而達到現代化都市的理想追求。這是我最深刻、真實的體驗。

重大市政工程建設往往經歷漫長的過程，起源於複雜的時空因果，經過產生需求、各方達成共識、形成計畫，前期規劃評估與準備、溝通協調、工程招標、開工動土，直到工程結束，通常歷經數任不同首長，因此延續性的計畫與執行，常會持續數年甚至數十年。本書的附錄六，則依本章所述及的三大建設，整理記錄了各自的發展時序，從無到完成的重要歷程，提供讀者參考。

第七章

緣起奧會 無遠弗屆

市長任期結束後，承李登輝總統及行政院連戰院長之邀，我出任行政院經建會常任委員、行政院研考會主委、行政院政務委員、以及中華台北奧會主席等職務。其間也做了不少事，尤其從民國八十七年起出任中華台北奧會主席的八年期間，推廣奧林匹克真諦內涵，以及率領國家運動代表隊參加雅典奧運，拿下兩金兩銀一銅紀錄，創下中華台北奧會奧運史上至今還未被超越的紀錄。

接任中華台北奧會主席之前有段插曲。前任主席張豐緒先生任期一九九八年屆滿，當時考慮推薦誰接奧會主席時，我因出任政務委員，李前總統建議行政院長連戰先生考慮由我接任，但擔心我不願意，於是打電話給內人說，不管世界各國或我國歷史上，奧會主席聲望一向崇隆，如美國麥克亞瑟將軍曾任奧會主席；我國歷史首位奧會主席是曾任國民政府外交總長的王正廷先生，第三位是空軍一級上將周至柔將軍，隨後出任者如楊森先生、徐亨先生、鄭為元將軍都具相當名望，因此請我切勿推辭。其實我一點不排斥也不計較，只要國家有需要，做什麼工作都一樣重要，這事也就這麼定下了。要我擔任奧會主席，我猜想可能和我擔任市長期間大力推廣運動有關。

我雖然不是學體育，但一直熱愛且重視運動，學生時期曾積極參與體育活動，高中時代曾是排球班代表隊，進入行政體系後平時忙於公務，但總不忘參與或帶動體育活動。台北市長任內闢建了基隆河兩側可供運動的高灘地二百二十四公頃，八十公頃的華中河濱運動公園，興建二十六公頃的大安森林公園，推動仁愛路及各區假日慢跑，藉此提供全體市民有舒適的運動場所。直到出任奧會主席，我每天利用時間到大安公園甩手及快步競走，這樣的活動有利中老年健康，值得大力推廣。因此當時接任中華台北奧會主席，我不僅不排斥，且認為可做很多事。

先前任職市長時期曾從兵役處獲悉，台北市民甲種體位不多，到成功嶺訪問台北市籍大專兵發現，台北市來的大專兵被退訓人數高於其他縣市。又有一次和台北市體育老師早餐座談時，一位老師在席上強調，體能要從小做起，這位老師特別指出「運動會會歌」中的歌詞「強國必先強種」不對，「強國必先強身，而強身則要從小開始」，他這席話讓我非常感動，後來我要求學生每周在運動場慢跑，即源於此！

不過，擔任奧會主席讓我感受最深的是，對奧林匹克精神有了更深一層的認識。過去我雖然做運動，但對奧林匹克精神了解並不深刻，直到出任奧會主席後，經深入研究相關文獻，才發現原來奧林匹克精神那麼博大精深。它不只是運動，也是人文素養，更是文化藝術理念的推廣。擔任奧會主席八年，我以奧林匹克精神為信念，在台灣努力推廣發揚光大，現在回想起來還是覺得做了不少事，也有些成就感。

雖然我們的教育強調德智體群四育並重，但實際上對運動強調得不夠，甚至視運動選手為四肢發達、頭腦簡單的人。然從德智體群意涵細加思考，體育和群育、德育、智識互有關係，只是被忽略了。因此我常不斷強調Olympics理念與意涵，希望能加強國人對Olympics真諦的了解。

奧林匹克的精神理念

奧會工作時期，主要是推展奧林匹克理念、精神教育價值。廣義的奧林匹克活動涵蓋範圍廣泛，只要是增進人民身心健康，進而獲得強健體魄與真、善、美的快樂人生，都與奧林匹克活動有密切關係。說起來，這與我在台北市長任內建設美麗、安和、樂利的大都會構想，有異曲同工之妙。自接掌中華台北奧會，我才更進一步瞭解，原來奧林匹克理念與精神是多麼值得所有民眾進一步學習與瞭解，其代表的不僅僅是全民運動，更是人類文明最珍貴的資產。

奧林匹克理念普及全球無遠弗屆

奧林匹克運動對現代社會影響甚鉅。翻開中外歷史，我們發現不少智慧過人、眼光獨具的學說哲理，以其洞察事務的思維貢獻人群，然影響性能橫跨古今、縱深國際者卻屈指可數。除偉大的宗教思想外，已有兩千多年歷史的奧林匹克運動不但最具時空穿越性，也最能凝聚不同族群間共識，成為人類追求和平文明無可取代的瑰寶。

過去二千多年，奧林匹克運動走過長達十五個世紀的黑暗期，受羅馬帝國佔領希臘影響，西元四世紀時奧林匹克運動被視為異教徒活動遭廢止，到了十九世紀末才再度舉行並受全民重視，其戲劇性轉折，創造了人類史上絕無僅有的文明復興奇蹟。如今四年一度的奧林匹克盛會，不但吸引全球兩百多個國家共襄盛舉，聚集全球上萬頂尖運動員較勁，在奧林匹克運動帶動下，欣賞賽事及藝文表演，更成為全球人類共同休閒健身育樂節目，創造無限商機。

然而，無論是在國內或國際體壇卯勁逐鹿獎牌過程中，奧林匹克運動傳達的崇高精神理念，及對個人及社會實質價值，往往受到忽略，人們參與奧林匹克運動的動機，逐漸被模糊了焦距，讓人感到可惜。

跨越時空歷久彌新——人類文明最可貴資產

奧林匹克運動源起西元前七七六年的希臘，距今兩千七百九十六年的漫長時光，當時希臘城邦瀰漫殺戮掠地風氣，郡主好鬥、好戰，造成社會動盪，人心不安，社會有識之士遂興起如何化解衝突、建立和平共處的意念，終於想出透過競技活動，緩和、取代械鬥殺戮的作法。為有效降低衝突，希臘城邦間協議訂定「神聖休戰月」，在此期間各城邦須謹守協議，不得有任何械鬥，所有蠻力只能在競技場內展現，為期十餘天的競技比賽成為休戰期主要活動，亦即古代奧林匹克的濫觴。

古代奧林匹克運動為遷就當時社會濃郁殺戮氣氛，競賽顯得十分野蠻，參賽者上身赤裸，塗上橄欖油持兵器對打，血腥殘酷的競技中甚至出現挖取眼球、折斷肢體的慘不忍睹畫面。

雖然古代奧林匹克與現代奧林匹克競賽方式天差地遠，但透過競技化解衡突的思維，已勾勒出人類社會朝向和平發展的願景，此與我國兩千六百年前禮運大同篇倡議的理想，似有異曲同工之妙。

除和平理念對後世影響深遠外，古代奧林匹克許多行銷推廣技巧沿用至今，如賽前至各城邦宣傳、廣發英雄帖、傳遞比賽間不可械鬥理念、比賽中則配合各種宗教祭典儀式表達崇敬神恩的情懷，並舉辦音樂吟詩等藝文表演，或各種雕刻、繪畫比賽活動，讓競賽融合在柔美的藝術氣息中。賽事結束後，用橄欖葉為勝利者製作冠冕，接受群眾歡呼，勝利者被雕刻畫像，或作為吟詩歌誦對象，成為民眾心中的英雄。這些事前宣導及賽事期間搭配藝文活動，強調英雄塑造的作為，仍影響著現代奧林匹克活動內涵。

奧林匹克運動橫跨中外，穿越古今的精神理念，經過兩千多年的洗禮，更證明歷久彌新的價值，實乃人類文明最可貴的資產。

追求和平致力和諧——勾勒人類社會光明遠景

提起奧林匹克運動，外界第一印象是呈現分秒必爭的激烈競爭場面。究其實，比賽只是奧林匹克運動傳達和平理念的手段，最終目的在追求人類社會和平、合作氣氛，營造和諧、和樂的生活環境。選手們賽前、賽後都要打恭作揖、握手問好，意義就在運動過程中培養人類互相瞭解、友誼、和平、和諧的關係。如前所述，奧林匹克運動是藉運動的互動過程，消弭殺戮、化解衝突，儘管當初運動範圍與規模有限，只能暫時維持希臘城邦間的平靜，但透過運動競賽解決、緩和衝突思維，具有高瞻遠矚的眼光，對後世追求人類社會和平理念的形成影響很大。

為強調和平理念，早期奧林匹克格外重視城邦間的和平宣誓，活動間承諾不發動戰爭，避免衝突，這種傳統沿襲至今，在現今奧運會開閉幕儀式上，所有參賽國同樣必須參與「追求世界和平」宣示活動，主辦國元首也必定在致辭時，強調「和平、繁榮、發展」的遠景。

在奧林匹克理念影響下，國際間透過運動帶動和平氣氛例子比比皆是，如東西德過去在奧運聯合組團，南北韓雖然至今立場敵對，但運動場上卻常合作組團，美國和大陸關係的提昇也是藉桌球（乒乓球）而來。大陸取得二〇〇八年北京奧運主辦權後，政治觀察家也認為有助當年亞洲地區的整體和平發展。

奧林匹克透過運動化解衝突的和平理念，也深植社會不同階層。如政府機構官員往往為了替政務辯護，與民意代表在議場爭執得面紅耳赤，但當會期結束、大家安排球敘聯誼，也可達到化解府會開會期間緊張對立的效果，台北市政府和市議會就曾有過這種會期後安排棒球比賽的活動。

此外，運動對拉近人際關係亦有極佳效果，平常不往來的鄰居或辦公室同事，如有機會一起運動寒暄，必可拉近距離，創造和諧圓融的人際氣氛。由此可見，奧林匹克運動精神，不只可維持城邦間和平，更可幫助個人，成為擁有和諧、充滿友誼的人。

公平競爭激發潛能——民主社會的文化基石

集權體制下的社會強調齊頭式平等，較無法激盪個人潛能發揮，社會缺乏活力；民主開放的社會則是鼓勵競爭，藉激發潛能創造更多產能。但在民主社會競爭過程中，須遵守一定遊戲規則，才能維持社會秩序正常運作，奧林匹克精神即在不斷追求紀錄新猷過程中，嚴謹地要求程序規範，以創造公平、公正、公開的比賽倫理與文化。

現代奧運雖然競爭方式沒那麼野蠻血腥，但國際運動員間的競爭氣氛，卻越來越激烈，這種熾熱競爭經常從場內延燒場外。為求表現，採取無所不用其極手段，如以金錢賄賂裁判、服食禁藥，甚至對運動員造成人身傷害，都有違奧林匹克運動的公平競爭精神，也讓國際奧會不得不採取更周密的程序規範以杜絕弊端，因此國際奧會對所有奧運參賽選手的資格取得，都有客觀的選拔標準。近年對奧運會執法裁判的聘用，也採取較以前慎重的作業，禁藥藥檢上不斷成立國際性組織，賽事中的檢測及平時抽檢，都說明國際奧會不斷建立程序規範，作為國際運動員的行為遵循依據。

由於國際奧會嚴格掌控所有比賽條件，並完整規範成績紀錄採認，在國際間都受到認可，因而給予運動員奮鬥的動力，因他們清楚了解在公開、公正、公平規範下，靠實力參加比賽絕不會徒然，否則違規者拿到好成績，將產生劣幣驅逐良幣的反常現象。以雅典和北京奧運為例，各有一個金牌得主經會後藥檢發現，有吸取禁藥而被主辦國取消金牌資格的先例。

因此，奧林匹克運動特別重視程序規範，目的就是為開放社會，建立公開、公平、公正的競爭文化，即所謂運動精神。觀乎今天社會層出不窮的政治及商場亂象，我也要大聲疾呼，建立社會程序正義和規範倫理的重要性。

健美身心內外兼修——奧林匹克教育塑造完美人格特質

學者指出，性格影響一個人成就的高低。奧林匹克教育強調的人格特質，有助於塑造健全的人格，進而對社會風氣產生正面影響。奧林匹克理念具多元化、綜合性特質，強調運動過程中達到教育的功能，讓參與者經由運動實踐，親自體會公平競爭的意義，培養勝不驕、敗不餒態度，並養成遵守規範、程序的觀念。因此，奧林匹克對個人的價值不只是鍛鍊外在強健體魄，更要追求內在人格修養，達到健美身心雙重目的。

尤其，隨著速食文化的興起，E世代年輕人普遍欠缺刻苦耐勞的堅毅精神，這都因缺少堅忍性格的培養所致，奧林匹克倡導經過運動過程帶來的人格教育，正足以培養堅忍的人格特質。美國西點軍校對新生，除要求優異學業成績外，特別青睞運動背景的青年，道理亦在此。

奧林匹克運動精神強調體力、忍力、耐力是成功的基石。在此理念下，突顯鍥而不捨努力的可貴，而勝不驕、敗不餒的意義，有助培養對抗挫折失敗的調適能力，以及面對勝利時的內斂態度，此乃幫助個人勇敢面對環境挑戰，並能發展隨遇而安的人格彈性。

對現代社會而言，奧林匹克「不欺、不詐、不耍、不騙」的求真精神，講究友誼、和諧、和平的求善理想，及強調愛心關懷、熱情的求美態度，都具十分可貴的價值。重視規範與程序細節的奧林匹克活動，不僅要「Play Well」（比賽精彩），更要「Play Fair」（公平競爭）。這種精神是民主法治的文化基石，缺少奧林匹克公平競爭精神，民主政治將淪為殘缺不全的跛腳政治。

外科醫學發達的今日，許多人透過整型美容，只求塑造外在美感，但卻不在乎健康。要想在追求美感的同時，保有健康身體，就須維持「體重、體能、體型」的平衡，一方面減少體重，一方面擁有健全的體能及良好的體型，可惜現代人往往三項條件中一樣都沒有，好一點的也許有體重、體能，但沒有體型，而有體型的卻不一定擁有理想的體重與體能。

想同時保有體重、體能、體型，最佳途徑除控制飲食外，就是持之以恆的運動，也惟有經由運動，每個人才能達到健美身心，內外兼修的效果。

追求卓越激發潛能——挑戰更高更遠更快的極限！

人類最高身心潛能的激發與挑戰，是奧林匹克精髓所在！半世紀前登陸月球還是人類遙不可及的夢想，但一九六九年美國阿波羅十一號太空船達成了不可能的任務，幾乎同時，另一項輝煌歷史性的成就由一九六八年美國田徑選手海因斯所締造，他在墨西哥奧運男子一百公尺競賽以九秒九五突破十秒障礙，將人類運動潛能帶向嶄新的領域。

基於奧林匹克運動「更高、更快、更遠」的精神，全球無數運動員終日固守訓練崗位，往往只為追求百分之一秒的成績突破，在海因斯突破百米十秒障礙前，蘇聯選手佐夫的十秒紀錄，一直是大家想跨越的目標。而在海因斯衝出瓶頸後，各國好手信心受到鼓舞，接二連三跑進十秒內，如今百米世界紀錄由美國選手蒙哥馬利以九秒七八保持。世界跳遠紀錄，原本一直高懸於貝蒙在一九六八年墨西哥奧運寫下的八．九公尺，但這項紀錄一九九五年終於為美國選手鮑威爾路易士打破。

不論是田徑場、球場或射擊場，運動成績的突破都考驗選手身心的展現，以及瞬間動態的平衡感。現代運動科學結合運動生理、心理、力學、營養學、生物學等專業技術作為支援助力，才能讓選手成績日新月異，不斷突破身心體能極限的紀錄。根據美國研究，在現代運動科學輔助下，運動員成績可有效提升十五個百分點，成為運動賽會奪牌結果的決定因素，可惜國內對運動科學研究仍在起步階段，運動科學與訓練間的聯繫有待邁開步伐，快速前行。

全民運動——打造現代人的優質生活

中華台北奧會依國際奧會憲章推展活動項目，涵蓋三大主軸，包括組團參賽亞運及奧運、落實奧林匹克教育、推展全民運動。其中在參加奧林匹克競賽上，我們追求「更高、更快、更遠」的成績；奧林匹克教育方面，致力發揚人性「真、善、美」；而對全民運動推廣則強調「運動人權」的伸張，視運動為每個人的基本權利與義務，並無種族、宗教、性別、年齡之分。

過去農業社會人們生活少不了勞動，但在工商社會凡事由機器代勞、電腦化作業，使人們活動身體的機會越來越少，加上應酬多、營養好，現代人普遍有體重，卻缺乏體能，健康受到極大威脅，顯示在體檢報告書上，醫生建議多有減肥、多運動的提示。可見運動對現代人的意義更甚於農業社會。

現代人須認知生命品質提高，壽命延長才有意義。根據美國醫療研究報告，花一元運動費用可以省下三元健保費用支出，而常見疾病中三分之二都可靠運動改善症狀，所以政府部門應透過具體的全民運動替國家節省健保費支出。在社區各地提供各式運動設施，滿足民眾運動的需求，也應是重要國家政策。

因此，我任職台北市長時曾計畫在關渡興建包括巨蛋在內的體育公園，其中還包括興建運動醫院計畫，就是希望除了能強化運動員的傷害治療和修復預防的運動醫學功能外，亦能藉此提升國人的運動體能意識。

除了維持健康外，運動不只可塑造外在曲線美感，更可帶來愉悅心情，培養堅忍性格。歐美許多企業求才時特別青睞有運動背景的人士，因他們更具成功的人格特質，懂得如何面對挫折，在逆境中求生存，更重要是，知道如何與人配合，發揮團隊精神。

現代社會許多父母意識到，給予子女萬貫家財，不如培養健康、積極、堅忍進取的人格。許多健身訓練機構因應而生固然是好事，但培養健全的下一代，最好是鼓勵經由參與「群體運動」，才能有助達到身心鍛鍊的效果。

推廣奧林匹克活動

自我擔任中華台北奧會主席後，常親自前往各地宣傳奧林匹克理念與精神，以身作則、身體力行，做一個傳播奧林匹克的種子，並分別從古代奧運、近代奧運、國際奧會、夏季奧運、冬季奧運、中華台北奧會的滄桑史、奧林匹克原則與精神，以及中華台北奧會會務展望等主題，向各界說明奧林匹克運動精神的真諦。

中華台北奧會也組裝「奧林匹克宣導車」，以奧林匹克人下鄉方式進行基礎紮根，重塑奧林匹克活動的親民形象。「奧林匹克宣導車」上除放置奧林匹克專刊外，也播放與奧運有關的影片、歌曲等平面與電子宣傳品，走訪台灣省各鄉鎮市發揮播種、紮根功能，讓民眾瞭解「奧林匹克」不僅只是夏季、冬季及特殊殘障奧運會，更可以是文化、藝術、環保，且屬於全民的盛會。雖然這已是二十年前的往事，回憶起來仍好像昨天才發生的一樣。

擴大奧林匹克路跑活動範圍

民國八十七年起，中華台北奧會擴大奧林匹克路跑活動範圍，在全台北、中、南、東各地舉辦分站賽，再從各縣市選拔優秀代表參加年度大賽，並號召曾參加過奧林匹克研討會的學員歸隊，希望藉由這批最基層奧林匹克人，在各單位推廣，讓奧林匹克精神深入人心。

此外，中華台北奧會也在全省各縣市及多個鄉鎮成立「奧林匹克聯絡處」，包括桃園市、中壢市、八德、平鎮、大溪鎮、大園鄉、龜山鄉、蘆竹鄉、埔里鎮、仁愛鄉、台東市、成功鎮、關山鎮、長濱鄉等地，希望能從鄉鎮基層開始，由下到上，由地方到中央，逐步推廣普及奧林匹克運動精神，如此才能落實全民運動，藉由新作為，為奧林匹克活動注入新活力，展現新氣象，使全民都能時時參與奧林匹克活動，作到「人人運動、時時運動、處處運動」的理想目標。

我既然出任奧會主席，就期許這樣的目標，能透過發揚奧林匹克精神，讓全民運動成為潮流。

推動奧運二十一世紀議程

一九九九年十月巴西里約熱內盧舉行第三屆運動與環境大會上，各國代表簽署了「奧林匹克二十一世紀議程」，亦即所謂「里約宣言」。國際奧會與聯合國共同成立一個組織，負責推動奧運二十一世紀議程，並擬定下列三大方向，作為未來施行運動與永續發展工作的最高準繩，使國際奧會因此成為國際上另一個有力的綠色組織：

（1）強化永續發展、消弭社會歧視、提升消費習慣、促進保健、開發社區化運動基本設施、整合環境理念於體育政策等國際合作計畫，達到改善社經狀態的目的。

（2）透過環境規劃及體育設施設計，達到自然資源有效保護與管理目的。

（3）藉鼓勵參與體育組織，強化社會群體如婦女、青少年及原住民的目的。

奧運與環境應緊密結合，因為奧會精神能破除橫亙人類的藩籬，增進彼此友誼，進而減少人類與環境對抗動機；其次，奧會活動使全球不同人種，不分貧富貴賤聚集一起，用最公平方式去爭取榮耀，這種平等與調和，就是現在紛爭的世界追求永續發展最基本的信念所在。這一信念要求所有運動員擔起責任，帶領群眾與社會促進全球的永續發展，讓奧林匹克精神能從運動員彼此之間，昇華進入地球上每個人的心中，再更健康的結合人際關係，更積極營造世界地球村的境界。

推動世界地球村誕生

人類活動因崇尚物質生活而結合成地球村，推廣奧運精神將使地球村的基礎更嚴謹，才能達成地球環境的永續經營與發展。

奧林匹克具有「世界地球村」的概念，是因為奧林匹克不僅是運動，且與我們賴以生存的地球與環境息息相關。一九九四年巴黎召開奧林匹克百年紀念大會上，運動與環境的關聯性首次被提出討論。到一九九六年，奧林匹克憲章第二條就加註：「奧林匹克競賽舉行應在一個具有能促進對環境關心、透過活動履行對環境議題的責任，以及能教育所有參與奧林匹克運動會的人們，知道永續發展的重要性」。可見奧林匹克運動會目的，已不只在爭取全球人類的和諧發展，且要發揮更主動積極作用，促使世界朝向永續發展的目標前進。

奧運推動新地球村誕生，目的是希望人類能擁有地球村優點，去除不利因素。因此，體育人士除積極促進體育活動外，應更積極地參與和改善我們的生活環境。運動員對生態或環境的瞭解雖不如專家，但運動明星或組織具備科學家沒有的吸引力，只要體育界發起提倡，廣大民眾很容易接受並施行有利於環境的活動。因此，希望大家一起努力，促進我們生活環境的改善，以爭取對下列四大基本生活與環境要求的實現：

（1）基本的空氣品質，以保障我們與運動員不會因吸入而傷害身體健康。

（2）基本的水體品質，以保障飲水及游泳、釣魚、划船的河泊不危害健康。

（3）基本的食物及營養標準，確保每個人能得到足夠及衛生的食物。

（4）密集居住及快速發展的社區，確保有足夠提供休閒與運動的綠地及設施。

作為體育人要肯定身為地球村一份子的價值觀及理念。透過體育活動，我們得以養成堅忍奮發、積極進取的人格特質，縮短工商社會中人和人的疏離感，培養國民不欺、不詐、不耍、不騙的奧林匹克高尚情操。實現奧會理想的地球村，人人才能身心健康，享受快樂的人生。

擴大推展全民運動

奧運精神貴在參與、追求卓越，培養健美身心和優良的運動風度，進而促進人類社會和平與繁榮。故勝利時不必得意自滿，失敗時亦不必喪志氣餒，更不宜苛責。以珍惜感恩之心，不斷追求真、善、美的奧林匹克精神，正是運動的真義，也是吾人永續奮鬥的目標。此一理念，我認為與國際奧會一九九八年巴塞隆納全民運動宣言中，強調運動與教育結合的重要性不謀而合。

當我接任中華台北奧會主席後，一直致力推廣全民運動理念。我們的社會由農業轉型為工商社會，由鄉村步入都市生活，緊張的步調造成人與人之間的疏離感，因此更需要以運動建造人類友誼與和睦的關係。處在競爭激烈的工商社會中，除應具備堅忍不拔的人格特質外，應養成遵守規範的習慣，期使生活在地球村的人在競爭之餘仍能和睦相處。現代人飲食營養不虞匱乏，平均壽命增長，卻因缺乏運動致使身體機能出現疾病。因此我希望藉由全民運動理念，經由城鄉奧林匹克聯絡處組織的設置，積極推廣全民奧林匹克活動，讓全國民眾在參與競技活動中獲得健全身心、健美的體形，培養良好社會風氣，並以「運動、健康、快樂」六個字揭櫫奧林匹克精神與真締，更希望大家身體力行，共創安定繁榮的社會。

體育是國力的表現

國民體力是國力的展現，也是強國強民的主要方式。李前總統登輝先生尤其重視全民體育與運動發展。我出任奧會主席期間，李前總統接見全國體育界代表時曾指出，體育是強國強民的基礎，體育成績更是國力表現，而深受國人喜愛的運動休閒活動在國家建設中扮演愈來愈重要的角色。他明確指示體育界應通力合作做好兩項工作：

（一）開拓二千三百萬國人健康及休閒生活，以提昇生活品質，展現國家活力。

（二）全力提昇運動競技能力，對人才發掘、訓練績效的提昇，增加比賽磨練機會及建立體力發展指標，加強培訓優秀選手，多方參與國際競賽，期能提昇我國際地位，加強民族自尊心與自信心。

全民運動指導員的重要性

我在民國九十一年四月出席中華台北奧會第一期全民運動指導員講習會開訓典禮時，曾向運動指導員談到為何要重視全民運動：「這是緣於我常前往大安森林公園運動，發現不少運動社團在公園各角落都有自發性的定時、定點運動，顯現社會中健康有朝氣的一面。」當時我對運動指導員老師們，長期堅持義務奉獻精神就非常感佩，因為他們的堅持，才使參加活動的市民更健康快樂，可說是功德一件。

中華台北奧會自民國九十年暑假開始，便選派工作人員到台北縣市各公園訪問運動社團，瞭解社團活動內容與需求。彙整分析後，決定仿照美、日、中國大陸等有關全民運動指導員制度，作為推展全民運動的配套措施，並在民國九十一年二月邀集義務帶領運動的老師出席「全民運動指導員講習會」的事前座談會，經意見溝通後，開始舉辦上述講習會。所需經費政府單位因未能補助，後來透過募款，獲遠東集團徐元智先生紀念基金會、財團法人環境保護與運動推廣公益基金會應允捐款，講習會才能開訓，至今我對兩個基金會的捐款並促成講習會舉辦銘感於心。

視運動為基本人權的觀點

全民運動首先在歐洲國家被倡導，並在世界各國普及。運動為基本人權觀念逐漸深植人心，各國莫不將推展全民運動列為政府重要政策之一，且運動不再是貴族、男士、青年等階層專利，在婦女、職工、兒童、銀髮族、身障人士、原住民等群體中，運動也同樣獲得重視與發展，銀髮族更成為全民運動擁護者、實踐者。全世界超過四分之一以上人口參與運動，透過運動作為增進身心健康的主要手段，尤其面對經濟高度成長、生活方式急劇改變，以及高熱量精緻飲食所引發的壓力、焦慮、肥胖、慢性疾病等現象，醫界、體育界都大力主張透過運動改善生活，提高生活品質。

國際奧會還在一九八三年成立全民運動委員會，並訂每年六月二十三日為奧林匹克日，要求各國奧會舉辦路跑及紀念活動。國際奧會並出資贊助兩年一次的「世界全民運動大會」，號召全世界共同推展全民運動。

體育老師的啟發：從小養成運動習慣

推廣全民運動也是我在許多因緣際會下發展出的思考。擔任台北市長後，我常和各行各業進行早餐會談，聽取市政建言。如前述一位體育老師在席上建言說：「運動要靠長期習慣養成，不能只靠辦運動會，就能強身強國。」這位體育老師的建言給了我很深啟示，於是我以行政命令透過教育局，規定國小三年級以上學生，周一至周五上午，分班、分批跑操場或校園外圍步道兩圈。另為避免學生在紅土跑道上跑步沾滿身灰、下雨天泥濘滿地，弄得狼狽不堪，因此指示所有學校一律鋪設ＰＵ人工跑道以利跑步。

對於推廣慢跑，除從校園著手外，周末清晨我也親自到台北市各區帶領市府同仁和社區民眾跑步，惟有親力親為以身作則，才能收到最好的推廣效果。同時，還請區公所調查公園或廟宇，定時定點帶領民眾運動的體育老師，以公款補助他們交通費，因這些人正是發展基層全民運動最重要的支柱。

其他包括象山、圓山後方登山步道整修、公園整治和闢建，都是為提供優良運動環境的努力。其中，最為人津津樂道的是大安森林公園，這座公園成了台北國際都會中口碑不錯的都市之肺。基隆河截彎取直後二百二十四公頃的兩岸高灘地，八十公頃的華中河濱公園等，更讓台北地區多出超過三百多公頃的運動休閒遊憩場地，讓市民即使身處擁擠的台北市，也能方便的從事體育活動。

拓展全民運動的多樣性與普及性

民國八十七年接掌中華台北奧會後，中華台北代表團在奧運、亞運交出相當亮麗成績單。一九九八年的曼谷亞運一舉奪得十九金，以及二〇〇四年雅典奧運第一面金牌以及其他四面獎牌，都是史上之最。儘管競賽場上中華健兒表現有目共睹，但在熟讀奧林匹克運動書籍和文獻後，對奧林匹克運動的意義又有了更深刻體會，除競技外，深感全民運動才是競技運動的基礎，惟有全民運動才能增進國人健康，才能提升體能增強國力。所以我在中華台北奧會主席任內，全力推廣全民運動，秉持運動乃每個國民的基本權利理念，把舉辦活動地點擴及各地，並透過教學培訓，培養各項全民運動指導人才，也將全民運動領域擴大到弱勢族群。以下是一些具體作法：

（1）奧林匹克路跑活動舉辦地點，不只在北部，中部、南部、東部也都可以辦。以二〇〇三年國道三號竣工為例，中華奧會在屏東舉辦阿猴奧林匹克國際馬拉松路跑，吸引不少國際友人目光，包含亞太全民運動協會（ASFAA）官員及外蒙古奧會成員都前來參觀。

（2）在南投埔里、桃園市等處成立中華台北奧會聯絡處，以便活動舉辦時的人力調度動員。

（3）從遠東企業集團徐元智先生紀念基金會募款，為運動指導員、運動志工授課，課程內容包含運動醫學、運動生理、運動心理、運動傷害、運動營養等各種現代運動知識，並在課程結束後核發結訓證書以茲鼓勵。

（4）二〇〇四年起派教練赴國內多所安養院及養護單位，進行老人身體活動教學，帶領老人家作八式動禪，鼓勵銀髮族多運動。

（5）我也身兼全民游泳推廣協會理事長，辦理許多教學活動，積極培育基層游泳教練，進而舉辦許多青少年游泳訓練及比賽。

參與國際全民運動總會（TAFISA）活動

TAFISA（The Association For International Sport for All）是國際知名的全民運動組織，源於一九六九年在挪威奧斯陸舉行第一次國際全民運動會議，並於一九九一年在法國波爾多正式成立。二〇〇五年起TAFISA總部設在德國法蘭克福，至今已有兩百多個會員組織，獲國際奧會、聯合國教科文組織（UNESCO）和世衛組織（WHO）正式承認。該組織的使命是以全球為範園推動全民運動，工作重點在於：為全民運動發展進行國際性宣導，把全民運動視為基本人權，並作為提高個人、社區和整個國民生活品質的主要方式，以及推動國際性有關全民運動的運動會、研討會和學術交流。

由於我在台北市長任內和奧會主席期間，持續推動全民運動的理念受到肯定，因而獲選TAFISA理事，也曾獲選擔任副會長一職。雖然任職期間並未主動爭取TAFISA來台辦理活動，但TAFISA在台灣辦過多次會議，目的是透過我們對全民運動的理念及許多具體作法，為全民運動作見證，提供TAFISA會員國參考。

為符合奧林匹克促進世界和平與國際友誼的理念，應多舉辦外籍人士活動，也可結合宗教音樂禮拜、民俗活動表演，讓外籍人士有聚在一起的機會。過去在台北市長任內，我曾多次在大安公園為外籍勞工辦理結合宗教和慢跑活動，除疏解外勞們異地思鄉之苦外，未嘗不是推動國際性全民運動作法。

全民運動是時代潮流，特別是台灣已邁入高齡化社會，更應從小培養全民運動文化，讓國民延年益壽，並提升生命品質。我常說：「有些年輕人不但沒有體能、沒有體力，也沒有體型。」以前推動健走不遺餘力的「飛躍鈴羊」紀政女士，十分喜歡引述我這段話。所以，全民運動應從校園中的「運動推廣」奠基做起。

推廣全民運動從易處著手

推廣全民運動可從「易處」著手，不一定要花費大把鈔票、龐大預算、建造使用率不高的硬體體育設施。以學校操場開放為例，可視校園為社區文化堡壘的範疇，成為運動休閒活動空間，讓學校與社區緊密結合。

還有進一步可行之處，即充分利用閒置教室，設置簡易運動設施，使體育活動空間大為增加。台北冬天天冷多雨，若能在部分空閒教室添置簡易運動設施開放給民眾使用，不但能活化校園閒置或低度使用的教室，更能滿足民眾運動的空間需求。

另方面，另可善用傳統民俗活動推展全民運動，像氣功、甩手、外丹功、太極拳等。各級行政首長應當全民運動的火車頭，若能親自投入會格外具影響力。過去我在市長任內，就曾刻意到各區帶動跑步運動，順便瞭解各區推廣運動的成績。地方首長親自帶動建立制度與執行力，運動自然而然能融入國人的生活習慣。

以科學檢測發掘原住民潛能

這項計畫是針對原住民的特殊體質，進行一次科學檢測舉才的研究。李前總統當時曾對體育界指示：「各相關單位應積極規劃振興我國田徑運動，並妥善發掘原住民特殊體能體質，培育優秀選手。」在此思考下，我擔任中華台北奧會主席後，即著手將每年固定在台北舉行的國際奧林匹克路跑賽，推廣至全國各地舉行，除了一方面將追求真、善、美及更快、更高、更遠的奧林匹克精神與理念散播至基層，達到全民「運動、健康、快樂」的目標外，另方面，亦藉各地方路跑賽的舉辦擴大民眾參與，並以科學化、系統化方式，發掘賦有潛力的優秀選手（特別是原住民選手），為田徑運動注入新的活力與希望。

計畫分兩階段實施。第一階段，中華台北奧會自民國八十七年十月起在台中、高雄及花蓮等地舉辦地方性路跑，每地參加人數均近千人，每次路跑均對選手施予成績測定。為作進一步篩選，再從比賽中的優秀選手中挑選十至十七歲青少年選手約百餘位，參加中華台北奧會舉辦中長跑選材測驗賽，最後選出六十一位（其中多位具中長跑潛力的原住民小朋友）做為第二階段科學測驗分析對象。

第二階段部分，從運動生理、生化、心理及體能等方面進行。中華台北奧會獲教育部經費支持，利用暑期於民國八十八年八月十日至八月十九日，將篩選出的優秀青少年選手集中於花蓮東華大學，實施各種科學檢測分析，再從制度面提供完整訓練及生活保障。中華台北奧會也遴聘陽明、慈濟等醫學院，長庚、榮總及慈濟等醫院及國立台灣師範大學、國立體育學院、台北市體育學院、國立藝術學院等單位醫師、教授及專家共同組成檢測小組與教練團，設計各種研習課程及檢測項目。

生化檢測主要係利用可反應耐力性基因表現的分子指標，選擇適合長期培訓的頂尖耐力型運動選手。實施過程包括：生化檢測鑑定、耐力性基因表現性狀、血液檢體、資料判定與報告及與對照組測試、指導中長跑教練如何判讀檢測指標等。檢測結果發現，其中三十一人在遺傳性狀上具卓越肝醣儲存（反映GLUT4基因表現量）及胰島素訊息傳導等能力（此性狀使人在高強度與長時間運動過程能有較強持續力）。

在生理機能檢測方面，由慈濟醫院對每位參加測驗選手實施最大攝氧量、運動及血液檢驗等檢查，並檢測肺功能，包括肺活量（呼吸次數及深度）、肺容量（呼氣及吸氣最大換氣量）。檢測後，從六十二位選手中篩選出二十位男選手及十一位女選手，共三十一位。此外，專項體能測驗分組後亦篩選出六十二人。

透過生化、生理及體能各項檢測結果交叉篩選，再由檢測小組專家開會仔細討論後，最終選出體質最佳男生組十五人及女生組六人，共廿一人。最後由此得出以下六點結論：(1)科學選才與檢驗選才併重；(2)選才工作無法一次測驗決定，宜長期追蹤檢測；(3)部分選手有信心不足現象，可從心理輔導著手改善；(4)原住民有較強副交感神經，可保護心臟、血管，使身體血液循環更能配合中長跑所需身體負荷。慈濟醫學院神經學研究所郭博昭教授認為，他們休息時心跳頻率比平地人低，跑步時較不會加速心跳，這是原住民適合中長跑理由之一；(5)篩選出具潛力之青少年（原住民）選手，施以中長期有計畫及制度化之專業訓練，並將檢測數據等相關資料建檔列管，定期聘請專家及運動科學專家協助訓練與追蹤考核；(6)由民間企業認養優秀選手，培育人才。

從以上檢測發現，原住民選手在體育天分及體能，先天上確實具有較優秀潛能。其實原住民朋友不僅體育，即使音樂感知能力或藝術上也相當具有天份。這是依我過去數十年與原住民朋友接觸的經驗而來，雖說不一定有嚴謹根據，但也確有幾分佐證。二〇〇一年原住民選手到西安參加城牆路跑所表現的成績，即可為佐證。

中華奧會努力方向

我自民國八十七年元月十九日接掌中華台北奧會後，第一年即在奧會委員、執行委員及體育界先進協助指教下，圓滿達成預定的工作計畫。第一年工作不容易，也向當時協助我完成計畫的先進與朋友們表達最深敬意與謝意。

剛就任主席後提出的工作方向有以下幾點：一、團結和諧，邁向亞運；二、加強國際交流，爭取國際友誼；三、促進兩岸體育交流，建立良性互動關係；四、培養奧林匹克專才，推動奧林匹克運動；五、結合社會資源及財力，推展奧林匹克理想。這是我剛接任後的自我期許，現在回顧起來，成績雖不敢說達到盡善盡美境界，但對奧林匹克全民運動的推廣與宣導，確實邁開大步，持續穩定進行。

就任後，中華台北奧會持續執行行政院體委會託付的任務，包括協助各運動協會推展國際體育運動交流活動，以及出席和主辦國際會議、承辦參加長野冬季奧運會、莫斯科青少年運動會及曼谷亞運會等國際綜合性運動會組團參賽工作；同時，我也利用出席國際會議機會訪問各地奧會及國際體育組織。此外，中華台北奧會除積極推廣奧林匹克活動外，且加強兩岸體育交流、招考培訓國際體育交流人員，為奧會注入新的活力。

值得一提的是，接任奧會主席的第一年，我就曾兩度與當年國際奧會主席薩瑪蘭奇會晤，也與當時亞洲奧會主席阿罕默德親王數度見面。兩位國際體壇領導人均對中華台北奧會工作表達肯定支持。任職第一年中華台北奧會亦接待了到訪的國際友人，包括約旦奧會祕書長科迪博士、世界空手道聯盟主席Antonio Espinos、保加利亞奧會主席Mr. Ivan Slavko、亞洲棒球總會會長山本英一郎、俄羅斯國會議員訪問團、美國奧運田徑金牌選手葛瑞菲斯、北京體育大學校長金季春、上海體育學院院長俞繼英等。

路跑活動普及各地

中華台北奧會在台北中正紀念堂舉辦傳統國際奧林匹克路跑，除首次邀請國際一流選手參賽外，並擴大舉辦奧林匹克日慶祝酒會。接任主席第二年後我們將路跑活動從台北市移到別地方舉行，到高雄、花蓮、台中等地舉辦陽光健身路跑，以及與林務局合作，在太平山舉辦國際越野賽。特別值得一提的是，比賽當天並在太平山植樹，開闢成奧林匹克紀念林，極富環保及教育意義，獲國際奧會來信讚揚。我們希望藉由長期努力，一方面持續推廣慢跑風，廣泛宣揚奧林匹克理念與精神，另方面積極發掘有運動潛力的優秀選手，加以培訓，希望藉由奧林匹克教育內容，灌輸國人的正確運動觀念與知識，培養正確的人生態度。

調整奧會內部組織

接任奧會主席後，為更符合中華台北奧會的實際運行，我也進行幹事部組織人事的調整：行政、祕書、會計三組不變，企劃組改新聞出版組，國際組與聯絡組合併國際聯絡組，另增設活動推廣組。此外，陸續成立奧林匹克文化、教育、運動醫學、運動員、運動科學等委員會，積極推動各項工作。同時，針對奧會內部進行改革，發揚奧林匹克「推廣健美身心」的運動精神，並成立奧林匹克俱樂部，落實各地廣設聯絡處，還另設環保委員會，涵蓋全民藝術、全民綠化等委員會，讓一般人在重視比賽得牌外，亦能認知到藝術、環境綠美化的同等重要性，以達到奧運真正宗旨目標：健美的身心！

也正因設置相關組織及配備必要人力，才能在遇到像颱風及九二一大地震這類災情時，及時發揮在地的聯絡與救災補給效用。例如在九二一地震過後，由時任奧會副祕書長陳益明先生，帶領了從外地運輸資源補給的第一輛車子進入仁愛鄉重災區，並透過奧會設在埔里的聯絡處負責與分配物資。

結合社會資源推展奧會理想

中華台北奧會是民間性國際組織，當時承擔六十種單項運動協會活動，業務繁重，經費僅賴政府少數補助，由政府委辦業務中提撥百分之二十作為經常性支出，實不足支應人事費及行政費，更無法推展理想中的會務活動，在有限經費下，實有巧婦難為之感。中華台北奧會人事經費相當拮据，國際交流經費更感不足，國際體育事務人才及國際體育資訊都有待培養與加強。

也因此，中華台北奧會只能結合社會資源及財力，也很感謝幾位台南鄉親的支持。另如美商如新公司、日盛證券、英泉食品、超野股份有限公司、凱欣、上友工業，還有輝瑞、浣一、元祐、好涼食品等，都分別贊助奧林匹克基金或舉辦路跑及協助組團參加曼谷亞運，特別感謝這些廠商盛情贊助，都是企業表率，更是企業精神發展到極致的具體表現。第一年工作實在不易，在此我要特別向中華台北奧會當年的王人達先生、徐旭東先生、莊村徹先生等三位副主席表達最深謝意，因為他們不僅在會務工作給予我很多協助，也慷慨捐獻贊助奧會基金。此外，也謝謝內人林文英女士個人捐助五十萬元響應贊助奧會，推展奧林匹克活動的盛舉。

我們要將運動理念與精神全面推廣至學校、社會、軍中及國際。也要加強與國際奧會、亞洲奧林匹克理事會及其他國際體育組織聯繫與合作，協同國內所有單項運動協會辦理國際體育事務及國際交流活動，結合各界力量，在行政院體育委員會指導下，與全國體育運動總會和各單項運動協會，充分配合，協調合作，共同為推展全民的奧林匹克運動，完成國家跨世紀的體育建設繼續努力。

不過中華台北奧會主要工作畢竟是參加奧運、亞運及其他國際賽會，這部分在我一生中也留下很多珍貴回憶。

十三屆曼谷亞運成十九金破紀錄

接掌中華奧會後首年，我有幸四次率團參加第十八屆長野冬季奧運會、第一屆莫斯科世界青少年運動會、瀋陽亞洲體育節運動會，以及第十三屆曼谷亞運會。在莫斯科世界青少年運動會，中華代表團獲一金二銀五銅，總獎牌數在一二五個參賽國中排第十五名；瀋陽亞洲體育節運動會共獲十一金、四銀、五銅佳績，表現傑出。一九九八年的第十三屆曼谷亞運會，我國更獲金牌十九面、銀牌十七面、銅牌四十一面，在所有參賽四十一個國中名列第六，這是我國歷年參加亞運會的最佳成績，中華健兒將士用命創下的空前紀錄，令人歡欣鼓舞，不僅足堪告慰國人，也獲當時李登輝總統、連戰副總統及蕭萬長院長的嘉勉與肯定。這是我們體育界當時在體委會、中華奧會、體總及各單位通力合作下，共同交出的一張漂亮成績單。

當年中華健兒在國際的優異表現，不僅爭取了許多國際友誼，贏得許多讚賞外，也大大提昇我國國際地位及能見度。選手的卓越表現，是一項實質外交，效果遠超過各種宣傳工作，因此我被當時的蕭院長喻為「最佳體育外交官」，意義深遠。

二〇〇〇年中華台北奧運代表團在雪梨奧運雖未突破「零金」，但拿到一銀四銅五面獎牌。當時我告訴大家，未能拿到金牌雖遺憾，但大家都盡力了，強化培養體壇新血，深植全民運動，才是發展體育的根本。

「雅典奧運破零金紀錄，黃大洲功不可沒」

二〇〇四年八月十三日至二十九日在雅典舉行的第二十八屆奧運，中華代表團以二金、二銀、一銅，排名三十一，寫下歷年最佳成績。雅典奧運中華代表團拿下五面獎牌，追平上屆雪梨奧運成績，但成色更佳。除兩面金牌分別由陳詩欣、朱木炎奪得外，男子射箭團體賽、男子跆拳道獎牌第二量級，也各自拿下銀牌，女子射箭團體賽也射下銅牌。

「黃大洲的豐功偉業，雖然被贏得金牌的健兒光彩遮掩，但他已注定會在台灣體育史上留下不朽的英名。」這是民國九十三年十月五日出刊的遠見雜誌對我的美言。我不敢這麼說，但當年雅典奧運台灣所獲佳績，的確是台灣運動史上光榮的一頁，更是創造台灣參賽以來最輝煌紀錄，這一切應歸功選手及體育界的共同努力。

這一年，對中華民國來說，「雅典奧運」是永生難忘的回憶，因為經過多年努力，終於突破奧運「零金牌」的障礙。直到目前，在國際奧會兩百多個會員國中，仍有近半會員國無法打破零金牌紀錄，可見能在奧運奪得金牌的意義深長。

雖然不是國旗 國人熱淚盈眶

一直到二〇〇四年的雅典奧運前，台灣選手參加奧運已七十二年，但到當年才寫下奪金一頁，這是台灣人的驕傲。在奧運得牌很難，進入八強都相當不容易，這是選手和教練長期努力和瞬間凝聚爆發力的表現。

記得奪牌當天凌晨，當陳詩欣、朱木炎的跆拳道終於不負眾望，以令人佩服的勇氣和毅力連奪金牌，國旗歌奏起時刻，陳詩欣熟練的把右手放在眉梢向會旗行舉手禮，相信當時全國民眾和我一樣激動的眼淚同時落下。雖然升起的不是國旗，響起的不是國歌，但都是象徵我們在國際舞台的精彩表現。

奧運結束後，當年九月一日中華台北奧會代表團健兒載譽返國。台北的天空突然充滿濃濃活力，整個城市湧現出洋洋喜氣，基隆路到松隆路、忠孝東路有如紐約第五街，彩紙滿天飛，鞭炮聲隆隆，人群跳躍著，大家伸長脖子只為多看英雄一眼。九名奧運奪牌選手乘坐吉普車繞行台北市東西商圈，接受民眾英雄式歡迎，民眾沿途揮舞國旗，爭相與中華兒女拍照，許多開車或騎車民眾紛紛減慢車速或將車停在路邊，只為一睹陳詩欣、朱木炎等國手風采，雖造成忠孝東路雙向大塞車，但就像計程車運將所說，「這是快樂的塞車，多塞幾次也沒關係。」

爭取廠商支持不遺餘力

在國際體壇推動體育選手表現更上一層樓，企業認同與贊助不可或缺，越是知名大企業越有這樣的宏觀視野，願意投入國家級、世界級體育贊助活動，與全球一起實踐遠大的理想。因此，爭取廠商支持奧運很重要，可讓廠商成為主要挹注力量。例如彰化銀行與中華台北奧會簽約，成為中華台北奧運代表團正式贊助商之一，共同發表雅典奧運的精神是為奧運築夢。奧運會追求更高、更快、更強、公正、公平、公開、公義的崇高理想，表彰的無非是「運動家精神」，往往也是企業要向目標追求果敢挑戰的精神。而當我們把象徵奧運精神的奧運火炬，傳接給中華代表團選手，盼能藉薪傳之火延續奧運追求永恆與超越巔峰的精神，改寫歷史。果然，築夢成真！

從兩岸奧會到農業交流

奧會的目的是經由運動競技達成身心健康，但就國際面而言，也有透過奧林匹克的活動與交流，建立人類和平社會的意義。

我對大陸及兩岸關係有更進一步的了解與思考，是從我出任中華台北奧會主席期間，較有機會帶團到大陸參訪。當時因身兼政務委員，也成為台灣最早少數能率團訪問的中央級官員。我任內和大陸奧會建立了每年「五來五往」的互動交流模式，這些互動包括到對岸參觀、開會、交流，兩岸體育界共同召開各種運動相關的研討會、座談會，還涉及運動項目名稱統一等。每年大陸奧會及體育界人士來台灣五次，台灣相對也去大陸五次，我當時還開玩笑說，兩岸「五來五往」的互動模式，就是「十全十美」。

開始兩岸體育交流

政府於民國七十六年開放大陸探親後，七十八年中華奧會與大陸奧會在香港簽訂協議書，明定台灣體育團隊及體育組織赴大陸參加比賽、會議或活動，將按國際奧會有關規定辦理，我國代表以「中華台北」為隊名的模式，進行海峽兩岸的體育交流。

因「亞洲運動協會聯合會」於八十七年八月二十八日至九月六日在瀋陽市舉辦「亞洲體育節」慶祝賽會，以及大陸體育總局局長兼奧會主席伍紹祖先生，均來函邀請我率中華台北奧會組團赴大陸參觀訪問，因而有機會以中華台北奧會主席的身份，也是第一次踏上大陸的土地到瀋陽、天津、北京和上海等地參觀訪問。此行的目的除以貴賓身份參加「亞洲體育節」慶祝賽會的開幕典禮，仍以兩岸體育活動交流為主題。除了參觀知名的體育院校、運動選手訓練機構、體育設施和博物館外，也與大陸奧會主席伍紹祖及體育相關人士，舉辦了「兩岸體育交流座談會」，面對面的交換心得與意見。我提議兩岸應建立對等關係，建立彼此溝通聯繫的管道，從體育的互相交流更進一步發展到經貿交流；此外，兩岸應共同努力改變社會的傳統觀念，加強重視體育，因為運動的社會價值很高，奧林匹克應以全民運動來推動。

率團訪北京氣度恢弘

記得雅典奧運時我就提出「體育歸體育，政治歸政治」看法，所以應該用開闊恢弘氣度，積極推動兩岸體育交流，包括運動選手的切磋訓練、競技觀摩或經驗分享。因此，兩岸體育交流也持續在過去既有基礎下持續推動。從一九九七年兩岸舉辦第一屆奧會體育交流座談會以來，一九九八年十月十七日至二十二日，時任大陸奧會主席伍紹祖先生率團來台訪問，與中華台北奧會舉行第二次兩岸體育交流座談會。我方也選派一九九八年奧林匹克路跑優勝選手，赴大陸參加第十八屆北京國際馬拉松比賽；同時中華奧會在一九九九年八月二十一日邀集各相關單位及單項協會，舉行有關兩岸體育交流的座談會，使國內各單項協會能充分瞭解兩岸交流的各種相關規定及作業程式，以便能配合政府當年的大陸政策，在理性、和平、對等、互惠之原則下進行兩岸交流。

二〇〇三年八月，我以奧會主席身份率中華台北奧會代表團訪北京，出席北京奧運會徽發佈儀式，當時接受陸媒《中新社》訪問時指出，兩岸體育交流還有空間，應加強體育人員間互動。我提到台灣選手在奧運跆拳道、射箭、射擊、自行車、女子壘球項目中，都有不錯的成績，唯一遺憾是沒拿過奧運金牌，因此當時最大期望是，台灣選手能拿下奧運金牌。但那時說的是希望在二〇〇八年北京奧運時能拿到金牌，但沒想到竟然提早在二〇〇四年的雅典奧運我們就提前拿到了。可惜的是，二〇〇八年北京奧運台灣並未獲金牌，直到二〇一六年國際舉重總會公布北京奧運選手藥檢複驗結果，共八名選手呈陽性反應，包括中國女子舉重金牌陳燮霞，隨後才由台灣舉重女將陳葦綾遞補金牌，成為台灣中華健兒在北京奧運拿下的唯一一面金牌。

揚棄偏見　開展兩岸體育交流

記得當中華健兒拿到雅典奧運金牌後，我曾提到兩岸體育互動說，從運動術語研討到運動醫學、禁藥使用管制、訓練基地等領域均應加強切磋，且兩岸體育領域的交流頻率在我擔任中華台北奧會的五、六年間就大幅提昇，交流項目不斷擴大，除當年（二〇〇四年底）援例將輪由大陸奧會主席袁偉民率團訪台外，更需要推動選手與教練互訪，增強體育從業人員間的交流與互動。

交流的目的就是讓兩岸各界更熟悉彼此運作。交流過程中大陸通常會安排許多參訪項目，比如台灣一行人前往北京時，陸方多半安排住北京飯店。北京飯店位在市中心最有名的長安大街上，地理位置極佳，飯店正對大陸對外經濟貿易部（現商務部）、司法部等大樓。大陸地大物博，所有建築多半庭院深深，尤其政府機關部門更是如此。而在飯店右側不到五百公尺，就是著名的天安門廣場、人民大會堂及歷史博物館，不遠處即是紫禁城、故宮所在。北京是中國古都，五千年歷史的縮影，處處亭台樓閣，讓不少首次到訪北京的台灣體壇人士大開眼界。

西安城牆馬拉松台灣不缺席

早在一九九三年大陸就創設西安城牆馬拉松競賽，由於當時城牆還沒完全連通，因此賽事前十年都是折返跑。直到二〇〇四年西安市政府連接上城牆唯一豁口，因此從隔年起，賽事便環繞西安明城牆一圈進行，也是當年開始，西安城牆路跑設置了十三．七公里獨特的馬拉松賽項目。

二〇〇一年十一月八日至十五日，中華台北奧會赴陸進行第五次兩岸奧會交流活動時，參加了西安城牆路跑活動，當年城牆馬拉松被大陸國家體育總局和國家旅遊局命名為全國體育旅遊金牌項目。為讓賽事更規範與制度化，西安市府決定，城牆國際馬拉松賽定於每年十一月的第一個周六舉行。二〇〇五年西安舉行馬拉松路跑時，台灣著名短跑運動員紀政參加領跑時表示：「西安是一座聞名世界的古城，能在城牆上跑步有一種思古追幽的感覺。對愛好跑步的人來說，真的是一種享受。」

二〇〇一年兩岸奧會交流活動中，也帶了幾位原住民體育選手與會，並與大陸當地少數民族進行深度交流。這讓我想到任職奧會期間，曾提出一項培養田徑運動選手的計畫，當時主要認為，因為不論奧運會或其他區域性運動會，田徑均被列為主要項目。而我國田徑運動發展起源算早，民國四十九年羅馬奧運會，楊傳廣榮獲男子十項銀牌，為台灣人奪得第一面奧運獎牌；民國五十七年，紀政在墨西哥奧運會上獲女子八十公尺跨欄銅牌，享有「飛躍羚羊」美譽；民國五十五年，吳阿民在第五屆亞運會勇奪男子十項金牌，被稱為「亞洲新鐵人」；民國八十三年，王惠珍在十二屆亞運奪得女子二百公尺金牌，這是我國田徑運動發展史上成績燦爛的時期。可惜之後田徑運動在國內發展遭遇瓶頸，人才培育出現斷層，使得國際競賽成績不若以往。

李克強第一句話：我知道你黃市長

說到我與大陸淵源，應追溯到第一次造訪大陸，當時是民國八十七年八月廿九日至九月六日期間，我以中華台北奧會主席身份帶團前往瀋陽參加體育節活動，從那次起，幾乎每次前往大陸便與大陸奧會領導人伍紹祖先生、袁偉民先生、劉鵬先生等人晤面，也開啟了兩岸奧會常態性的互動與交流。

還記得有一次，有幸也與三商會董事長辜濂松先生等人前往遼寧省訪問，當時遼寧省委書記是現任總理李克強先生。那次李書記和我們會面時，沒想到一見到我就說：「我知道你黃市長，你為台北市做了很多建設！」可見大陸領導人會見客人前會先請祕書備好資料研讀，勤於做功課也表現出一種禮貌和素養。

那次前往遼寧參訪，李書記陪我們到海濱區考察，也前往被大陸列為李重要政績的「牛棚區改造」參觀。據知大陸二〇一六年至二〇一九年間，改造棚戶區一千五百萬戶，被聯合國人居署全球監測與研究部稱為世界奇跡，這一點和台灣眷村改建住進國宅大樓，似有異曲同工之妙。

第一次率團訪問東北，也讓我和東北結下不解之緣。奧會主席任內，我多次訪問大陸，二〇〇四年曾訪大連市，為國際馬拉松賽行前授旗，任期結束後也多次訪問東北，因此結識一些當地官員。其中有位官員印象很深，是時任佳木斯市市長的李海濤先生。

分享九二一救災經驗被稱「黃八點」

二〇〇八年五月十二日四川發生「汶川大地震」時，因我與四川官員不是很熟，第一個想到了李海濤市長。當時致電李市長，完整告知台灣應對一九九九年「九二一大地震」的經驗，沒想到這位李市長將我當時的談話，彙整為八點紀錄，被他稱為「黃八點」，專函送災區處理單位參考，作為應急方案與參考措施。

很多人覺得奇怪，我擔任中華台北奧會主席怎麼會對「九二一地震」的災後處理方式那麼清楚？這是因為我在九二一大地震那段期間身兼行政院政務委員，大地震後被行政院委任負責協調台中地區各種善後救援調配工作，同時期江丙坤委員則奉派老家南投縣處理相關善後。當時我依台中的救災心得經驗，提出了十項參考建議：1.震後七天內以救人為最優先；2.動員民間機械拆除半倒房舍；3.鼓勵其他大都市動員資源，認養汶川各地區災民；4.動員帳蓬分送災民；5.公教人員捐一日所得；6.高階官員捐一月所得；7.外來支援物資集中處理分發；8.儘快找妥被拆除的建築材料集中置放地；9.拆除時同時噴水以減少灰塵；10.給搬運災民遺體的軍人施以心理撫平計畫。

訪問「東方第一哨」

擔任中華台北奧會主席期間，我在大陸跑了很多地方，應該說除了西藏，大概其他各省都去過了。其中，印象很深的一處是參訪黑龍江省撫遠市邊區。那裡有個部隊崗哨所，靠近烏蘇鎮，被稱為「東方第一哨」，是大陸每天最早看到太陽的地方，記得當時的哨長也姓黃。這個「東方第一哨」與對面的蘇聯哨所遙遙相望，那塊土地早年稱為「江東六十四屯」，也曾是中國土地，清朝時期割讓前蘇聯，俄國人來了後將當地鄉民趕走，據聞曾以機關槍掃射渡江民眾，使得整個江水都染紅。在當地參觀時，一位政戰指導員請我題字，我拿起毛筆字寫下：「一寸河山一寸血，一砂一石皆珍惜。」這位官員看到這兩句時說：「前一句是政治理念，後一句有生態環保概念，真是相當有含意的題辭啊！」

為台商排憂解難

和大陸交流最多的，除了奧會項目外，就是我最熟悉的農業領域問題。記得有次與三商會董事長江丙坤先生一起前往訪問東北時，佳木斯市有位經營瓜子加工的台商要蓋一座加工廠，但碰到問題希望我們幫忙協調。這位台商先找到江丙坤先生，因我之前從事的主要是農業相關問題，江先生建議他可以找黃市長試看看。後來台商來找我，我就幫他找了佳木斯市長李海濤先生，最後順利解決問題。江丙坤先生那次就對我說：「以後有機會，就請黃市長幫忙多跑跑，協助需要幫忙的台商，溝通協調農業問題。」

台商在大陸投資很多，但大陸地大物博，各地不管是法規、生態或環境、地方習慣，都和台灣有所不同。不少台商沒先瞭解當地法規及習慣，尤其農地又分「全民所有制」、「集體所有制」，加上合作的當地農家很可能也不懂法規，不知有些農地不能蓋廠房，從而讓投資出現問題。建議台商事先做功課很重要，台灣政商界人士能幫忙的有限，最重要是請教當地老台商，或務必做好功課再去投資。

我曾歸納出八項重點，提供給台商參考：「選項正確、評估確實、依法有據、程序完備、親自經營、善待員工、回饋社會、以及有福同享。」能做到這些重點，就能減少許多風險。

此外，我也曾赴海南參加國際農業論壇。最近一次是民國一〇六年四月，曾與海南省委副書記李軍在海南迎賓館碰面。當時，李書記向我們介紹了瓊（海南）台兩地交流合作項目，還提到兩地在農業、旅遊等領域合作成效明顯。近年海南不僅發展成著名觀光島嶼，農業也不斷轉型，我還特別留意到當地觀光休閒農業、農產加工品及農業科技培訓相關的交流合作。海南有不少台灣農民創業園，不少資金充裕的台商也在當地開發現代化農場，這對兩地農業合作相當有幫助，透過兩地產業交流，空間和機遇都非常大。

隨連戰赴西安祭拜清涼寺

多次參訪大陸行程中，有次與前副總統連戰一起到西安祭黃陵，讓我留下深刻印象。我和西安淵源頗深，奧會主席任內率團赴西安參加城牆馬拉松賽跑，記得那次曾問當地官員：「西安是不是有個清涼寺？」當地朋友告訴我：「有啊，但那裡荒郊野外，有沒通道路都未可知。」會這樣問，是因為我太太林文英女士的外祖母、也是連戰的祖母，「台灣通史」作者連橫先生的妻子，就葬在清涼寺。我提到不久後可能有重量級人士前往祭祖，當時倒也沒提到連戰的名字。但不久後，大陸修了一條柏油路，汽車也可通行。大陸這麼做，也很可能本來就知道清涼寺和連戰先生的祖母有關。

在大陸邀請下，二〇〇九年四月時任國民黨榮譽主席的連戰先生，偕夫人連方瑀女士以及參訪團成員一行多人赴西安祭黃陵，我和太太隨行一起前往祭拜。

我們是四月三日上午九點半前往位於西安市長安區上塔坡村的清涼山，祭奠長眠在此的沈太夫人。抵清涼寺後，連戰先生及夫人連方瑀女士先為祖母上香，我們再一起上香；大陸方面包括海協會會長陳雲林、常務副會長李炳才先生分別向沈太夫人敬獻花籃，祭拜後走進清涼寺會見住持傳恆法師，並參觀氣勢壯觀的清涼寺大殿。我們對陝西和西安方面對清涼寺所作遠景規劃印象深刻，認為通過整修和綠化，環境將會更好。連先生還在現場執筆寫下「璞真納清涼，福地有聖澤」題詞贈予清涼寺。

從體育到農業：貴州省請我當農業經濟顧問

這次西安祭祖之行後，亦和連主席一起到貴州參訪，過程中也和貴州結下了很深的緣份。貴州是多民族匯聚的省份，最多的是苗族，其次是布依族。首次前往貴州時，當地安排我們參觀原住民舞蹈，免不了請客吃飯，飯後貴州省委副書記王富玉先生來看我，他曾擔任海南省長，對農業熟悉。當天我們談農村聊農業聊到深夜十二點，他發現我很了解農業，便請我當貴州省農業經濟顧問，後來我也推薦了前農委會主委孫明賢先生。

後來再有一次應邀組團前往貴州，為時一周。準備返台前，對方為聊表謝意宴請我們。我當時提出要求，利用飯前一、二個小時先談談兩岸農業。我放了幻燈片，比對貴州和台灣兩地培育種苗方式。由於內容深入，對貴州農業發展頗有幫助，主人相當感動地說，過去專家都只是口頭建議簡單說說，沒想到黃市長慎重其事還用幻燈片比對，給了貴州寶貴且有用的建議。自那次以後，貴州省便很積極地邀請台灣農業專家到貴州訪問，盼學習台灣更先進的農業技術。貴州重視台灣客人意見，與王富玉副書記過去在海南經驗有關，海南也是農業發展重鎮，不少台商在當地投資。

那次參訪，我在貴州談了不少台灣水稻統一育苗經驗。和大陸相較，台灣是政府出錢出力，農會都有相關專案協助農民。我在台灣省府服務期間，當時省主席李登輝先生就提出培養「農業八萬大軍」的做法，因此兩岸相較，台灣是統一育苗，大陸農家則是個別農戶一小叢一小叢育法，品種也沒統一。台灣設立育苗中心的構想對農民幫助很大。育苗中心始於民國六十一年，由省政府農林廳輔導時為台北縣的樹林鎮農會成立專業化育苗中心，主要目的是藉專業化育苗技術，幫助農民節省自行育苗所花費的勞力、時間和金錢，就可獲得優良品種的秧苗，不必擔心因氣候影響無法得到足　秧苗。另方面，配合育苗中心工作，加　更新水稻新品種與農業機械化的推行，進而擴大水稻機械化栽培面積，以降低生產成本，增加農民收益。本書附錄四特別以當年黃清海農友的育苗中心現身說法為例，提供讀者參考。

接待來訪的陳敏爾省長

過去台灣人提到貴州總會想起「天無三日晴，地無三里平，人無三兩銀」，但如果到今天還這麼說，就是不切實際了。貴州在陳敏爾接任省長（後出任省委書記）後，已有很大的改變。

我和陳敏爾書記在貴州有數面之緣，在台灣也見過。二〇一三年五月陳敏爾曾以省長身份應連戰主席之邀率團來訪。印象最深的是，陳省長那次曾到南投縣參訪，我與南投縣時任農業處長及台灣農企專家等多人，針對黔台雙方的農業合作，與陳省長進行一次深度交流。雙方都認為，貴州與南投縣氣候、地形、緯度相近，台灣農業技術成熟、貴州勞力充足、區域廣大，雙方很有合作空間。

趙克志要求貴州與台多合作

陳省長訪台隔一年，貴州省委書記趙克志先生到訪，我們也曾有過一場農業交流座談。趙書記在座談中說，他衷心感謝台灣農業界朋友對貴州的關心及貢獻，尤其黃大洲先生與孫明賢先生多年來的協助交流。黔台未來應加強四項合作，包括大數據產業、生技與健康養生產業、觀光旅遊產業以及農業。貴州農業要多加強與台灣農業合作，學習經驗，包括貴州農業觀念要改變，走現代化有機農業的路，農民種植農產品技術與經營模式也要改變，農業技術要創新，與教育研究結合。

我在那次座談會也提到，兩岸同文同種，文化背景特色相近，今後在過去基礎上應加強交流，分享經驗心得，讓兩岸農村建設與農民生活更加提升，建立安祥和諧、安和樂利的農村社會，這是我作為一位從事農村建設的農家子弟，對社會的期望。

趙書記訪台後連數年，我亦前往貴州參觀考察農業企業，看蔬果現代高效農業園區，以及光伏小鎮生態農業項目，了解這些園區推動產業與生態融合、農旅文化融合，推動精準扶貧等。

大陸農業界朋友多認為，台灣農業經多年發展，在優質果蔬、花卉品種栽培，田間管理與農業科技技術等方面有較高水準，農產品加工及國際市場行銷方面經驗豐富，在開發鄉村休閒旅遊和農會建設方面有許多成功做法，這些都值得學習交流借鑒。

曾建議北京加強綠化以爭取奧運主辦權

我因過去重視綠美化，訪問大陸時常在席上建議大陸地方政府加強綠美化工作的重要性。有一次赴上海訪問，我向上海官方提議，要多種樹。不是說上海沒有樹，老上海給外界主要印象就是優美的老洋房與法國梧桐。但改革開放以後，上海每個區都像大工地，雜亂的棚戶區如今已不在，取而代之的是高樓大廈，但也導致植樹速度遠遠趕不上城市建設的現象。

有次前往北京參訪，我告訴當地官員綠美化的重要性。歐洲絕大多數公寓陽台種滿漂亮花草，路上橋墩也種爬牆虎，整個城市像充滿綠意的庭院，加上重視生態發展，營造屋頂花園、立面農園，甚至回收雨水作澆灌及養魚等具有多重功效。北京申奧成功後直到二〇〇八年舉辦奧運前，每當我前往北京參加座談都一再強調綠美化的重要性，當地官員於是開玩笑說：「奧運綠美化工作，都是黃市長建議我們做的！」我則告訴他們，一九九三年在摩納哥蒙地卡羅對二〇〇〇年的第廿七屆奧運申辦城市進行投票時，雪梨以兩票之差贏過北京，獲勝原因即在於澳洲政府強調環保節能及綠化生態。為強調環保節能生態，雪梨運動場館設置了許多太陽能設施，美輪美奐的雪梨奧林匹克公園，過去竟是大垃圾場；再如澳洲政府建場館時發現瀕臨絕種的青蛙，為避免破壞青蛙的棲息地，修改了設計規劃，這些舉動都突顯雪梨奧運成為環保與保育並重的一屆奧運，獲得多數奧會委員認可，因此取得舉辦權。

從兩會交流思考兩岸未來

源於兩岸奧會交流而多次參訪大陸使我感觸良多。這裡擬本著奧林匹克的和平繁榮理念，探討兩岸關係的未來。兩岸關係的改善是個嚴肅課題，具高度複雜性和敏感性，能否妥善解決需要具備高度智慧，緊張情勢實非兩岸多數人民及國際社會所樂見，更非奧林匹克理念所要追求的和平繁榮的人類社會。

大陸對台政治主張有其傳統的歷史框架，對內大一統的民族情懷不難理解。惟近三百多年來台灣歷經荷、西、英、鄭成功、清朝、日、美等時間長短不一的影響，特別是近百年和大陸不直接隸屬的政治關係，使台灣和大陸之間產生政治實質關係的隔離與變化。加上日據時代的殖民政策，及一九四九年國府遷台初期產生的衝突，更使台灣人民醞釀出一股強烈的自主意識，此一自主意識，和時下年輕女性「寧當小家庭主婦，不願過傳統大家庭小媳婦生活」的心理是一致的。

此外，數十年來，大陸在國際舞台對台灣採取多方圍堵，挑起的反感情緒和反抗意識，以及台灣在亞太地區和美、日等國形成的國際平衡角色，益增兩岸問題的複雜性和敏感性。

兩岸同文同種又相距咫尺，從蔣經國先生擔任總統時期的開放探親，進而建立密切經貿交流關係彌足珍貴。我們宜在此基礎上異中求同、同中存異，經由互動交流求取大同，以縮短雙方距離。大陸經過半世紀來的努力，大多數人民皆已達到小康。沿海開發更是迅速，不少城市人均GDP甚至達到三萬美元以上；惟大陸幅員遼闊，一個佳木斯市的面積就和台灣相當，政策要下達且一致理解殊非易事，因此目前城鄉生活水準差距依然很大，全面性均衡發展尚需時日。不過中國人本就勤奮，加上執政者若能堅持以「3P」執政—People（人民至上）、Peace（和平第一）、Prosperity（繁榮優先），國家要成功要偉大，不是難事。放眼整個大陸，待開發的潛在資源與市場還很多，發展潛能與空間仍然很大。各地農業發展、農村建設、農民生活品質的提升、西北內陸開發、與中小企業的帶動等，也給予台灣經驗發揮與分享的空間。只要投資能獲得明確法令保障，以及公平合理的優惠鼓勵，相信必能繼續吸引台資的投入。

二〇二〇年全球受到新冠肺炎疫情影響，「鎖國」成為疫情的常態，兩岸關係在疫情當下自然更受到嚴峻影響。如果疫情過後，兩岸能持續強化觀光、文化及經貿實質交流與互動，對長期兩岸關係發展必帶來正面助益。

衡諸全球民主化發展潮流，大陸繼經濟提升、教育普及、觀光開放後，民主開放的政治期盼必隨之而來。以中國傳統文化背景，以及人民法治訓練和相關法令配套尚待建制情況下，立即快速的民主開放未必適宜，只有在推行自由經濟的同時，確保清明的吏治、循序漸進開放的步驟，才不致重蹈部分開發中國家早期民主發展過程的弊病。

長期來看，經濟發展、教育提升的結果，加上一般民眾因地方區域特性差異，對空間領域認同有親疏、遠近之別，中央資源分配也不可能滿足地方主觀公平之要求，因此以大陸幅員之大，走上授權分治之途恐不可免，強而有力的中央集權制很難長期維持，亦非人類歷史的走向。

人民所欲者，不外乎能「安居樂業、吃好穿好住好，找份好工作，子女平安長大接受好教育，偶而結隊出國旅遊以增見聞；在國內，則時而好友相聚小酌，興之所至，批評朝政不必恐懼；行有餘力，則積極參與公共事務，滿足內心服務公眾的成就感」。至於極端的政治意識型態之爭辯，則非大多數人民興趣之所在。若能掌握此一民心的主流價值，當前兩岸問題實非立即做終局解決的時候。

目前兩岸內部各自分歧的主張及複雜的國際形勢，對兩岸問題實無可供立即解決之萬靈丹。綜合各種相關因素，惟有雙方發揮互相包容忍耐的傳統文化美德，互尊互惠，一方面加強經貿藝文觀光的互動交流，一方面尊重台灣參與國際活動空間。一旦將來兩岸政經制度生活水準趨於一致，國際關係亦邁向穩定和諧，則兩岸和平融合的日子不難實現，期盼此一看法有助於兼顧歷史宏觀、當前環境和前瞻的視野。

急不得的兩岸關係，只有在朦朧中共同追求將來希望實現的美麗願景。與其揠苗助長，不如待瓜熟蒂落較自然也務實。維持現狀應是當前確保兩岸人民免於戰爭威脅，同時有助於奠定兩岸和平共榮的基礎。

第八章

未竟的願景

回首來時路，在我一生行政生涯中，台北市長近五年任期內有著最多的回憶。那段時間常日以繼夜，為台北市留下了許多深刻的印記，如大安公園的闢建，中華商場的拆除，而基隆河的截彎取直後，不僅大直、南港不再淹水，多出的二七七公頃新生土地，更創造了今天住宅及商業區的繁榮富庶，增添台北市的璀璨前景。做這些事，在我行政生涯留下了紀錄，不少市民見面時也不斷地感謝我，但我更要感謝的，不僅是與我並肩日夜夙夜匪懈的工作夥伴，更要感謝市民房舍被拆遷時的包容與配合，以及市民朋友們在工程施工期間，長期忍受吵雜噪音及煙塵的污染。

雖然市長任內因完成不少建設，而有了今天小小的成就感，但在市長任內原來「想做、未做、應做」的部分還有不少。當然，不管誰做台北市長，對整體政務的規劃執行，都有自身的考量，但對我來說，想做卻沒做完的部分，也抱著些許遺憾。

以整個台北市都市規劃來說，東區信義區發展起來了，是目前台北市地價最高的地區，也是全國家戶平均所得第一的地方；北區的基隆河廢河道完成整建，從過去的簡陋房舍與農作物種植，成為士林區二期市地重劃區，擁有天文館、國立台灣科學教育館等，讓士林商圈更加繁榮活絡；而在基隆河截彎取直後，二七七公頃新生地產生了大直明水路的高級住宅、大直美麗華商圈、內湖科學園區，以及南港經貿展覽園區等，都為台北市的整體發展做出了相當的貢獻。

最遺憾的是，台北西南區的中華商場地下街開發計畫，任內沒能完成，不然台北早就擁有了台灣版的香榭麗舍大道，以及能代表大都會的雙子星地標。

此外，我任內也曾規劃在台北北區關渡平原一帶，興建關渡體育公園及關渡體育醫院，當時設想在此區域建設大巨蛋，讓關渡一帶成為台北市的體育發展基地、體育重鎮，雖然這樣的規劃當時頗為順利，從市府經內政部都委會上簽到經建會，一直到行政院皆順利通過，但後來並未順利實施，令人感到相當可惜。

市長任內另一個遺憾，就是沒完成十四、十五號公園的闢建。當時所有規劃均已完成，只差議會還沒通過預算。當年若有機會由我進行拆遷，可能會比較順利。因為我已經到現場勘查了好幾次，住戶也都有了心理準備。記得有一回我到現場訪視，正值農曆年前，報紙上還出現「黃鼠狼來拜年」的標題。可惜事與願違。

面對大台北都會區構想，雖然了解到建構後對台北的影響必然深遠，但也只能遺憾時間不夠用。在最後這一章中，我想針對一些當年想做而來不及完成的構想做些簡要的說明，作為對當時一起參與思考的團隊同仁的懷念，也是一項紀錄，對未來執政者或許有一些啟發。

台北香榭麗舍大道與地下街商場

中華商場的外觀，雖因第一次整建有所改善，但該基地形狀狹長，深度不足，在整體景觀上阻隔了開放空間，缺乏恢弘的氣派，難以配合都市發展需求，也無法與台北車站特定區的開發相互輝映。中華商場拆除後，能使鐵路地下化和地下街建設在整體上能互相配合，地面層再配合良好植栽計畫，應可形成林蔭大道。如此，不僅可以紓解過於擁擠的交通景象，更可直接提供都市中心地區賞心悅目的綠化效果。

細而言之，地下街的興建，所發揮的效果包括在土地使用方面，整合各地區的動線，促進周邊地區再開發；公共設施方面，可提供行人舒適的公共步行空間與網路系統，並依公共地下停車場空間，改善市區嚴重停車問題；都市景觀方面，中華路的整頓，形成內環林蔭大道；交通方面，可連結地下鐵、捷運系統、公車站、地下步行空間，形成都市中心區的交通中樞，使步行者跨越寬闊道路之地下穿越動線，確保步行者的安全和地上交通流暢；商業活動方面，則可擴大商業樓地板規模，增加都市中心區消費者的集聚，引進更多業種，增加都市街道的多樣性。

我的構想是將位於地下一層的地下街商店，分為台北車站前、中華路、塔城街、鄭州路四個經營區，和台北車站連成整體的商業區，地下二層的停車場可供給一〇八〇個停車位，使遊客可以在無車輛干擾情況下，悠閒地一路從北門逛到小南門。

此外，中華路的整建，另外還有特別包括景觀方面的計畫，若依原計畫整建兩側低矮建物的外觀，配合寬敞開放的綠化空間大道，將可媲美法國巴黎的香榭麗舍大道。這是我多年來期待實現的願景！實在可惜，難度最高的拆除八棟建築工作都已完成，其餘剩下的軟硬體施工並不難，只要待以時日必能完成。

規劃目標與原則

台北車站與中華路地下街的規劃配置，係由出生萬華，熟悉台北市的旅日名建築師郭茂林先生、KMG建築事務所、三菱地所、鐵道會館共同規劃設計完成，相當符合台北市發展的需要。為了本計畫特別安排市府相關同仁前往日本參觀東京、大阪地下街，以及地下共同管溝的設計。當時有關中華路規劃方案的準則如下：

1. 發展主要都市開放空間系統。
2. 聯繫北門和西門市場之間的人行與車行動線。
3. 提供主要開放空間以供鄰近商業區使用。
4. 發展北門和西門市場間的歷史性聯繫。
5. 保存北門並使其成為視覺焦點。
6. 保存現有之西門廣場，並使其成為活動焦點。
7. 塑造台北古城建築之意象。

至於中華路地下街規劃，則堪稱一現代化的設計。設計目標如下：

1. 提供安全而無封閉的地下室使用空間。
2. 提供充足的資訊及休憩服務。
3. 商業及通道空間能徹底獨立，便於日後的經營。

4. 明亮多變化的燈光設計。
5. 安全、易於維護的裝修材料。
6. 便於辨識地面方向的廣場設計及指標系統。
7. 提供介紹台北城歷史的展示空間。

當時台北市西區整體發展計畫已很清楚。依規劃，中華商場拆除後的地下街、地下城市，將與整個台北火車站特定區的地下街連成一氣，並以該區地下一層為捷運系統的轉運層，七公尺寬之公共通道貫穿全區，兩側設置店舖及必要之服務措施，地下二層為停車空間，往來交通與動線甚為便利。

如果能按照規劃及設計施作，中華路兩側景觀不僅將成為台北香榭麗舍大道，興建七十米林蔭大道指日可待，地下街工程的恢弘氣勢也必將成為亞洲、甚至全球知名景點，也可提供年輕族群逛街購物，或老人家散步的好去處。目前台北火車站地下街已具一定規模，若能汲取前人留下的擘畫精華，以繁華商業街區建成「城市中之城市」，可讓未來台北都會區邁向更國際化的大都會。

綜而言之，中華商場的拆除恢復了道路用地，調整了都市中心空間結構，使其更為整體化，進而促進西門地區更新再發展，並提振當地的土地利用與經濟價值。中華路地下街建設，更是以都市中心區再生發展為著眼點，結合特定專用區計畫、鐵路地下化、捷運系統建設等主要建設而言，實為一最嚴謹的配套工程，此一計畫需要時間與耐心必能完成，如果當年繼任者能持續推動，台北西區商業的繁華復興與便利街景，將可重新呈現世人眼前。但時不我與，對此一沒能實現的願景感觸良深。

關渡體育公園的開發

台北美麗副都心——大巨蛋只差一步

當年為迎接二十一世紀而積極規劃開發的幾個專案特定區中，最令人矚目的另一焦點，莫過於山水環繞、鳶飛魚躍、詩情畫意、景緻天成的關渡平原了。

關渡，北依大屯山，南隔淡水河與觀音山遙遙相望，曾是淡水河畔有名的河港，基隆河與淡水河在此匯流後於淡水出海，後來隨著淡水河淤淺，河港功能沒落而盡褪昔日的繁華，成為一處淳樸、寧靜的市郊小鎮。關渡一帶是北台灣山水的起點，觀音山的日出，淡水河的夕照，白帆點點的迷人景緻，堪稱北台灣之最。

面積廣達九二四公頃的關渡平原，是台北市最後一塊未開發的土地。原係農業區，為因應台北市整體發展需要及紓解市中心區人口密度，市政府乃著手規劃為低密度住宅區與金融、資訊中心，並利用珍貴的自然資源開闢都會公園，提供多樣性的休閒、運動空間，其主要計畫於民國八十二年元月公布實施。

關渡平原東邊幅員遼闊，比信義計畫區整整大了三倍。當時，市政府以本市整體性的發展考量其開發強度，規劃範圍包括北投機廠、大業路、文林路及關渡、洲美堤防所圍地區，其住宅區、商業區、工業區和二三六公頃的都會公園規劃，對綠地空間、公共設施、住宅品質的要求比信義計畫區有過之而無不及。

占地一三五公頃的關渡自然景觀公園，有蜿蜒於淡水河畔的堤防，以紅樹林、蘆葦、茳茳鹹草為主的沼澤地，以及來此棲息的水鳥等豐富的動植物資源。因此，規劃的重點以觀察鳥類及保育紅樹林等寶貴的自然資源為目標，設置雁鴨池、農作區、雜木林區、草原區、淡鹹水沼澤區、保護區、堤防區等戶外解說區，以及室內的自然中心，期能提供市民一處休閒暨生態教育的場所。

而被市府列為最優先興建的運動公園，面積九〇．八公頃，完成後將可提供北部地區綜合性運動空間，兼為舉辦國際大型體育競賽，以及參賽選手的訓練用的場地，以提升我國國際運動地位。公園內的設施包括：一座可容納七萬人的大型室外田徑場，一座四萬人的大型體育館（巨蛋），一座可作為跳水、水球及水上芭蕾等比賽用的萬人游泳池，以及一座六千人的自由車競賽場，兩座六千人的多用途體育館。

若關渡平原副都心的開發，能配合以淡海新市鎮、社子島地區、台北新文化中心的開闢、捷運北淡線、北投至陽明山空中纜車的設置，將使關渡平原、陽明山國家公園、基隆河系一帶的現有設施與天然景觀，連貫成帶狀旅遊風景區，更提高北投、士林等地區的發展潛力。

催生關渡「大巨蛋」

民國八十年下半年，時任行政院長郝柏村有次前往台北市立棒球場觀賞職棒比賽，突遇大雨，許多雨中觀賽的民眾淋成了落湯雞。比賽結束時，不少球迷當場向郝院長大喊：「我們要巨蛋！我們要巨蛋！」或許受此影響，當年十一月一日，郝院長主持行政院會時，在聽完內政部提報的「都市計畫公共設施用地多目標使用方案」後，主動詢問當時擔任台北市長的我，有關興建大型室內棒球場的作業情況。郝院長當時說，應儘速規劃興建一座大型室內棒球場，讓國內熱愛棒球的球迷能坐在與日本相同的「巨蛋」室內棒球場內欣賞球賽，不受風雨影響。郝院長還強調，未來不論選址哪裡，都應注意公共安全、交通運輸與便利性的問題。

郝院長賽後亦召見了時任教育部的毛高文部長以及體育司趙麗雲女士，表達興建巨蛋的必要性。教育部決定從新竹以北找妥一系列的地點，以興建符合國際比賽的場館，而在其他縣市無法容納者，則悉由台北市負責擇地規劃興建。這是台北蓋巨蛋的由來。

事實上，為配合爭取亞運的舉辦，台北市政府早已責成都計處、教育局等單位進行體育場所的規劃設置事宜。而經都計處的評估，可行之地原包括占地二百多公頃的關渡自然運動公園，十六點九公頃的天母運動公園及十一點四五公頃的綜合體育場三地，最終由教育局委託學術單位規劃設計。依亞運所需的大型體育館規模需能容納七萬人，自以關渡運動公園較適宜，該案當時雖經北市都委會通過，仍需送內政部都委會審議。

為催生「大巨蛋」，內政部都市計畫委員會乃於民國八十一年九月八日通過關渡平原大度路以南土地變更案，由農業用地變更為公園用地，確定了興建巨蛋所需用地，將可興建容納四萬餘人的巨蛋棒球場，以及七萬餘人的大型運動場。都委會當時實際上是通過整個台北都會公園的土地變更案，台北都會公園將包含景觀公園、自然公園、以及運動公園，其中自然公園是台北市的森林公園，運動公園則因需能容納前述二項大型運動場地十二萬人，內政部都委會附加但書，要求台北市政府在擬定細部規劃動工興建之前，必須先對當地的交通動線系統及停車場空間等相關設施做好妥善規劃，才能動工興建，以避免造成人車擁塞現象。

備受矚目的巨蛋棒球場應設於何處的問題，在內政部都委會通過此項變更案後，大致現出雛型。台北市政府既提出關渡平原土地地目變更案，可說是市政府圈定地點的具體表徵。

大巨蛋選址最終憾移松山菸廠

雖然我任內規劃了關渡自然公園蓋「大巨蛋」，還包括一座運動醫院，層層上報後都已獲高層同意，各項土地徵收計畫也已展開，其中含有多少同仁的辛苦和汗水，但遺憾的是，下一任市長陳水扁先生當時考慮將「大巨蛋」蓋在松山菸廠，隨後又想蓋在台北市立棒球場，但因諸多因素未實現，及至民國八十七年馬英九先生任市長時，才決定選址松山菸廠，興建大巨蛋。

記得在宣布定址松山菸廠之前，我曾與多位關注此議題的體育界朋友、交通專家及相關部門官員開過多次會，松山菸廠一帶蓋巨蛋最大的問題是交通動線與流量，想想看，一個大巨蛋在賽事開賽前後能吸引數萬人到場觀賽，如果是國際大型賽事，人數及車輛將更可觀。每思考及此，我都為選址松山菸廠捏把冷汗。

在我任內和不少同仁們都費了很多心思，做了很多工作，但遺憾的是，繼任市長馬英九先生並未聽進這些意見，仍然堅持選擇了松山菸廠興建大巨蛋，以致後來出了那麼多事，經過多任市長後至今尚未完工。而當年規劃的關渡平原自然公園一帶，經過二十年後的今天，亦仍未做出合適的規劃，對大台北市來說，既可惜也是損失。

松山菸廠原規劃為「中山學園」

我當時任內曾和文建會、教育部共同研商，基於交通以及市容整體考量，把松山菸廠改為「中山學園」，將總統府的國史館，文建會（現文化部）的藝術品流通中心、文化資產研究所，新聞局的書香大樓，國家廣播電台、公共電視台，台北市政府市民文化中心、市民藝術館、台北電台都移到此地，並以地下藝術通廊形式和國父紀念館銜接，塑造成一個完整的國際文化藝術暨資訊據點。

那時我看到松山菸廠的樹極美，日據時代房子又很「牢固」，更是充滿人文氣息，因此認為如果能與國父紀念館連成一氣，應是件美好的事，才有了「中山學園」的構思，且得到當時的行政院長郝柏村先生的支持，只可惜後來也因政權轉移而未竟。

我的城市治理哲學是「藍天、綠地、廣場、安全、喜樂、順暢」。松山菸廠一帶因在繁華的市中心，如果當年能保留綠地，以中山學園的形式建置，今天台北市又出現一個「景觀藝文空間」的市民好去處，讓台北市除多了一片綠意，也更增加了廣闊的生態人文空間。

基隆河畔綠美化

基隆河兩岸河畔的綠美化是「應做、可以做、不難做」的市政重點。我因學農出身，在台北市長任內很重視都市田園化的主張，四年工作下來也極力推廣綠美化工作做為重大市政建設之一，外界還因此稱我為「綠化市長」。當時舉凡公園綠地的積極開發、行道樹的普遍栽植、河濱公園的大量闢建、校園綠化的全力推廣，在台北無論是市區或近郊，山巔或河川地，處處可見令人心曠神怡的綠色景觀；甚至地下道、人行陸橋、高架橋、堤防等，也因當時提倡實施的「綠壁計畫」，呈現出青翠欲滴的盈盈綠意。總計任職北市府四年期間，新闢了公園綠地五十一處，河濱公園九處，每人享有公園綠地面積，也由二・九二平方公尺提高為三・七一平方公尺。

青山綠水 白帆點點 兩岸垂柳 儷影雙雙

對於基隆河，我心中描繪了美麗的遠景。除了防洪、排水，確保市民生命財產安全外，更要使基隆河成為可以兼顧休閒、運動、美化、生態平衡的美麗河川。

首先，基隆河的整治，使原本居住的三千兩百戶居民本來窳陋的家園，成為了東區最高水準的生活圈；其次，基隆河兩岸高灘地的綠美化在執行截彎取直計畫時，就有綠美化的設計，讓大面積的樹木和花草，除提供休閒娛樂與生態棲息空間外，還兼具替台北北區降溫減塵的功效。我原期待，整治完成後，基隆河將會是具有真正「青山綠水、白帆點點、兩岸垂柳、儷影雙雙」美景與生命活力的河川，成為世界級的河川，她的美可比漢江、萊茵河更為不朽，幾十年前曾經有過的魚兒可以重現河中，市民再享有垂釣之樂。

只是後來離開市政府，水利法以河川高灘地「不得種植高莖作物」為由，一直未能執行。其實高莖作物和綠美化植物性質完全不同。高莖作物諸如甘蔗、樹薯、蘆筍等，因為是整區密集種植，所以洪水來臨時的確容易阻撓水流；但大型喬木類，只要在順水流的動線方向保持適當的行株距離，且限制低矮的花叢草地在一定規模範圍內生長，其實所謂的綠美化工程並不影響洪流通過。只因官員不懂高莖作物與喬木之性質差異與種植方法不同而裹足不前，遲遲未能與時俱進的調整法規，使得現有基隆河岸空有廣闊平地，卻少了日間艷陽下可隨時藉以遮陽的舒適綠蔭環境，殊為可惜。有關水利法高莖作物的限制規定，現終於已修法改變，因此如何重新塑造河岸綠意盎然，生動活潑的基隆河河濱空間，是當前台北市府「應做未做不難做」的綠美化工程。

我相信這不只是夢想，會逐漸呈現在全國人民的眼前。整治之路的開啟，本來就是要為基隆河注入新的生命！

我希望早日完成全台北市民的願望：青山綠水、清澈美麗動人的河川、多功能的遊憩設施、藍天底下的綠地廣場，東區的發展不再窳陋，台北市將成為符合國際標準的生態都市，居住在這片家園的市民也能享受政府替他們規劃的美好居住環境，讓市民知道政府確確實實在為老百姓做事。

田園城市及綠美化的推動

近來因地球環境的日益惡化，各種國際組織與環境會議也開始構思解決之道。從如何消極的取締污染源、減少污染，到積極治理污染，友善環境，成為有識之士努力思考之事。

據研究，一公頃林地能吸收七十公斤的塵埃，有益淨化空氣；紐西蘭的一份研究報告亦顯示，醫院病房四周種滿花圃，有助病人血壓呈現下降趨勢；一九九五年日本阪神大地震後，種花種菜的地區，災民自殺率就降低。因為植物欣欣向榮的生長，讓病患災民產生了同理心，感受到積極求生的旺盛生命力，而小型瓜果的生長，也讓待產的孕婦體驗到新生命即將呱呱落地的喜悅。

聯合國資料亦顯示，當一個都市的屋頂綠被面積達到七十％，不但可消除都市熱島效應，也可減少八十％的二氧化碳，及有害人體健康的其他塵埃，降低噪音，以及對紫外線直射屋頂導致牆壁冷縮熱脹所產生的空隙滲水現象。

記得民國一〇〇年時任監察院長王建煊公開反對在松菸建造大巨蛋，當年談話以我為例說，城市需要的是綠地，不是水泥大巨蛋，呼籲政治人物要有眼光，「前台北市長黃大洲蓋一個大安森林公園，現任郝龍斌應該可以蓋五、六個森林公園。」他說：「黃大洲做過台北市長，大家都記得大安森林公園是他蓋的，光這一件事，政治人物一輩子值回票價。」謝謝王院長當年對我的美言。不過台北市的確需要大公園，如果台北多了一些「都市之肺」，建築群處處做到綠美化，使整個城市充滿綠意，不僅有利減少空氣污染源，也能降低視覺污染，所有市民的心情和健康都會大不同。

「田園城市」是「應做、未做、不難做的事」

民國一〇四年台北市長柯文哲邀我在市府以「田園城市：屋頂農園介紹」為題作演講。我提到，現在都市人口不斷增加、糧食不足、地球溫度也不斷上升，人類要思考如何才能永續的經營與發展。

大樓提供我們住宅空間，但也占據我們的生產空間。我當時就提醒身邊的柯市長，市長要做的是「應做、未做、不好做」的事，屋頂農園的推廣則是「應做、未做，但不難做」的事，只要先把閒置的空間找出來。

中國的家庭有「家」也要有「庭」，「庭」就是拿來種植的空間。都市的住家沒有前庭後院，但可在陽台、鐵窗、屋頂平台及女兒牆上，以盆栽種植方式彌補前庭後院空間的不足，也可收綠美化的具體效果。台北市有很多學校、區公所、警察局、醫院的屋頂閒置空間，也都可以拿來活化利用。柯市長有意推廣田園城市政策，最後也聘請我當台北市田園城市的市政顧問。

全面推動綠美化可從公部門做起

新加坡除在平地上廣植樹木花草之外，特別加強建築硬體的綠美化工作，舉凡屋頂、陽台、牆面莫不種植適當蔬果花木以增加全國的綠被面積。我前往參訪時，主其事的官員還幽默地向我說，新加坡的綠美化工作是由台大園藝系畢業的馬來西亞僑生回去後指導推動的。

台灣其實也可仿效新加坡以「都市綠被面積極大化」的概念，先依法嚴格規定中央以下各級行政機關的屋頂、女兒牆、陽台植栽槽、鐵欄杆、窗口等空間，栽植適宜的蔬果花卉作示範，否則不發給建築使用執照，進而要求公司行號及民間大樓也依法推行綠美化工作。果真如此，對都市熱島效應、霧霾廢氣、噪音降低、紫外線直射建築體等等的危害，皆能產生和緩降低的效果。

平面及建築體的綠美化應該是可行不難、費用不高的挽救生態惡化的措施，就看主事者是否有決心毅力去落實執行。我擔任政務委員兼永續發展委員會召集人時，就曾和農委會各出八百萬，台北縣政府出八百萬，共二四〇〇萬，補助台北縣轄區內的綠美化工作。

公職退休後，我對綠美化工作仍不遺餘力地積極推動。節能減碳的方法不計其數，而最簡單最省錢的方法莫過於從平面、立面綠美化做起即可。下面幾點是我建議市府公部門可以採取的具體做法：

一、市區內的大型國有地應盡量變更都市計畫開闢為森林綠地空間，以提昇環境品質，實不宜為了財務理由出售給建商興建豪宅，而僅讓少數人享用。其實一個大型綠地空間長期所帶動的周邊土地經濟效益非常可觀，非經濟效益更是難以估計，台北市大安公園的闢建後與周邊建築的關係是為明證。

二、多鼓勵甚至補助立體面的綠美化工作，所有公、私大樓頂樓平面空間的綠美化皆有助於降溫及固定二氧化碳與釋放氧氣，亦可提供園藝休閒活動；大樓若能在窗口、陽台上預先規劃設計有良好排水系統的花槽，對大樓的綠美化更具立竿見影的效果。多和植物花草對話，有助身心的健康和心靈的淨化，並可收親手栽培及悅目賞心享受的安全蔬果，和鄰居分享收成的喜悅，好處實不勝枚舉。

三、台灣公共設施與交通網密度頗高，沿河堤防、陸橋、橋墩遍布全台各地，惟灰色堤防與橋墩猶如密集的灰色叢林，視覺單調乏味且壓迫感大，若能普植薜荔、爬牆虎，高架橋下空間亦適當選種耐陰植物，將形成一面面綠意盎然的綠色長城，亦有助吸附道路塵埃與降低噪音，對整個都市的綠美化效果必定非常顯著。新加坡、大連市、廈門市能做到，沒有理由台灣做不到。這些綠化工程皆所費不多，是否能付諸實施，端看執政者的熱忱、決心與執行力而已。

四、花園醫院與園藝治療的觀念早為農業界人士所主張，若能引起醫界共識，所有醫院頂樓空間加以適當的綠美化，除節能減碳功能外，對醫護人員，以及復健中的病患活動空間以及身心的健康皆有所助益。這些具體做法，其實所費不多，關鍵在於思維的改變與創意的再造。台灣的醫療設備享有盛名，若能加上園藝治療，其知名度將更大為提昇。

五、市府所屬的三個焚化廠、動物園可以配合製造有機肥，河邊的污泥以及大飯店的廚餘加以適當處理，亦皆可製成有機肥分發給機關、市民使用。

六、台北市政府現正在推展巷道的綠美化，頗具創意。事實上，大部分的巷道都是防火巷，後來都被兩側的住家擴建佔用，影響火災時的救火工作。藉美化的機會，把被佔用的防火巷道恢復，確有必要，但就看市政府的執行能力如何。巷道的綠美化若能同時推動前後陽台，及增建鐵窗的美化，台北市容必能得到國際社會的肯定與讚美。

閒置空間的再利用

閒置空間如何再利用而使物盡其用，也一直是我的理念之一。以台北市學校來說，現在因少子化，許多學校的學生變少了，學校就空出許多教室及空間，正好可以提供市民或外界租用。

閒置空間再利用，其實是延續我在民政方面廣設里民活動中心的理念，我希望台北市各方面的資源可以整合共用，而非各行其是。我任內便要求學校在上學前和放學後開放校園給民眾使用，有些校長不太認同我的做法，擔心校園開放會有損壞物品的行為，像是遭竊、打破玻璃等事，我認為這些都是小事小錢，相對於讓居民有更開闊的生活空間，這些損失負擔是值得的，因此我也很大方的說，打破的玻璃由市府負責賠償。我也在每個行政區中找一所比較有規模的學校禮堂，整修加強聲光系統設備後，做為此一行政區的文化展演場所。

在我任內，還有些想做而沒有達成的，像是在寒暑假或春假期間開放學校教室給民間補習班使用，讓閒置教室有再利用的機會，學校也可以酌收租金，一般民間業者也可用比較低廉的租金來辦才藝班，可說是雙贏的措施。

此外，值得一提的閒置空間利用，是建國高架橋下的空間周末假日開放給「建國花市」使用，以及高架橋下另外加建一層停車層以增加停車位，也是具體例證。學校運動場下興建社區停車場，也是從我開始進行，第一個案例則是台北市大安高工運動場下方的停車場，這一靈感來自於台北市議員的建議，後來包括社區公園的地下停車場也是如此。台灣地小空間有限，若能把空間從寬定義，可有效利用的空間其實可以增加很多。

從台北市的高空往下看，即使在寸土寸金的台北市區裡，仍有很多空蕩蕩的屋頂平台，以及大面積裸露的建築立面，均可謂閒置空間，因此平面與立體空間的綠美化與蔬果生產潛力仍舊相當可觀。若能先把台北市所屬學校、醫院、市場、活動中心、圖書館等數百間的閒置平面與立體空間加以綠美化，進而帶動中央各機關以及民間公司行號大樓屋頂的美化，實現名副其實的綠能生態，必定能夠引起國際社會的肯定和重視，關鍵在於執行毅力的發揮。

對政治文化與制度的期許

回首當年的台北市長選舉，讓自己學習很多，也對政治文化有許多心得感悟。我很清楚自己的個性不是像「王祿仙」口沫橫飛型的政治人物，激情、悲情、煽情式選舉我做不來，也不想學，更不認同。許多人對我留下的印象，是腳踏實地做實事。

李先生擔任台北市長時，我因在研考會工作認識了許多里長。以前開里長會議時，台北市四百多位里長聚集中山堂開大會，什麼意見都談，交際一番結束回家，感覺就像大拜拜，但究竟辦了多少事沒人知道。我擔任市長後改為分區舉辦，和里長直接座談，更能傾聽基層心聲與建言，有助基層問題的了解與掌握。

民國八十三年台北市長首次民選前李先生告訴我，里長對我印象不錯。我心裡清楚那次選舉勝算不大，雖然為台北市做了不少事，但短期內不見得看出效益，加上陳水扁聲勢已起，國民黨執政太久，不少人抱著換人做做看心理，黨內也有雜音，趙少康參選拉走了許多外省票源，當年選舉我只拿到四分之一的票數。

選舉不是划拳了事。當時有人喊出里長待遇提高到四萬，我因考慮省府和高雄市無法承擔，只答應裝設電話及兩萬元辦公費，但看來也擋不住選舉亂開支票的風氣。此外，任職市長期間，也沒少與媒體、議會，外賓、社團及市民互動，如媒體方面每周四安排記者座談，但因媒體各有政治立場和偏好，助益不大；而在野黨議員也有不同政治立場，要一一處理必然耽誤市政，也因此，給了外界我不擅公關、人際關係不好等評語。但我捫心自問，內心坦蕩蕩問心無愧。事隔多年後的今天，市民對我多持肯定態度，享受我任內完成的市政建設，這些肯定都讓我內心獲得許多寬慰。聖經說：「方向對了就不要怕路遠！」這句話對我推行市政啟示很大，也是我的領悟與見證。

儘管選舉存在很多缺點，但民主制度畢竟是人類社會必走的路，我後來因擔任奧會主席，才更進一步深刻領會奧林匹克運動精神的博大精深，其中，以競技取代攻城掠地，正是人類最大的進步，民主也是如此。

從事行政工作多年，也參加過市長選舉，助選次數更不計其數，回顧往事不無感觸，因此特列本節略抒所感，就教先進。

1. 政府組織精簡

社會大眾對政府機關普遍存在組織龐大、冗員太多、服務態度不佳、操守不良、辦事方式僵化、不知變通、行政層級太多、決策流程曠日費時、權責不明推諉塞責……等問題，導致對政府的施政效果和效率時有怨言，上述諸現象雖然陸續在改進中，但因政府進步的速度和幅度往往不及民眾對政府期望日漸提高的速度，因此兩者間頗有落差。

其實此一現象，各國政府大同小異，因此如何進行再造，精簡政府機關而仍保有效率，成為各國政府共同的課題。針對這些問題，各國政府所提出的對策不外乎民營化、精簡化、企業化、電腦化、委外經營……等，期收組織精簡之效。雖然推動政府再造的國家很多，但除了少數有具體成就之外，多數國家都是高喊口號研究一陣之後就無下文。我國歷任最高行政首長對政府再造也都有共識，並指示特別委員會主其事。我在台北市府研考會時曾奉示從事台北市行政區的調整，把十六區縮編為十二區；任職行政院研考會時亦曾負責台灣省政府和中央政府的組織精簡規劃工作；任職行政院政務委員時亦完成了「中央政府機關組織基準法」及「中央政府機關總員額法」兩案的審查，並經行政院院會通過後送請立法院審議，但後來如何我則並未追蹤。

政府組織精簡的首要前提是先大量釋放政府功能委由民間經營，也就是俗稱「委外」，以收瘦身減肥的效果。根據行政院研考會的研究調查，政府至少有一百多項業務可委外經營辦理。過去政府業務之所以繁雜，乃因民間能力低，大小事皆非由政府承擔不可。台灣目前許多民間團體無論是專業知識、專業技能、服務態度、人員素質及技術設備，皆不下於政府機構的水準。以社會福利為例，有些福利項目可大膽委由慈濟功德會或其他類似機構辦理；教育方面則可委由私人興學，實不必到處設立國立大學……諸如此類，政府一定可以把節省的公帑及人力移撥至其他更需要的地方。

政府組織精簡的基本步驟有四：第一步是前述的委外辦理；第二步是把民間無意願或無能力、或業務內容特殊者留下來由政府自辦；第三步是把留下來政府自辦的業務重新檢討，同性質者歸為一類，不同性質但有高度相依關係者另歸一類；第四步是再根據業務量的多寡及複雜度，做水平式分工和垂直式的層級隸屬規劃，以建立權責分明的水平和垂直統御機制體系。整個組織架構務必堅持「扁平化」及「權責分明」的大原則，以確實簡化流程，同時絕對要揚棄「提高行政層級即可提升功能」的錯誤觀念。其實只要權責分明釐清、充分授權，效率的高低和層級的高低並無必然的因果關係。比如說，難道把經濟部歸屬總統府，台灣的經濟就可起飛了嗎？把警政署升格為警政部，治安就保證會好嗎？

政府組織的精簡，無可避免地必會牽涉到敏感複雜的人事調整問題，個人認為，只要在維護公務人員基本權利的大原則下，下定決心堅持理念，以細膩的執行方式循序漸進，結構調整和人員異動的相關問題並不難解決，一個精銳、高效率政府組織體系的建立指日可待，如此一來可平衡並彌補因政黨輪替對政府行政帶來的一些負面後遺症。

2.建立精銳中立的文官體系

上面提及政府組織精簡，是政府再造工程很重要的一環。政府再造工程雖有一定程度的複雜性，但絕非不能克服，而一個精簡的政府組織其最重要的前提必須建立在精銳、中立的文官體制基礎上。此一基本觀念，特別是在政黨輪替已成為常態制度的情況下，更顯出其絕對的必要性與重要性，否則每因政黨輪替人事變動頻繁，必造成在職人員士氣七上八下、朝三暮四、政務停滯的現象，許多新任人員則因經驗不足、實務感不夠、搖擺不定、拿捏不準，加上共識不足，以致上下不通、左右不和、執行乏力、政績不彰，導致人民受難的惡果。

精銳、中立的文官體系中，所謂「精」，意謂人數少，素質高，而所謂素質高，一方面必須超越黨派並具備強烈對國家人民忠誠的法治理念，另一方面要有充分的專業知識和規劃設計的能力，並能謹守法紀和地位角色的分際；所謂「銳」，除了應有的基本學識和經驗外，要有擔當、有創意、敢決策，並有抗壓拒誘的執行能力和耐力。「中立」則是指所有的軍政警文官體系人員皆應退出政黨，以建立一個政治立場中立、態度客觀的中流砥柱，不被不成熟的民主政治所污染。據我多年的觀察，現有公務人員中有很多優秀人員符合精銳文官的潛在條件，若再加以精訓，只要依循制度，知人公平善用，傑出公務人員比比皆是。

檢討過去，分析現在，展望未來，政黨輪替的負面影響很可能對現存文官體制產生嚴重的腐蝕作用。因此，文官體制和政黨政治運作之間的權責分際必須儘速明確釐清，必要時並立法以建立制度。在當前政黨政治下，經選舉選出的公職人員及新任政務人員常因經驗不足，實有賴一群精銳、中立的文官予以襄助，如此才能確保正確穩定的國家建設方向。

我國的文官制度行之有年，已有相當的基礎，只要在現有基礎上再加精選、精訓，做好嚴格的品管和升遷考核制度，授予高階高薪，以維護並保障其高格的文官尊嚴，並依上述理念，建立文官中立的制度，應可降低因政黨輪替人事變動頻繁所造成政策不定、政績不彰等負面影響，此乃國家發展之幸也！

3.「中長程計畫法」的必要性

除了組織精簡之外，政府機關計畫的擬定、預算的編製與執行常有下述譏諷之詞：「神來之筆，引人入勝，欲罷不能；規劃大餅，渾身解數，納入預算；動員黨團，面紅耳赤，爭取預算；停止鐘擺，包裹表決，通過預算；進度落後，保留預算，效率低落」。以上顯示，計畫的研擬草率不周延、預算的編製粗心不確實、預算的審核過程混亂不慎重、計畫的執行散漫無力，行政效率當然低落。

政府的施政不僅只是單一年度預算的執行，更講求效果的累積。因此，重大政策能否延續，大大影響政府施政的最後結果，而跨年度的中長程計畫此時就扮演最關鍵的角色。以當年台北市木柵動物園、二重疏洪道、翡翠水庫、環河南北高架道、垃圾焚化爐、水源快速道路……等建設為例，若非當時市長排除萬難規劃動工，繼任者持續推動完成建設，現在的台北市不僅會陷入和其他縣市一樣所面臨的缺水和垃圾戰，更不可能有今天的城市規模。因此，為確保國家的長期重大建設不致於中斷，中長程計畫的立法保障有其必要，更因政黨輪替所導致的政策不穩定而益加突顯其重要性。且因政黨輪替或民選政府首長的變更導致重大建設計畫中斷、取消或延宕者比比皆是，例如我當年任職台北市長時期台北市天母棒球場座位容量的一再變更、中華路地下街和停車場、共同管溝的夭折、關渡體育公園的被取消，都對政府財政造成無謂的浪費。同時，對全國曾參與的公務人員而言，也是時間、精力的平白耗損，最後付出代價的還是民脂民膏。

事實上為了中長程計畫的理念，早在孫運璿先生擔任行政院長時即已大力主張，並由當時的行政院研考會主委魏鏞先生主其事。當時台北市政府特別為此在市府研考會成立綜合計畫室，會同各局處研擬台北市政建設中長程計畫，並經當時的李登輝市長核定後，據以編列預算執行實施。

中長程計畫的擬定與編製，主要是強調施政建設的前瞻性、整體性和連續性。各機關在其法定職掌範圍內檢討過去、分析現況、並展望將來政經社會環境的變化及民意的需求取向，策定未來三到十年的施政計畫，再由研考專業人員會同相關財、主、人事機關依各計畫的時間先後、空間配置、以及功能相依程度，加以有系統的整合，據以決定資源的分配。如此各機關對於未來數年內要推展的主要建設及規模皆有基本共識。編制年度預算時，依核定的計畫分配經費，每年檢討時，再依計畫執行進度做必要的調整即可，不必你爭我奪大做公關。尤其在中長程計畫的引領下，財政單位可根據已核定的計畫優先順位，視未來財源收入情形預做財務需求評估，讓計畫與預算密切配合，使整體資源獲得最有效的配置與運用。

此一制度如能建立，民意機關不必再每年為審核預算而傷腦費神，把重點放在施政計畫內容、品質和行政效率的審查和考核即可。而選舉期間那種亂開支票、債留子孫、破壞計畫預算制度的政策買票情事也不易發生。「中長程計畫法」實為政黨輪替不可或缺的配套措施。

4.「執行文化」的再加強

每個政黨或政治人物對國家社會的未來發展都會有其理想，並多能提出一套具有美好願景的白皮書或施政藍圖以吸引民眾的支持，特別是選舉期間所開出的各項政見為然。證諸史實，理想願景的構思和研擬並不難，兩千六百年前禮運大同世界的理想早已遍掛公私機構的牆壁上，而奧林匹克的理想社會也早在兩千七百八十年前就被提出，我們不能不佩服中外古聖先賢的思慮之深、視野之廣。近年來，不論是施政白皮書或計畫藍圖也好，可以說是汗牛充棟，幾乎應有盡有，加上年年召開的各種研討會結論更是琳瑯滿目，不勝枚舉。至於有無落實執行，則又是另一問題。

其實自古以來，上有政策，下有對策，上下敷衍，導致執行效率低落，一向是各國政治文化的常態，也是一大敗筆，造成政府的良好美意無法落實到改善人民生活品質上。古訓「為政不在多言」即在扭轉不重視執行的思維偏差，西方宗教經典也有「去做就好」的啟示。奈因時下許多從政者不察，棄嚴肅的政事推動於不顧，盡做表面的政治秀，與博取一般民眾瞬間快感的娛樂業幾無二致。這種跨越娛樂表演業的行徑，造成政治人物角色認知的錯亂與謬誤，實有待大幅矯正。所謂「好民之所好，惡民之所惡」，應指前瞻性、整體性和民生有關的公共政策和行政措施而言，絕非基於民粹而刻意討好民眾的一些庸俗表演動作。

政務推動原本就是一項嚴肅的任務，政治人物必須自我調整，徹底揚棄「作秀多、做事少；口水多、汗水少；公關多、公務少；剪綵多、動工少」的虛浮政治文化。風俗的厚薄繫之於一、二人耳，如果在上者從事政治改革之路能從自我的心靈改革開始，把政治文化導向誠實、樸實、踏實、平實、與信實的正途，這才是貫徹執行文化的基本前提。

除了在上者要有為天下蒼生下定決心，以及自我內省的心靈改革之外，一個「具體量化、細膩的執行計畫」也必須明確建立，才不會淪於模糊抽象，華而不實。據此每一施政計畫應明定何人、在何時、何地、用何法、做何事的明確細節，配合計畫預算的管控，在合理期間內，運用最合理的資源完成「可供檢視、看得見、數得出、用得上、人民感受得到」的具體成果。如此做法，一個有效率的執行文化才能具體落實，不流空談，此乃今日強調貫徹執行文化的關鍵所在。

另外，在此要特別強調，計畫的執行固有賴分層負責的原則，但有效的分層負責機制在時下的行政體系尚不完備。部分公務人員可能專業性不夠，積極性不足，甚或操守有瑕疵，懷著不做不錯、少做少錯的工作態度，得過且過，薪水照領，應負的責任卻敷衍推諉。因此，單賴垂直式的分層負責難竟事功。行政首長必須要有實務操作的行政歷練，累積充分的經驗和實力，在執行過程中，才能主導目標與進度，不致於被矇蔽。另一方面，行政首長也必須和中下級幹部建立密切的互動工作關係，如此才能掌握下情，貫徹理念，發揮鼓勵和指導的效果。

5.揮別作秀——建立信實、務實、平實的政治文化

清朝名相曾國藩曾說：「風俗之厚薄奚自乎？自乎一二人之心所嚮而已。」在上位者的所言所行，對於一個國家社會的發展具有很大的示範影響，就像孔子說的：「上有好者，下必有甚焉者矣。君子之德風，小人之德草」。由此可知，政治文化的風氣與發展，關乎整個國家社會的未來，那麼我們就要來檢視一下現今的政治文化是什麼樣子？

我個人從事公務工作多年，一向認為務實、踏實的做事最重要。多年前，有一次我到花蓮，一位曾在台北市擔任分局長的市府同事告訴我，當地政界有人比喻我是「稀有的政治動物」，他進一步解釋，這個比喻並沒有不敬的意思，純粹是因他們認為像我這樣務實、不作秀，並且能堅持理想做事的人在政壇已經不多，所以把我列為稀有政治動物。事實上，我也知道我的想法和一些做法，和當下的政治文化很多扞格不入，也時常會遭遇到挫折。尤其是在民國八十三年競選台北市長失利，一些人歸咎於我只會默默做事，不會宣傳，甚至說我口才不好。在台灣目前的選舉文化中，不宣傳、不會作秀確實居於不利的地位。

在台北市政府服務時，有一次去拜望住在溫州街的國學大師臺靜農教授，忍不住向他提起到底為政要不要多言的問題。臺老師告訴我，經典古籍中對為政之道的論述已經說很多，寫很多，可是這些微言大義的實踐都被忽略了。孔子說：「花言巧語，足以擾亂德性。」老子也說：「多言則窮。」所以，君子處世寧可沉默寡語，也不願急躁多言，更不可巧言令色。臺老師最後強調，從政者最重要的還是要做事，「為政不在多言」。這句儒家的名言就是在提醒從政者

要腳踏實地的推展政務，不要每天嘴巴說個不停，其實什麼也沒有做，最後受害的是國家和人民的福祉。

我們現在的政治文化流於作秀和講求表面功夫，是很不好的誤導。舉例來說，一件公共工程建設，從需求的評估、規劃與設計，進而編列預算、爭取通過，並執行拆遷、補償，到發包、施工，是一連串艱辛的過程，這才是整個公共工程建設最重要的階段，而剪綵反而是輕而易舉之事。有許多政治人物不求在前階段用心，只喜歡享受事成之後的剪綵風光，實在是政治文化的錯誤示範。

「作秀」兩字始於何時未見考據，我第一次是在民國七十年省議會民政廳長和省議員的對話中聽到。作秀可能來自英文的show business語譯，本指娛樂界的活動而言，歌舞、戲劇和特技表演，或博人大笑的浮誇表情，是一種專業的表演行業，但目前政界作秀實在有點過頭，已經跨越了娛樂界的專業範疇。民主社會政治人物偶以幽默取悅民眾固然無可厚非，但作秀的觀念凌駕做事的思維，則不能不說是政治文化的一大誤導。務實、踏實做事，平實、信實做人，才是一個健康的社會、成熟的政治文化所應追求的理想，更是政治人物所應具備的人格內涵，這是值得民眾慎思明辨的。

台灣經歷民主改革和政黨輪替，已進入民主政治國家之列，下一個重要的課題之一，是如何使政治文化品質進一步的提升。我誠懇地期盼民眾要有正確的是非觀念和價值判斷，能在未來的各種選舉中發揮影響力，用選票教導政治人物什麼才是優質的民主素養，也讓政治人物了解，「人民」才是民主政治的頭家，惟有人民正確的選擇，才能揀選出「賢與能」且又「講信修睦」的人選。惟有如此提高選民的水準，才能引導政治人物回歸民主真諦的正軌，台灣優質的民主未來，才不是夢！

6. 揮別黑金政治——建立乾淨的選舉文化

人類和許多其他動物一樣，具有追求、掠奪主控權的天性和本能。雖然，追求的方式和手段不盡相同，但是成者為王，敗者為寇的兇殘殺戮過程，證諸歷史，不勝枚舉。近世所謂「槍桿子出政權」、「國家武力造成說」都是藉武力奪取權力的見證。

選舉方式的產生可說是人類文明的一大躍進，經過歷史的慘痛經驗，人們發現以「算人頭」的選舉方式決定權力的歸屬，比起「砍人頭」的殘酷方式，不失為比較和平理性的作法。選舉制度之所以為人所稱頌，關鍵精神就是尊重多數的決定，這是過去千百年來人類追求民主與進步至高無上的價值觀。優質的民主制度有賴時間的累積，有優質的選民才能在優質的選舉文化之下選出優質的候選人，這應是一條必走、必須面對的漫長過程，惟方向對了，就不要怕路遠。

台灣從推行基層選舉開始，選舉制度的發展也有四十餘年的光景。然而，在推動選舉制度的過程中，台灣和過去其他許多國家一樣，都不可避免地發生諸如暴動、恐嚇、作票、買票、騙票等現象，為識者所不齒。這些不一而足的劣質選舉文化，雖比古時候的流血殺戮進步很多，但畢竟非優質民主制度所應有。而其中與所謂「黑金政治」掛鉤的賄選買票文化，更是我們急應唾棄的現象。

何謂「黑金選舉文化」，在政治學理論上雖無明確的定義，個人認為，不考慮候選人條件的好壞，只要使用不法手段得到的金錢，再經由直接、間接的非法手段去奪取公眾席位，皆可稱之為黑金選舉文化。台灣近二十年來，民主腳步和經濟成長快速，但人民的民主素養尚未等比例的提升，加以選舉罷免法制度配套不全，執法又不徹底，因此在部分候選人和選民的水準都尚待提昇的情形下，黑金政治文化也就成為無法完全避免的事實。

常有人說黑金政治是台灣的怪現象之一，其實也不然；從另一角度說，黑金政治有時是伴隨民主政治發展過程中很難完全避免的現象。再明確的說，所謂「金」是經濟發展的結果；所謂「黑」，是法治不彰、紀律不嚴、執法不力、以及候選人和選民水準不夠的必然產物。如果我們的政治人物都是賢能之士，不願自賤人格，選民也都潔身自好、不受恐嚇、不被收買，怎麼會有黑金生存的空間？

台灣的民主開放有其政治社會與歷史背景，但速度似乎快了些，以致人民的民主素養、相關的法律配套措施和選舉法規無法齊一步調，使得整個民主文化顯得早熟而粗糙，遂使不少劣質政客有機可乘，黑金的政治文化應運而生並凌駕在正規的民主法治之上。這些後遺症，讓我們的國家至今仍持續付出慘痛的代價，最大的受害者當然是平民百姓乃至於後代子孫。

由於這些年來的努力，台灣表面上雖獲得自由民主的美名，惟品質實在有待提升。此時此刻非痛下決心，消滅黑金政治文化不可。目前除應嚴加公平、徹底的執行選罷法外，更有賴政治參與者捫心自問，發揮政治良知的最高道德勇氣，摒棄不法的參選手段。另一方面，選民也要睜大眼睛，徹底覺醒，明辨善惡與是非，讓黑金的選舉文化在眾目睽睽之下無所遁形，如此台灣才能早日揮別黑金政治，建立乾淨的選舉文化。

附錄一

論國家領導人的選擇

人類歷史上最偉大的發明之一就是選舉制度。雖然這條路在民主政治發展初期，還不是那麼順暢成熟，但這是我們在追求民主政治過程中的必經階段。在沒有更好的制度以前，透過選舉的方式，選出國家領導人，實現民主政治的理想，必是人類社會應該走，且正確的一條路。

對於政治人物的是是非非，我平常不願意多談。在政壇多年，我做事就是做到凡事盡力而為，問心無愧，有遠見（vision）、有使命（mission）、有熱情（passion），就可把事情做得好。

選領導人不同於選地方首長

選舉國家元首和選一般民意代表或地方行政首長，絕對不一樣。選得對不對、好不好，不但影響到我們自己的前途，影響到我們的家庭，更影響到我們下代子子孫孫的禍福，以及社會國家的安危，所以這是一個很關鍵性、很嚴肅的選擇。

領導人一定要具備國際觀

選擇什麼樣的人擔任我們國家的元首，就要看國家的處境如何？期盼我們的元首能為我們做些什麼？他有沒有能力、學識、智慧和經驗處理我們交給他的課題？我們不妨把世界地圖攤開來看，一個很關鍵的思考方向就是：我們國家在國際領域開展的重要性。台灣的發展，不能夠孤立於國際社會，而什麼樣的人才是有能耐來處理二十一世紀國際間充滿挑戰的課題呢？

我覺得國際學養、處理國際事務的經驗、國際語文能力、以及過去處理國際事務的業績好不好都很重要。此外，在國際社會應對的場合，元首的儀表、形象也是重要考慮要件之一。所謂國際素養和國際觀，並不是到外國走一趟、或轉一圈回來就會有，而是要日積月累的研修和實務歷練，才能培養出來的。

兩岸緩和對台灣很重要

再細看亞洲地圖，可發現兩岸關係處理的重要性。兩岸關係和緩對台灣相當重要，台灣地小人稠又缺乏資源，大陸地大物博又同文同種，如果兩岸關係和緩，台灣可利用大陸為腹地發展經濟，不損人又利己，何樂而不為？

因此，如果選一個在處理兩岸關係，無法得到絕大多數民眾信賴的人，兩岸關係必難改善，進而對台灣經濟及社會造成負面效果；但如果選的是一位平和、理性、穩定、前瞻、有宏觀視野的領袖，處理棘手敏感的兩岸問題必然比較順手。

處理兩岸問題不能太情緒化，不能操之過急，更不能沒有尊嚴。我認為維持兩岸的交流關係才是最理想的策略，才能在安定中同時帶動兩岸的進步和融合。兩岸關係雖然很敏感，但也充滿美好的遠景。兩岸的中國人有共同的歷史淵源，語文相通、文化同源，地理毗鄰，經貿互相依存的關係也很密切，無論怎麼發展，兩岸的關係一定要和諧、平穩的維持下去，才能創造雙贏。現在兩岸政經制度不同，存在的落差尚待進一步努力，我們希望透過兩岸和平的相處、交流和互動，使得兩岸將來在政治、經濟制度方面慢慢的趨於相同或相近，生活水準也慢慢趨於一致。我們相信將來兩岸差距縮短，也就是制度和民生水準達到一定程度的相同性之後，自然會產生融合，屆時不用再說：「我要統你」或「你要統我」，因為這些話聽起來很刺耳，難獲認同，更難達成共識，而且不管誰統誰，被統的一方都不舒服。兩岸相處，最美好的結局就好像兩個原本分離的圓圈彼此逐漸接近一樣，一反過去所謂漢賊不兩立，都不來電。現在有來電、有交流，讓兩個圓圈透過交流互動，自然會產生相互調適的同心圓。

近年來，大陸也逐漸調整他們的制度，經濟上也一直朝向市場化和國際化的方向發展，兩岸只要維持和平相處，持續交流，兩個圓圈交集的部分，會因時間愈久，重疊的面積越來越多，最後自然會融合在一起。大家應該要想想，兵戎相見究竟不是辦法，彼此嚇來嚇去也是貽笑天下。

領導人不應挑起族群爭議

我最不喜歡講族群關係的題目，但非常遺憾，當年我參選台北市長時，有人故意把族群問題挑出來，我認為這是很沒有政治道德的事情。我們來台只有先後，時至今日本來就沒有所謂本省、外省、客家、福佬之別，挑起族群問題就是存心挑撥離間，但每到選舉，總有人拿這個當題目來炒作。這讓我想到一個故事，我在台北市當市長的時候，有一次到區公所聽簡報，簡報的書面資料裡特別註明課長的省籍，我問寫這個是什麼意思，公所的人答說以前都是這樣寫，我當場指示以後不必再註明籍貫，不管你是哪裡人，把課長職務做好就好了。我在台大當總務長時，也取消了報考研究所考生資料裡的籍貫欄。

我家祖先從河南到福建漳洲，再隨鄭成功到台灣，把荷蘭人趕走後，定居今之台南小新營。「營」是原來軍隊屯兵的地方，近似現今所謂的眷村。今天住在台灣的人，實在沒什麼道理分來分去。大家都是同學、同事、鄰居、生意夥伴，甚至通婚成為一家人。台灣有一口頭禪，稱呼本省籍的台灣人是「番薯」，戰後來自大陸的外省籍人士是「芋頭」。事實上，現在台灣很多人都是族群融合最好的見證人，因為結婚嫁娶而出生在台灣的下一代，彼此間再通婚而產生下下一代，說是「番薯心芋仔皮」、「芋仔心番薯皮」都可以。

台灣歷來的動亂騷動，經常都是因為種族、族群和地域議題的操弄。芋頭、番薯還有馬鈴薯（例如新近的外來移民），一起蒸煮，也都營養豐富，融合在一起，更芬芳可口，延續生命。大海不擇細流，高山不擇細石，有容乃大。悲情的台灣，應該結束了，快樂的台灣，早應該開始了。

領導人應具備一定的治理經驗

要當一位國家元首，過去對國家要有所貢獻，治國也定要有經驗。我們絕對不能夠選一個對國家沒有貢獻，也沒有充分治國經驗的人來當國家元首。一個經歷完整的人，在處理國家大政的時候，才能夠設想周延平穩，因為他充分了解政府各部門間的運作與整合，才能在推動國家政策時更有效率，更能高瞻遠矚，這是非常重要的關鍵所在。在二十一世紀，我們面對的是全球經濟更嚴苛的挑戰，選擇國家領導人，如果沒有充分行政歷練是很危險的。

領導人的人格特質很重要

個性和德性，也是國家領導人很重要且應有的人格特質。以前我擔任台北市長時，有很多人說我不會作秀，吃了很大的虧。每次聽到這種類似的批評時，我真是感觸良多。這是一個很嚴肅的政治文化問題，也是價值觀的問題。

的確，在今天的政治環境下，作秀比較能夠上下討喜，也較能在短期內突顯自己，但未必對大眾的福祉有所助益。做事型的人短期內雖未必為大眾認同，但就長期而言，對國家社會比較有建樹。我們的政治文化應該要鼓勵、肯定默默多做事的人。我們今天一切的建設成果是靠大家流汗做事辛苦換來的，而不是靠政客以口水作秀變出來的。社會上如果容許不顧大局、老愛作秀、非我莫屬的個人英雄主義者充斥政界，必定影響政局的穩定，更會破壞大多數公務人員遵循的勤勉、務實、質樸的政治文化。當今許多正確社會價值觀的迷失，實在值得全國上下加以檢討省思。

領導人絕不能只會作秀

如果一個領導人只會作秀，民眾就應該睜大眼睛了，否則市民的權益可能就悄悄地流失而不自覺。我擔任台北市長的時候，曾想過怎樣當台北市長。開始評估時，我發現市長也可以當得很輕鬆，會寫幾個字就可以了。如果上呈市長的公文寫得不錯，就批「如擬」；若不想寫「如擬」兩個字，也可以寫一個「可」字；想一想不對，明天加一個「不」變成「不可」也行；如果呈閱的公文寫得不清不楚，你也不必費時去推敲，你就批示「再酌」，退回再擬；如果你沒有時間看公文，或者看太多累了，就批示包你沒有事的「依法切實辦理」六個字就好了。一句「依法切實辦理」的批示，保證監察院不會約談、調查局也不會查；對比較複雜的案件，最安全的批示是「有法依法，無法依令，無令循例」，因為有時法律無法涵蓋目前發生的特別情況，那麼人家過去怎麼辦就怎麼辦！如果遇到無例可循怎麼辦呢？那你就批示「無法無令無例，開會共同決定」，這種批示也很安全，因為大家共同負責，保證也沒事，所以只要你會寫那幾個字和自己的名字就可以當市長了。至於一般性的官式演講稿，股長、科長會寫給你，拿稿唸一唸，反正官式講稿很多人沒在聽，照著唸完就好了，不必傷腦筋。上述輕鬆的做法一定剩下很多時間，就可以統統用在媒體、議會、和人際公關上。

其實上述這種「三年官，兩年滿」的為官之道我也曉得，但是我覺得把時間花在這種地方，有虧職守，有辱使命。因此我決定把我的精神、體力、時間放在解決「應做未做、不好做、或前人因故沒有做，但對市政建設有必要做」的重要市政難題。到底哪一個做法對人民比較有利，可以嚴肅冷靜地想一想。

有很多市民提起，每到大安公園散步時都會想起我這個老市長，讓我很感動。往事難忘，想當年要把二千六百多戶居民平平安安、沒發生事故的情況下拆遷安頓，確實不容易！在我四年市長任內之所以能完成大安公園、中華商場、基隆河截彎取直、十二號公園、華中河濱公園、還有南港山豬窟垃圾衛生掩埋場、六條捷運系統的動工、高架道路等重大建設，都要歸結到那一股做事不作秀的心態，才能逐一把這些問題順利解決。事實上，我也不是不曉得作秀，但是我認為為了做事忍受挨罵、被批評，比做一些輕鬆、討喜的秀來得有意義。本於做事為民謀福的信念，再加上百折不撓的堅持，終於能為台北市的市政建設留下不少歷史見證，讓我迄今心安理得，面對外界批評，內心坦坦蕩蕩，覺得沒有對不起台北市全體市民！

我們應該揚棄伶牙利齒、口沫橫飛、言詞華而不實、虛浮善騙、作秀型的政客。的確有些人對國家社會沒有具體落實的貢獻，但每逢選舉必定集天下「政術」的大成，拋頭露面，玩弄媒體，欺騙百姓，極盡個人作秀之能事，這種人可以說毫無「政格」可言。我無意批評任何人，但自我服務公職後，務實做事，為民謀福一直就是我的從政理念，更是我的價值觀，也是我的人生觀。很多人說：「你這樣會吃虧，會影響自己的政治前途。」我說：「沒關係，因為我曉得我在做什麼，我也深信我所做的事情是對的。」或許一般民眾短期內沒辦法體會，但我相信總有一天會了解，上天也會給我做見證，所以我的內心覺得很平安。

當今不少選舉都充斥騙票的花招和技倆，對社會很不利，基於個人過去的經驗，我也有同感。這樣的選舉文化是錯誤的，現在選舉又都太情緒化了。綜合過去，我們的選舉文化處處充滿了激情、煽情、以及一些和公共政策毫無相關的悲情。有些候選人利用這三種情感，來混淆投票人冷靜的思考焦點、模糊投票人理性的判斷思維，誤導投票人客觀的分析方向，使許多選民像被麻醉了一樣，得到短暫瞬間的身心快感，最後選票被騙了還不知道！我之所以講這些話，就是希望大眾能確切認知一個優質的民主政治，應該是一方面訴諸以理，也就是要講道理、講情理；一方面也要動之以義，也就是要以多數人長期的福祉為依歸，來取得民眾對候選人的認同和支持。

此外，我也要駁斥所謂民主政治就是輪替制度的謬論，這是一個似是而非的論點。民主政治要有競爭和參與並沒有錯，但並無所謂輪替的問題。單以台北市為例，我在擔任四年市長的任期中所推動的市政建設，與接替我的市長比較，哪一個多，大家想一想、算一算就好了。我做了很多事，只差來不及剪綵而已。如果當年有機會繼續為台北市民服務，早就規劃好的一些市政建設，諸如：聯絡北二高的信義支線、社子島快速道路、穿越松山機場的地下道、萬華地區都市更新、北投的電纜車、關渡體育公園、士林基隆河廢河道的副都市中心計畫等，如不是在施工中，必定早已興建完成。實實在在做事很重要，面對選舉時，要看的是誰實實在在做事，而不是「被激情所迷、被煽情所惑、更不要被無相關的悲情所騙」，掌握神聖的一票，選出會做事的人，才是國家人民之福，才稱得上是民主國家堂堂正正的主人翁。

再談禮運大同篇

政治乃治理服務眾人之事，其範疇與廣度很大，應可參考禮運大同篇的論述範疇。雖僅短短一百多個字，卻蘊涵了建國利民的基本大藍圖，涵蓋了育幼、養老、政治、教育、就業、長照、社會福利等等方面，道盡了時下政府極需施政的重要內容。如果各局處執政者能細加思考，了解每一個字、每一句話，以及環環相扣的關係，把其抽象的理念具體落實融入執行細節，一定能夠政績斐然，受到人民歡迎愛戴。

兩千多年前禮運大同篇談的理念與價值觀，乃人類社會整體應有的願景。引證當前社會的種種問題與亂象，不能不佩服古聖先賢前瞻與宏觀的思維。惟迄今為止這些論述的字句，雖在政府辦公室到處懸掛，但並未具體落實，想到、說到、寫到、掛到，但沒具體落實做到，以致流於空談。古聖先賢的願景（vision），若能搭配強烈的使命感（mission），再加上勇往直前的執行熱忱（passion），當必為我國建立嶄新的政治文化執行模式。

附錄二

屋頂農園的建置與推廣

從報章媒體及苗圃商的反應看來，現在台北市民在屋頂平台種植花卉果菜的風氣已越來越盛，這對擴大市民的活動空間、降低都市熱島效應、增加大樓住戶的敦親睦鄰活動、提升視覺美感、和花草對話淨化心靈、提供安全蔬菜、節能減碳增加釋氧量、減少灰塵淨化空氣……等，乃至改善整個都市的多樣性生態環境，都具有正面的效果。世界上有不少都市，都已在推廣屋頂農園，若能蔚為風氣，對整個地球生態及安全蔬果的供給等等，都是新的創意方向。值此人類擔心農產品有匱乏之虞時，立體化生產空間的拓展，值得重視與推廣，且應列為今後都市綠美化的重點。因此，台北市政府現正推動的「田園城市」做法宜積極進行。

園藝工作並不需很用力，就有勞動筋骨、紓解壓力的園藝治療效果，並且增加和植物接觸的時間和機會，可領悟植物生長的奧妙，使建築成為名符其實的人、屋、庭三位一體的家庭，特別是對退休市民，對身心平衡幫助很大。

屋頂農園：應做未做不難做

台北市長任內我已開始實踐屋頂農園的部分構想，先從台北市政府所屬機構大樓、醫院等部分做起，只可惜尚未能全面推廣。一般來說，凡事可分為「應做未做不好做、應做未做不難做、應做未做容易做」等三類，而屋頂平台農園算是屬於「應做未做不難做」之事。這主要有四方面的因素要考慮：首先，技術面的層次要克服，如早年胡適先生所說：「要怎麼收穫，先怎麼栽。」天下沒有白吃的午餐，每件事都是經過努力而得，正所謂「一分耕耘，一分收穫」。

但除努力外，「工欲善其事，必先利其器」，屋頂平台農園推廣的第一件事，就是技術層面的克服。

接下來，建置屋頂農園還要考慮資金面、民眾配合度以及政府決策等面向。比如政府的決策要考慮到是否要修法，如要修法，就需經立法院同意，如不必修法，就逕由行政部門修改法令規章即可。四者缺一不可，如果都能順利進行，台灣的綠美化工作必然能有所成。全台灣頂樓平台未被違章佔用的空間尚有不少，只要充分利用這些閒置空間，所能培植的灌木蔬果、花卉量必定可觀，特別是屋頂農園的建置，對城市的幫助相當大。

近年來，美國紐約有新創公司推出用試管來種菜，日本人也設計出家中迷你溫室。在擁擠喧囂的城市裡，從種菜體驗農家樂，已變成現代人跳脫繁忙工作壓力的小確幸。其實早在二十多年前，我已經在自家屋頂當起了不折不扣的城市農夫。

我的屋頂農園經驗分享

一個重大且嚴肅的生態改善政策，若能從簡易可行之處先著手做起，才是可行易行之道。我在屋頂「拈花惹草」多年，體會到施作技術上不難，所費也不多，如果不「懶」的話，特別是屋頂綠美化，工作一點也「不難」，剛好提供年長退休的國人一個有益身心健康的活動空間。

卸下官場身份後，我除了身體力行外，也不斷推廣屋頂農園的概念。我常對朋友說，在長出一片豐收之前，必先流汗耕耘。這是分享自己的經驗，在有限的生命裡，做有益人類的事。

種菜不一定要在田裡，也不需要擁有一塊地，只要懂得善用閒置空間或容器，也能享受田園樂趣。人類生活本來就應該和自然結合，綠美化不必找珍奇美豔的植物，從種一些簡易的蔬果和草花就可開始。

在我的屋頂農園中，四季都可採收不同的蔬菜。算下來，前後種過的蔬果有空心菜、皇宮菜、地瓜葉、小蕃茄、韭菜、辣椒、萵苣、小黃瓜、玉米、茄子、檸檬、九層塔、紫蘇、青椒、秋葵、苦瓜、蔥、蒜、山苦瓜、長豆、胡蘿蔔、絲瓜、矮種木瓜等作物不勝枚舉，我曾稱這是「升級版的綠美化」，既賞心悅目又能填飽肚子。每天早上到頂樓將採收的成果交給太太處理，也接受太太的建議選定菜種，親手有機栽作，不僅食安有保證，減少碳足跡，也省了不少菜錢，更為生活增添樂趣，分送親友也是既實惠又有心意的健康伴手禮，不少朋友都吃過我親手種的蔬果；而翻土、施肥、修剪、清掃落葉和澆灌等工作，也同時能達到運動的效果，好處說不完，也因為體會「盤中飧」得來不易，我對食物有著絕不浪費的堅持，只要外食自己吃不完的，一定打包回家。

自然陽光的長短、風向、季節是考慮因素，但這些都不難，只要有興趣，不管是年輕或退休的市民，均能開創出調和自然與生活，有益身心的新領域。如果有七成的市區屋頂能因農園而形成綠被，對整個台北市的環境品質，特別是降溫、節能減碳與減少灰塵，都會有很明顯的功用，也可對市民的健康作出貢獻。

聯合國在推行擴大都市屋頂的綠被面積，很多都市都在做，但都不很徹底。新加坡做得很好，如果台灣各主要都市都能大力推廣建築頂樓的綠美化，必能引起國際上的重視，未嘗不是提昇國際能見度的具體作法。

屋頂平台農園的建置，技術性不高，費用不貴，可行性大，趣味性高，既可與大自然為伍，又可綠美化住家周遭環境，退休老者又能健身，對環保也是一份貢獻。既然具有那麼多的優點與好處，何不好好思考就在自家的頂樓建置屋頂農園？要參與柯市長推動的田園城市並非難事，移盆、搬土、植苗、澆水、施肥，不出兩到三個月就能收成採摘，不用擔心自己不是綠手指，只要有心、願意付諸行動，每個人都做得到。當然，能這麼做的先決條件是，要住在頂樓，且頂樓能為己所用。如果是公寓的頂樓，依過去習慣，頂樓住戶對屋頂有使用權，如此建置屋頂平園的可能性較大；但如果是社區，頂樓基本是共用，非專屬頂樓住戶之用，如此一來或許可透過大樓的社區管委會召開社區大會，共同決定頂樓是否共用並共同建置屋頂農園。

在進行屋頂平台農園種植之前，有些要點必須先特別留意：

1. 先解決舊大樓屋頂地板的裂縫與潛在漏水問題。用花盆或栽植槽種植蔬果未必會導致頂樓天花板漏水。依我個人實地觀察的經驗，大部分屋頂會因積水而漏水，是因為頂樓排水孔被殘枝枯葉堵住，沒有清除所致。新近開發的奈米防水砂漿材料效果很好，可以參考。
2. 建議新建大樓的電梯均能直達頂樓屋頂，方便園藝資材搬運，並提升住戶使用意願，特別是考量年長住戶的行動便利與安全性。

3. 女兒牆上建議可設欄杆，除安全考量之外亦可作為植物攀沿之用，亦可懸掛植栽盆，擴大栽培面積。需要時，還可分層設掛鉤吊植栽盆。事實上，考慮到蔬果植栽季節性因素，也可在法令條件下設置屋頂溫室。
4. 頂樓管線盡量靠牆集中設置，減少佔用平面空間，以增加栽植面積。

此外，我把多年來在家裡屋頂平台以及女兒牆的農園種植的經驗心得，亦整理列述成以下設計考量，與同好者分享：

1. 依場地的大小考量栽植面積、方式與種類。有些大樓的頂樓可自用或屬於社區共用。
2. 依陽光與風向，決定種植位置和植物種類考量，並可使用綠能收集系統以節能省電。
3. 以少用自來水為原則，可建置雨水池、雨水塔、雨水槽、雨水桶等雨水回收系統以循環使用，雨水槽也可以養些觀賞用的鯉魚。
4. 花果蔬菜的種類有季節性，避免種植病蟲害多的種類，且應考慮頂樓地板荷重量，植樹以灌木型為宜。
5. 以輕量栽培介質與土壤為主，使用有機肥料、陽明山土、有機液肥等，並以不使用農藥為原則。
6. 可利用家中閒置容器作為栽培容器，並依大小分層種植，小盆排在大盆上，內再覆以有機土壤即可，切勿把栽培土直接鋪到地板上。

7. 果菜能吸收營養的根系約三十—四十公分深，故若花盆太深，不妨底層放些保麗龍，再覆蓋水草不織布後，然後把有機土鋪上即可，此法可減輕盆子的重量也有助土壤的通氣。
8. 盆中植物邊緣如仍有土壤空間，亦可考慮加種其他植物（糊子栽培）。
9. 廚餘、樹枝落葉可以作為有機肥再利用。
10. 考慮覆蓋網子以防鳥。
11. 定期曬土培土。

建置屋頂農園是一件快樂的事，就像為自己搭建了一座開心農場，但如果能透過政府主導佈建，對城市整體綠美化帶來的效果將更明顯。

附錄三

社區發展成功實例

——記於中華民國六十六年十二月
於台中縣市南投彰化

一、社區發展前龍津里概況

（一）濱海的龍津里

步出苗栗縣後龍鎮公所西行三．五公里，有一濱海的龍津里，民國六十四年在此開始辦理龍津社區的社區發展。

龍津社區面積四平方公里，對外交通有縱貫鐵路海線及縣、鎮公路通過。此外尚有一條後龍溪繞過北邊，注入台灣海峽，使龍津社區能擁有昔日聞名遐邇的公司寮港。

（二）漁民較多的農漁社區

龍津社區分十七鄰，住戶一五八戶，人口一〇八八人，其中二十四戶為在此租房的軍眷，其餘居民百分之六十是捕魚為生的漁民，百分之三十是種田農民，剩下百分之十從事商、公、教……，可說是漁民較多的農漁社區。因年老者多，故教育程度大多只有國小畢業程度。

（三）繁華到蕭條

公司寮港百年前有其光輝歷史，當時由長江口或福建往來的帆船，大部分在公司寮港進口貨物，產品以棉紗及礦產為主，輸出品以米、糖、鹽及魚產為大宗。經常有二百艘以上帆船停泊公司寮港，對大陸貿易馳名全省，是一處大商港，也是商業精華區。

商港曾促使龍津里一度繁華，穿梭不息的船隻載來滿艙貨物及滿腔希望，當來往商船擠滿小小港灣時，一間間旅館、茶室、酒店、賭場、商店……也排滿長長的街道，純樸的小村莊變成熱鬧商埠。

但好景不常，民國三十七年港口停用，從此船隻不再，市況冷清，港灣一天天安靜。民國四十年，政府重建公司寮漁港，給愁苦漁村注入一劑強心針，每到漁汛期時，機帆船在引頸期盼中慢慢由茄萣、小港、台南、淡水、竹圍、中洲等地雲集，在附近捕魚並停泊拍售，地方又再度繁榮，但因海岸造林被海水倒灌冲失，及工業用水污染，漁產遭受公害，以致產量銳減，僅能成為先天不足、後天失調的小漁港了。

（四）渴望改善環境

小小漁港承受不了暴貧的打擊，在經濟蕭條壓力下，稍富有的漁民紛紛背井離鄉，擱下祖產另謀生計，生活貧困毫無辦法的漁民則仍株守這片高低不平的環境，住在髒亂潮濕，沒有紗窗、浴室，沒有廁所，許多蚊、蠅、蟑螂、老鼠陪伴的老屋裡，家畜四處游蕩，雞屎牛糞處處可見，加上漁船入港的魚腥味，真是臭氣冲天，視線所及皆使人感受這是個髒亂的漁村。

每年九月到隔年二月猛刮季節風，海風吹得灰塵滿天，最難受的莫過於全里無一條排水溝，下雨天時，雨水使土路變成泥濘的排水溝，簡直叫人行走不得。

鑒於環境髒亂，後龍鎮公所於民國六十三年三月四日在同光國小召開家戶衛生訓練，但龍津病況嚴重，非靠衛生可起死回生，有見識的地方人士看到此情此景都很擔憂，希望改變現狀。

二、社區發展緣起

（一）鄰近社區的刺激

龍津里居民不滿意環境，又看到鄰近村里經推行社區發展後，道路鋪上了柏油，排水溝也有了，從此免受淹水之苦，且還有活動中心可供利用，不像龍津里每次集會都借用廟宇或同光國小，不禁對社區發展產生憧憬，默默期待，希望龍津里早日推行社區發展。

（二）政府規劃

後龍鎮遵照省訂社區發展工作十年計畫規定，將鎮內各里按髒亂程序訂定辦理社區發展進度，由最髒、最亂地區開始，龍津里被排在第七，民國六十四年開始辦理。

（三）陳里長初聞辦理，猶疑不決

鎮公所開鎮務會議時向全鎮里長提出十年計畫，龍津里的陳里長聽聞龍津里將在六十四年辦理社區發展時，初步反應是不敢反對、也不敢貿然接受，因他知道這是建設家鄉機會，政府既然願意補助，如不把握豈不辜負民眾選他當里長心意，但他也知道，社區發展須籌措配合款，但龍津里近數年農作物收成不好，捕撈成果不理想，遷出人口一天天增多，經濟蕭條之際恐難讓百姓捐出配合款；且龍津里約六分之一住戶是向人租房住的軍眷，他們非定居戶，而是隨駐防部隊調動，要他們花上一、二千元改善家戶環境衛生較困難，許許多多的疑問困擾著陳里長。

（四）先喜後憂的地方領袖

會後，陳里長找四位都是地方有力人士的親近夥伴商討，結果聽聞後都拍手叫好，覺得是夢寐以求的好機會，可當他們知道陳里長擔心配合款時，如何是好？這些地方領袖也深深憂愁。

既然事關重大，須先知道各位鄰長意見，於是召開鄰長會議討論，每位鄰長都表示非常贊成，願充分合作，可是鄰長並無權力打開別人的荷包，所以當頭疼的配合款又被提出時，鄰長也無法保證沒問題，還得聽聽居民意見，於是決定改日召開里民大會，依民主的方式，處理民眾的事務。

（五）有摸彩的里民大會

因要討論和居民有切身關係的社區發展，主辦人員不敢掉以輕心，特精心設計會後摸彩來爭取民眾參與，且規定小孩子不可摸彩，以便各戶成人都能親臨會場。民國六十四年二月三日下午兩點，龍津里居民紛紛湧進同光國小，出席率竟高達八成，打破以往紀錄。

會中住該里的公所職員駱辦事員，先向民眾轉達政府意思，接著報告社區發展預算一百萬元，政府願補助六十六萬，餘三十四萬須地方配合，且報告社區發展工作初步打算建排水溝二千公尺，道路三千公尺，家戶改善一百戶，活動中心一棟，廁所二十二座……，這些工程以後只會增多不會減少。

當被詢及是否願推行社區發展時，居民們深知社區發展意義，都舉雙手贊成，正當大家忙著爭取辦理時，偏偏有人唱反調，原來此人沒太太、帶著兩孩子在該里租房住，他對社區無深厚感情，也不想在此終老，所以對地方建設毫無興趣，想到花錢覺得捨不得，其議論引起少數房客共鳴，但因多數里民同意，終在壓倒性比例下通過推行社區發展。

三、成立社區理事會

（一）鄰長及熱心人士當理事

龍津里既已決定辦理社區發展，駱辦事員、鄭里幹事與陳里長、鄰長及一些地方人士便時常一起研究，商討如何著手辦理，決定採取重點實施社區發展工作，全里十七鄰中較有關係者七鄰，首先得召集這七鄰住戶在學校教室開戶長會議，選舉理事。

理事除七鄰鄰長外，陳里長尚提三位在地有力人士，且對公共事業熱心的贊助者（其中一位是民意代表，另二位無擔任公職），讓戶長表決通過，如此七位鄰長、三位熱心人士、加上里長共十一人組社區理事會，每月初一、十一、二十一日晚上開理事會議。

（二）負責的里長為理事長

過了四、五天召開首次社區理事會議，由理事推選出陳里長擔任社區理事長，下設總幹事、主計、出納、採購、管理組，都由理事們自由選舉產生。擔任理事長的陳啟雲里長，民國十一年在本地出生，有三兄弟，父親在警察局任工友，小時家境清寒，父親無力供學，但在進取心驅策下，鼓起勇氣到學校和老師商量請求入學，才能受完小學教育，十四歲畢業後投奔竹南叔叔家學刻印，他很用心學習，三年四個月學成，十八歲那年，他的作品到日本九洲展覽還得獎，二十歲時在叔叔贊助下回到後龍鎮，開店做刻印生意。

二十一歲訂婚當天下午，突然接到日軍通知，出發到海南島，擔任海軍陸戰隊衛生兵，開始接觸衛生常識，培養起家戶衛生觀念。由於少年時受到刻印訓練，左右手皆可運用自如，對外科縫線技巧十分在行，獲上級長官賞識；且因樂於助人，好處願與同伴共享，有困難時則率先承擔，樂群、負責的個性讓他到處受歡迎，常被推選擔任重要職位，得以慢慢培養其領導能力。戰後重回故里後，不久就被選為里長，且一當就是二十六年。

（三）參觀鄰近社區

「他山之石，可以攻錯」，陳理事長認為要使社區發展辦理完善，最好的辦法是參觀別人辦理過的社區，擷取長處，不僅可收事半功倍之效，也可避免重蹈覆轍，於是陳理事長租了中型巴士，載著所有理事到鄰近社區如埔頂、新民、大庄等地參訪，吸收寶貴意見。返回後，當天晚上即臨時召開理事會議，商議如何籌措配合款，由於各地情況不同，龍津社區有其特殊歷史背景與社會條件，因此工作人員與理事們絞盡腦汁想出很與眾不同的募款辦法。

四、籌措配合款

配合款的籌措是社區發展的成功關鍵，地方如果沒募齊配合款，就無法獲得政府補助款，經費不足工程將難以施行，但如何使居民的私房錢，變成社區配合款？龍津社區採用了如下方法：

（一）快樂的分期付款

駱辦事員、鄭里幹事與理事長、理事們計算過，如果三十四萬配合款全由居民負擔，則每戶至少樂捐三千元，雖不多但對小小漁村來說，多數居民負擔不起，如採強迫規定，徒然使大家心裡害怕，冷却其熱情，因社區居民經濟狀況不佳，所以必須另闢財源。思來想去，終於決定採用最時髦、最能使人接受的分期付款方式，亦即每戶每月交一百元，共交六個月，如此共可得七萬元，當居民知道只須交六百元，且分六個月，都覺得很合理，所以多能按時交到鄰長家，且理事會特別體諒租房子住軍眷們的清苦，幾經斟酌，決定軍眷享半價優待，每月只須交五十元，如此一來皆大歡喜，經六個月分期付款後，七萬多元就收齊，存在社區理事會所開設的專戶。

（二）一聲鄉親，馬到成功

由於龍津里遷出人口多，外出人口經一番奮鬥後，有的環境相當不錯，經濟富裕，駱辦事員於是動腦筋到他們身上，認為或可利用鄉情向他們募捐，想法一經提出，理事們拍案叫絕，只是這些外出就業人口，既然都在他鄉另起爐灶，是否還關心衰敗的老家？如何使此趟募捐不虛此行？於是大家坐下來研究設計，想出了一些辦法。

先看誰在外情況不錯，再決定派同他有交情的人說服他，寫信通知晚上要住宿他家後，理事們便派出三支人馬，南征北討。第一隊四人，由理事長，鎮民代表和二位理事組成，負責跑基隆、台北、三重、新莊、板橋一帶，共募集五萬多元回來，成績優良。第二隊是姚理事與蔡理事兩人去桃園、中壢、新竹，募到一萬多元。第三隊是鄭理事負責大肚、苗栗，也募到七千多元。總共七萬多元，超出當時大家估計的三、五萬甚多，能獲如此豐碩戰果，還在於他們的募捐要訣運用成功。

首先要找對人，從最熱心、最年輕、也最有錢者開始，因當第一個人大方地在募捐簿上寫上五千元時，後來者看了就不好太小氣，最少拿出一千元，有能力者為爭面子，更不甘落後，結果就造福了社區。其次，找到適當的人時，理事們就以誠懇態度，激起遊子鄉土親情，使在外遊子們憶起兒時玩伴，感覺到受難老家正迫切需要他的幫助，最後多願意樂捐幫助故鄉。

（三）自願捐出的補助款

除分期付款得來的七萬多元，及向外募捐七萬多元外，配合款尚不足十八萬多元，如何湊足這筆鉅款？社區理事會進行說服工作，使社區居民願意自己出錢改善家戶衛生，把補助款捐出來當配合款，如此一來，配合款總算大功告成。

五、社區發展的工作項目

後龍鎮公所建設課會同理事會辦理全面測量，配合漁港交通及消除髒亂，衡量地方資源，決定了建設項目。基礎工程建設包括：修築街、巷、弄、路，修築水溝、給水設備，修建廁所浴室，設置垃圾運轉處理設備，改善家戶衛生，整理家畜欄獸舍，美化環境，興建活動中心以及其他公共設施及公共場所的整頓等十項。

生產福利建設方面有：浚渫公司寮漁港，修建晒穀場、堆肥舍、牛欄豬舍，增添捕魚設備，推行家庭副業手工藝，社區造產，設置托兒所、醫護站，修建貧民住宅，設置就業輔導連絡站，籌設合作組織，建立貧戶調查檔案，設置漁船供油站等十四項。

精神倫理建設方面包括：設置小型閱覽室，修建體育活動場所、文康活動場所、小型公園兒童樂園，備置文康及體育活動器材，設置補習教育器材，備置國民生活須知禮儀範例用品，設立媽媽教室，以及其他有關改善生活習慣之措施等九項。

六、社區發展推行過程

(一)汗水滲進鄉土裡

龍津社區基礎工程建設，除部分柏油路面工程交鎮公所發包外，其餘無論大小都按鎮公所規格，由社區理事會全權負責自營，政府僅站在補助經費、輔導規劃、協助技術立場，因理事會認為社區發展工作是居民的工作，如果沒有居民參與，社區發展就無意義，所以原則上工程進行，應充分利用當地人力資源。

理事中正好有四位從事工程工作，對工程建設非常內行，居民也有不少是技術工人，如泥水匠、木匠等，可派上用場，其他工作機會也盡量讓社區居民優先參與，尤其貧戶和低收入者，隨時可向理事會登記打工，當本地工人不夠時才讓社區外的人參加，如此不但使當地人有工作、賺錢機會，更鼓勵他們貢獻個人智力、人力，並培養團隊精神，藉著參與將汗水滲進鄉土裡，緊緊與社區聯結在一起。

(二)自營工程好處多

理事會自營工程有許多好處：一、建設自己家鄉，工作特別認真，不會有偷工減料情形發生，建設的工程堅固耐用，如道路，通過十幾噸大卡車也不會受損；二、價錢便宜，因建築用材都由理事會派內行人選購，為向鄰里交待，都仔細挑選，不惜討價還價，可節省不少錢；三、不僅可加深居民對社區的感情，且增進居民彼此間友誼，如開始施行基礎工程時有一戶人家自動準備點心、茶水招待工作人員，別人看了也起而模仿，結果每當工作進行到門前時，這戶人家一定請喝綠豆湯，讓工作人員覺得溫暖，不僅工作賣力，還增進彼此往來。

（三）發起義務勞動

社區新建之始，調查民力，編造出工名冊，於戶長會議時宣傳義務勞動，使居民徹底了解發動主旨、日期、工作範圍、工數、工作方法，鼓勵民眾有力出力，建設社區。由社區理事長、總幹事、警察派出所吳主管組成指揮監督組，下設勞動組六組，各組置組長一人領導隊員，劃分區域來整修路基及港道混凝土工程，以免人力浪費，提高工作效率。工作期間由總幹事每日點名二次，結果除有三戶因外出委託他人代替外，並無缺席現象發生，可說做到公平合理，勞而無怨地步。

（四）駐軍協助消滅髒亂

社區建設依規定進度嚴密控制，凡屬工程及政策性工作隨時召開理事會決議辦理，另設置工作記錄簿隨時檢討，且為徹底消滅髒亂，商請駐軍出工，動員兵工六十二人，搬運垃圾十二卡車之多，受到地方民眾好評。為養成良好習慣，每月由同光國小老師，警察派出所、里辦公處、鎮公所派員抽查評分，使住戶環境衛生，生活習慣全面改觀。

（五）化解遭遇的困難

1.分享好處，不再抱怨

募捐配合款是很麻煩的事，龍津社區理事會也深知，他們經研究後提出分期付款方式，使居民不覺得是負擔，也讓租房住的軍眷享半價優待，但有房客認為暫居於此，沒理由要他協助建設異鄉，可是當他們嚐到社區發展好處，出入可免泥濘之苦後便收回抱怨聲，改變態度，甚至希望社區發展推行得更廣泛。

2.活動中心，先蓋為強

活動中心設置地點困擾理事們，因必須建於廟旁，與宗教信仰力量配合，方能發揮最大功能，但廟旁四十坪空地是私有地，屬四位不在鄉地主，理事會派出有交情人士與與四位地主洽談，其中兩位地主答應捐出共十坪，但一位擁十七坪地主表示，須用錢來買，結果理事會以每坪三三〇元價錢買下，擁有另十三坪的地主則既不願貢獻，也不願出售，透過許多有力人士交涉都無結果，最後不得已請鎮長出面，寫借條給所有權人以解決僵局。

3.人情味鋪成的柏油路

開路最容易引起紛爭，因要拆除原有建築，常引起反感，如果屬於侵佔公地，理事會派出有交情的人進行協商，希望自動歸還，以不補助為原則，但事情往往不能如此順利，幸而理事會一一克服。

如拓寬鐵路旁道路時遭鐵路局強烈反對，因道路屬鐵路局，但鎮公所答辯，該馬路多年來已供公共使用既成道路，算是公家的，鐵路局才不再追究；又如拆除一間居民廚房，對方要求補助二千元，理事會只好照准；另有一居民雖願意捐地，但希望在附近加設排水溝，理事會也替他辦到。可見理事會是有人情味的團體，不辜負居民選他們出來服務的希望。

4. 竹子風波，忍一口氣

公僕難為，不但要有負責任態度和辦事能力，尙要有應付人事的本領，還得具備容忍胸襟，因常遭不明事理者指責。陳理事長也遇到過，工程進行時曾砍了幾棵阻礙交通的竹子，這本是小事，但竹子主人非常生氣，不斷咒罵陳理事長，陳理事長在犧牲小我，完成大我原則下，讓他罵個痛快，等他氣消後，再分析道理給他聽，終於平息風波。

七、龍津社區的新面貌

（一）社區發展成果

龍津社區建設改善成果如下：

1. 為防飛砂彌漫村莊巷道，全面鋪設柏油水泥巷道計五．六四七平方公尺，新開闢道路三七五平方公尺。
2. 原有家戶排水溝年久失修，溝牆破損，溝底破裂使高低相差懸殊，以致污水流通受阻，由社區供給水泥全面整修二．〇二五公尺。

3. 新建水塔十八座，水井十九口，公共給水設施一處。
4. 新建廁所二十二座，公廁一座。
5. 公共場所垃圾槽新建，利用海邊新設垃圾傾倒處三所，用滑梯式一倒即至海裡。
6. 全面改善家戶衛生並舉辦家戶衛生訓練，使社區民眾對衛生有深刻觀念，養成良好習慣。
7. 原有空地垃圾堆，全面改設公園或花園美化環境七處，兒童樂園一處。
8. 發動住民利用石塊或紅磚砌成圍牆整頓環境，完成一・二五八平方公尺。
9. 勸導住民收集散放柴草，全面整頓環境衛生。
10. 興建社區活動中心一棟，作為社區民眾活動之用。
11. 開設托兒所一班，減少主婦負擔。
12. 配合信仰力量，在社區五福宮成立長壽俱樂部，設電視機及其他康樂設備供老人同樂，並特別邀請孤苦無依民眾參加活動。
13. 設置公告欄三處，以統一張貼各種海報和宣傳資料。
14. 利用海埔地設蛤園一四・五六〇坪，為社區造產，提供成果維護基金。
15. 拆除房屋一棟，開闢通往漁港之道路三二〇公尺。

（二）以新面貌出現

經一番整頓，龍津社區終於展現新面貌，民宅雖然還是刻劃歲月痕跡的陳年老屋，卻打扮得整齊美觀，蛀過的木頭都漆上鮮艷色彩，剝落牆壁也貼著花花壁紙，潮濕的地板換成彩色圖案，簡陋廚房也舖上白色的磁磚，老式糞坑加上蓋子，住在有紗窗的屋子裡，看著打掃乾淨的庭院，陳列新布置的假山流水，什麼灰塵迷漫，蚊蠅狂舞，都成過去的往事了。

（三）不由得你不改變

1. 不再自卑，歡迎參觀

擁有如此滿意環境，龍津社區的人變得有自信，隨時歡迎外人參觀，聽到參觀者不住讚美後更具信心，一掃過去自卑心理，年輕人開始願意帶同學、朋友同來看看引以自豪的龍津社區。

2. 進入室內，請先脫鞋

整潔的道路和環境，刺激居民改善內部設備，而好勝心人皆有之，這家有花，那家也有，這家庭院布置假山，那家看了也不甘示弱，如此一來家家戶戶都愈來愈漂亮，愈來愈整齊，也愈來愈重視衛生，誰都不願乾淨的地板被踩髒，所以不惜改變原有生活習慣，進入室內，請先脫鞋。

3. 新屋林立，地價上漲

以前龍津里大家遷出都恐來不及，哪裡會有人願蓋新屋；但現在欣欣向榮，煥然一新，帶給居民無數新希望，誰都不願離開，遂引起地價上漲，有能力者開始蓋新房，改裝新式衛生設備，鋪上整齊磁磚，不比台北公寓遜色。漸漸地，龍津社區走上了鄉村都市化的正途。

4. 落葉歸根，重回故里

不少在外遊子偶而歸鄉，被新景象嚇呆了。有的慷慨解囊，將感動化為樂捐，把長壽俱樂部裝置得設備齊全，電視機、瓦斯爐，甚至連泡茶的茶葉都贈送。有的更是被這股力量緊緊拉住，飄泊遊子終於發現，幸福就在自己的老家，捨不得再離開，於是落葉歸根，重回故里。

八、如何維護成果

（一）制定公約，共同遵守

為了使社區永遠保持整齊、美觀、清潔，龍津里辦公處、龍港警察派出所、後龍鎮公所，共同制定龍津社區建設維護成果公約，經過各鄰鄰長，讓各位居民知道公約內容，並簽約實行，公約的內容如下：

一、我每日抽出十分鐘時間，清掃水溝、道路。

二、我家每人在社區內種一棵樹（花），美化環境。

三、我家每月捐獻社區理事會新台幣十元，充實公共工程維護費。

四、我家遵守消除髒亂，絕對不亂倒垃圾，如有違背願依法接受處罰。

五、成為消除髒亂的鬥士，願意接受村里衛生訓練一切規則，經常整頓，以自動、自發、自愛之精神，保持成果，絕不敢虛言。

（二）為了維護，用心良苦

1.民主社會，自動自發

民主自由社會重視的是自動、自發、自愛精神，居民既已簽定公約，願成為消除髒亂的鬥士，理事會、警察派出所，都希望大家一諾千金絕不黃牛，如此，社區可永保潔淨。

2.好言相勸，忠言逆耳

惰性是人的天性，不可能期待人人能每天自動自發通水溝、清道路，偶而亂扔垃圾還是會出現，理事們見狀後便好言相勸，但忠言逆耳，功效不大，即使當面唯唯諾諾說整理，轉眼又忘得一乾二淨，且多勸幾次後，搞不好還引起衝突，使雙方都拉下臉，很傷感情。

3.以身作則，令人感動

用勸行不通，不如起而行。首先理事們以身作則，遵守公約使人信服；其次，看到公共設施髒亂時，默默動手整理好，在旁居民也會跟著動手，有一次課長看到路上有牛糞，一言不發用手捧起，居民們都非常感動，下次再也難發現路上有牛糞了。

4.警察罰款，下回不敢

雖然多數居民能自動維護清潔，但難免有害群之馬，理事會還有最後一張王牌，就是報警依法罰款六百元。只是理事會認為少用為宜，但罰款的確產生效果，簡單就將害群之馬擺平。

九、當年展望

（一）不再有遺憾

社區發展後社區內交通可說四通八達，但美中不足的是，有條重要道路尚未舖設柏油，就是龍津社區前段十班坑到公司寮間二、三公里公路，係屬代養公路，雖經數次建議但因交通量未達標準仍是石子路，因龍津社區內有公司寮港，載運漁貨車輛均在夜間至清晨行駛，所以白天調查交通量未達標準，盼公路局看在貧困漁村情份上補助三分之二，不足額地方願配合，以早日完成柏油路，不再有遺憾。

（二）渡假的勝地

每年三至九月是漁汛期，由茄萣、小港、台南、淡水、竹園、中洲等地來的漁船，雲集公司寮港附近捕魚並停泊拍售，漁船主人從老遠跑來，但整個龍津社區無一間旅館，所以船主須住在外地，每天坐計程車來回非常不便。理事會認為如能拿出二十萬元，在活動中心加一層樓，分兩部分，前為辦公室，後為旅館，對船主、對社區都非常有利。社區不僅可賺到旅館費，還可進一步以美麗的海邊漁村為號召，吸引外地遊客來此渡假，增加龍津社區知名度，促進地方繁榮。

（三）鄉村都市化

由於過去遷出人口太多，以致龍津社區有許多出租或廢棄舊屋，外表古老破敗，有礙觀瞻。社區發展後遷入人口比遷出人口多，增加房屋的需要量，地價因而上漲，已有七戶蓋起新房，也有不少外出者願返回定居，但社區理事會不以為滿足，希望並深信將來還會建起更多樓房，也會有更多遊子歸來，與當地人共同建設龍津社區，達到鄉村都市化的美好境界。

附錄四

水稻育苗中心先驅黃清海農友

曾獲第二屆十大傑出農民、屏東縣九如鄉農友黃清海，是因政府成立育苗中心，自己全家投入施作並獲得成功之範例，因此被稱為「水稻育苗中心的先驅」。台灣南部因氣候與地理位置，一般年產三期稻作。黃清海農友早期遭遇不少困難，但從其民國六十三年底第三期的育苗工作開始，展現了當年完整農民、育苗中心、政府三邊的共同協作模式對農業發展的重要性。

第三期育苗工作主要培育供應六十四年第一期秧苗，這一期開始黃先生受理農友預約登記。過去登記採用的是寫在記錄簿上，無法做到完全公開，時常發生農友相互爭執誰先誰後事情，於是黃先生改以大張登記表代替登記簿，把登記表張貼牆上，農友登記時可親眼見到育苗中心的人把自己所要箱數、品種、日期都現場寫上，完全公開登記，就可避免過去先後不明的弊病。

為免重蹈二期育苗不足覆轍，農友登記時，將每公頃所需箱數由原訂二百三十箱提高為二百五十箱，避免缺苗現象。第三期育苗工作，代插隊的插秧機數量及隊員人數均增加，經二期機械化插秧可見，機械插秧的水稻產量確實比人工插秧高，農友才逐漸相信機械化插秧的功效。黃先生懂得利用人性心理，當代插秧隊隊員插完一塊秧田，把機械開到另一塊秧田前，刻意向鄰近進行人工插秧的農友招呼：「今天插完幾分地啦？現在這邊插完了，要換到那邊去插王家的田啦！」一旁農友正腰酸背痛，滿身大汗，一聽代插隊隊員一副效率奇高模樣，自然覺得羨慕，產生為何不也這麼做。慢慢地，農友加入代插隊人數漸漸增加，願接受代插農友愈來愈多，育苗中心供應面積也就順利慢慢擴大了。

當期育苗時，供應面積已擴大到二百二十五公頃。過去機械化不普遍，農時長，一期約一個多月之久，水稻育苗綠化場只要有〇．四五公頃就足夠使用。但供應面積增加、機械化程度提高後，翻箱已不可行，於是黃先生向縣府申請擴大業務，獲器材補助費五萬元。黃先生為擴充綠化場面積，就向育苗中心隔鄰租用土地，該期育苗工作因經驗累積，技術比過去純熟，可說一切順利。

民國六十四年第二期作秧苗，供應面積增為二百五十公頃，這一期黃先生將每台插秧機代插面積限定為六公頃。六十四年底，由於秧苗供應面積繼續擴大到三百二十五公頃，除一方面擴大租用鄰近土地做為綠化場，同時還買下第一次擴充時租用的綠化場土地，也改善土壤儲藏室環境，將其周圍空間圈起來，避免下雨將土壤打濕。

民國六十五年第一期作育苗，再將採作場擴大為八十坪。早在前一年黃先生就感覺育苗中心育出的秧苗，不敷農友需求，業務擴展也不及需求增加速度，於是要求政府增設其他育苗中心。當年，屏東縣九如鄉也增加幾處新育苗中心，同時為配合政府辦理區域發展計畫，原來的代插掃隊組織擴充為鄰近村里的代耕隊。

民國六十五年稻穀烘乾機問世，黃先生亦着手代理經銷，透過以往基礎，把烘乾機介紹給組織成員，恰巧這段時間稻穀收割期遇雨期，稻種有發芽現象，黃先生就利用機會大力推銷烘乾機。民國六十六年，第一期作育苗供應面積增到三百五十公頃，黃先生開始輔導其他地區育苗技術，也因黃先生育苗中心工作辦理得很好，外地育苗中心或農友都組團前來參觀，由黃先生介紹講解。這年新興農業機械工廠紛紛成立，黃先生為開拓業務介紹農友購買農機，常自掏腰包，包遊覽車組團到處參觀，讓本地農友瞭解其他地區農機使用情形，以促進農友購買願望。這時期開始，育苗中心業務新增數項，在廠商技術支援下辦理農機銷售、保養與修理等服務。從此，育苗中心業務才真正上了軌道。

自民國六十六年起，育苗中心添置了機械化的「一貫播種機」，省去不少人工，工作效率提高不少。一貫播種機每分鐘可播種十六箱，不但快且播種後幼苗密度均勻，可保持一定水準，也提高了品質。

從以上個案可知，台灣農業發展奠基早，其中不僅有政府、農會專案協助，也有農友經輔導後一步步積沙成塔，邁向成功的事例，也讓台灣農業往更成熟方向發展。過程艱辛，結果卻甘美。

附錄五

現代農業與城鄉一體化

我出身農家，學習農業經濟、鄉村建設，曾任教台灣大學，也擔任過台北市長，並在地方與中央層級政府機關服務，擬定政策的擘畫與執行。公職退休後，常有些熱情的朋友鼓勵我繼續到大陸多走走看看其農業發展，特別是見識到這些年來中國快速的現代化建設，以及與廣大的農（鄉）村之間，差異依然還很大。回溯到從我原本的領域專業來思考現代都市與農業發展之間的關係，對照台灣一路走來的鄉村建設經驗，讓我對於當今中國大陸農業與城鄉關係很有感觸，因此曾在二〇〇九年底參加福建舉辦的兩岸的農業博覽會市長論壇時，發表一些想法以就教先進：從「重新肯定農業文化重要性」的觀點，探討「現代農業與城鄉一體化的意涵」。今將其內容整理成附錄五，願就經驗及所思所感，以銜接本書第四章對台灣半世紀前的農業發展與鄉村建設的觀察，到今天重新思考兩岸現代農業與都市建設，進而探討人類社會與地球環境所應走的方向。

一、重新肯定農業文化的重要性

古代曾有王朝為防止富商過於壯大而衝擊政權，特訂「重農抑商」政策，規定商人不得穿上絲綢衣料，子弟不得為官，乃有所謂「士農工商」階層別之分。然實際上自古至今，農民的地位與農業的重要性從未高過各行業的第二位，且從國家財政的角度而言，農業部門所分配到的財政資源更非高居第二位，這和實際的需求有很大的差距。無論是產銷、推廣教育、以及信用資金的融通、設備的補助、農村環境的改善、教育費用的補貼等，都還存有很大的需求空間，有待政府大力的財政支持。

事實上農民與農業的重要性向為國內有識之士一再強調，遠有國父孫中山先生的「農為邦本」說，近則有中國「三農政策」的強調。其他世界許多先進國家如美、日、英、澳等政府對農業的支持，對農民的照顧可謂無微不至，例如澳洲政府對農業經營照顧的周到與分工之細，從農業用油的配送、價格的優待，乃至於銷售過程，幾乎皆由政府機構代勞，農民只要將生產的質量做好即可。

一般財經界的學者專家，常以生產值所佔比例，作為論斷農業在產業結構中重要性高低的指標。此一思維顯然嚴重忽略了一個嚴肅現實——農產品乃是人類每日三餐及生活上所不可或缺的必需品。若再把農業從人文素養、心靈陶冶、生態平衡、景觀視覺、社會及政治穩定等的意涵加以深入思考的話，更能彰顯出農業對人類有其深層的重大意義。

以社經層面為例，在以家庭農場為主體的小農經濟制度下，農業經營實際上是結合地緣、血緣、分工合作、有無相通、互濟互助的社會經濟組織體。從台灣的經驗來看，這些生產特質在農會組織的輔導下，進一步提升其產量產值，乃能維持一個小康的生活局面。再就文化層面而言，農業因係生物體漫長的成長過程，有賴自然時序風調雨順的配合，加上農民細心、耐心的照拂，以及生產過程中的體能操作勞動，故能從小培養分工、合作、耐心、務實、質樸、體健的人格特質，而對天候自然時序的依賴，更養成敬仰天地，感恩祈福的宗教情懷。

有鑑於上述農業生產過程所孕育的文化特質，乃人倫關係得以建立、文化得以傳承；樸素、平實、信實、和諧社會得以建立的社會文化基因，彌足珍貴，更應珍惜保存並予表揚。此一社會文化特質，更是現代工商都市化下，治療病態叢生社會的一劑良方。故若能夠多從人文角度看農業，再加上農業的生態、環保以及各種能源的考慮，對農民、農業、農村投入更充足的資源，確有其迫切的必要性和重要性。

二、城市的形成

在人類歷史演進的過程中，大致而言，農業生產達到某種自足程度後，才有趕墟、趕集的商業交易行為。繼鄉街、市鎮的地區性小市，逐漸演變成地區性的都市，乃至都會區的大都市，其成長過程，空間面積由小而大，功能由簡而繁，人口不斷增加成長，遂形成都市功能的階層結構。在都市演變形成的過程中，都市人口主賴農（鄉）村人口不斷向都市流入所致，而這些來自農村的都市人口大多教育水準較高，較具專業性及冒險性的人格特質。隨著社會經濟的演變，都市社會扮演了政治、行政、工商、金融、交通、文化、教育、資訊、娛樂、醫療技術等多元性的服務功能，和仍以農業生產為主的農（鄉）村社會成一強烈的對比。

三、弱勢的農（鄉）村與農民

儘管農村一直扮演人類一日三餐所不可或缺的糧食生產角色，在小農制的許多開發中國家，農業仍是弱勢產業，在城鄉互動交易的過程中，無論是農民或農業，和都市社會的工商產業相比，經濟上的處境仍常處於相對弱勢的地位，對國家政策的影響力亦如此。在公共建設資源分配的天秤上，投向人口密集都市建設的比重，顯然高於農（鄉）業部門，此一傾斜現象，久而久之，城鄉差距越趨明顯，許多窮鄉僻壤因而產生。儘管有前述重視農業的主張，但常因政策不夠具體落實，遇有天災人禍，農業歉收，導致農民流離失所，抗爭與動亂因而產生的慘痛史例，古今中外班班可考。從中國的更朝換代、蘇聯的十月革命、法國大革命，乃至日據時代台灣農民的抗爭，皆因農民沒有獲得應有的照顧，生活未得應有的保障所致。二十餘年前國民黨在台灣南部被農民以選票表示不滿，則為近年發生的另一實證。這些年來中國大陸大力推動三農政策，據以奠定和諧社會的基礎，可謂重視歷史見證所採取的具體措施，堪稱政策正確，值得肯定。

四、艱辛的貢獻，挑戰的開始

近代城市中耀眼奪目的都市高樓、宏偉的公共建設，莫不出自萬千來自農村勞工的血汗雙手；而所謂工業生產及巨額外匯存底，也都出自廉價的農業產品原料，以及農民工的犧牲與奉獻，乃能在國際競爭市場以低價取勝，賺取外匯，再進而購買設備，提升工業科技水準。這些傲人成績固有賴政府正確的政策引導，然對前述農民工們的離鄉背井，犧牲親情與家庭生活，為國家所獲取的艱辛成就，亦應予以回饋。再者，也是因為眾多的鄉村人口，長期在農村所培養的勤儉硬拼、刻苦耐勞、省吃儉用的生活習慣，乃能在數波金融海嘯下，為國家保持相對穩定的局面。上述這些中國近代史上偉大的成就，絕非所謂「奇蹟」兩字所能輕易描述刻劃。近四十年來，兩岸締造的所謂「經濟奇蹟」，確有異曲同工類似之處，只是在時間與程度上略有差別而已。

然因城鄉過於懸殊，所引起的不安與焦慮，已非教育水準不斷提升，資訊視野不斷擴大的廣大農（鄉）村的人民所能接受與容忍。因此，如何鎖定相對落後的農（鄉）村，藉由現代農業的大力推展，再動員其他工商產業、資訊與福利的回饋支持，進而建構城鄉一體化、互利雙贏的安康祥和大社會，已是當今主政者應深思熟慮的課題與共識，也是新願景的實現與新挑戰的開始。

五、「現代農業」的意涵

用「現代化農業」的觀念及其具體實際的操作，來探討其「與城鄉一體化兩者的相依關係」，或者是「作為建構城鄉一體化的機制」，確是一項思維論證的重要課題，但首先應對何謂「現代化農業」的操作性定義有明確的解讀，才能確立具體的目標和努力的方向。

廣義的「現代化農業」意涵，依台灣的發展經驗，除涵蓋了農業生產技術水平的提升外，還應同時考慮到現代化農民的培養、農舍的更新、農村景觀的規劃、農場田塊的整理、生態平衡的考量、農民組織的加強、農業產業以外的就業機會規劃與設計、農產品的倉儲與精緻加工萃取、品牌的建立與保障，以及數位化網路的直銷系統等等。茲分述如下：

1. 培訓至少具備基本農業科技水準，以及具有帶頭示範高科技水準的成年專業農民，或兼業農民。畢竟，農業科學的發展觀乃現代化農業必備條件。此外，亦應教育培訓具有現代家庭管理知識的農家婦女，以及未來有志於農業經營的現代農村青少年生力軍。以上這三類農家人口成員乃現代化農業得以永續經營的人力資源。
2. 要有經濟效率的農業經營，亦需要保障合理的農業經營利潤。除擴大合理的經營規模之外，有賴政府政策的輔導與補助，在自由市場的機制下，必要時應提供價格的保障、生產資材的補助，才能維持小規模家庭農場安定的持續生產與經濟水準。
3. 農舍的更新，以及充滿綠意生態平衡的景觀規劃與設計，乃是建構一個安全、衛生、美觀、舒適的居住環境的必要條件，也為城市人口開闢得以享受田野風光的好去處。
4. 農場田塊的重劃整理，才能有利現代農機的栽培耕作與農場管理。
5. 農村公共設施的興建，以及綠美化的推動，是現代化農業的農（鄉）村社會，所應具備的生活機能條件與環境，也是降低農村青年人口外流，抑制都市過度膨脹的生活誘因。因此城鄉間四通八達的道路系統，和水泥鋪面的村道與農路，非加速完成不可。其他諸如學校、醫護、公共活動中心、藝文、運動場館、幼兒所、長春俱樂部等日常生活上所必須的基本公設，皆有必要興建。
6. 農業產銷合作組織的建立，有助於小農制的家庭農場，經營效能的提升。地區性的基層農會組織，更是政府和農民之間溝通、輔導的橋樑，也是農民綜合性的輔導服務組織，宜分區分點試辦。

7. 無農藥殘留的安全農業生產，應是解決糧食問題後第二個重要的努力目標，藉以確保國民健康，重建國民信心，以及國際市場形象，也藉此保護美好的土壤大地，免於化肥與農藥的污染，因此，有機土壤的改良與推廣，實刻不容緩。

8. 建立數位化的「網路共同銷售」制度，以減少運銷成本的負擔，進而確立生產者與消費者間的互信交易行為，乃現代農產運銷必走之路，也是確保農業生產者利潤的有效作法。

9. 現代化的倉儲設施，以及精緻農產加工，更是保障及提升農產品附加價值的要件。

10. 在合理的空間距離範圍內，鼓勵農業加工或非農業部門產業園區的設立，才能在兼顧家庭生活的原則下，為部分農民提供農場以外的就業機會，以建立過渡時期農家勞力「留村留農」，以及「留村離農」的雙軌就業政策，如此才能有效增加農家的實際收入，否則單賴小農制的農業收入，很難有效提升農家所得。這也是城鄉一體化所必須建立「產業空間配置」應有的政策。

以上列舉十點實難涵蓋現代化農業應有的全貌，但若能陸續實現，必有助於生產效能的提升，農家實際所得的增加，生活水準的改善，進而提高其國內市場的消費能力，帶動城鄉間公道良性的交易活動，以建構互利、相依、雙贏的「城鄉生命共同體」。以中國農（鄉）村人口所佔比例之高，只要現代化農業有起步，新農村建設有起色，眾多農民消費能力提升，對確保穩定的國內市場必有關鍵性的貢獻，也可以相對大幅降低國際不景氣時對國內經濟的影響。

六、生態環境與景觀的重視

生態平衡是當今舉世關注的重大課題。一個廣義的現代農業，除確保為都市人口提供一日三餐所必須的充足安全糧食之外，應藉現代化農業的推動，把原來傳統農（鄉）村社會的廣大空間，重新建構成一個生態平衡的自然景觀系統，讓青山、綠水、沃野、田園，充滿美麗與生命力的自然生態空間，為長居狹小空間的都市人們，提供一個假期得以回歸田園、休閒旅遊、鬆弛身心、享受自然風光的美好大地；而此一功能也恰好彌補了都市人口所失去能與自然對話的生活環境，讓現代化農業所創造的農（鄉）村社會，成為人們享受藍天白雲、綠色沃野的開闊自然風光之餘，亦發揮地球所迫切追求的節能減碳功能。

七、農為邦本，城鄉一體相依共存

再就政經角度而言，一個幅員廣大，農業人口眾多的現代化農業所建構出來的農（鄉）村社會，其實就是一個社會、經濟乃至政治穩定的基石。孫中山先生的「農為邦本」實有其深厚的意涵，三農政策何嘗不是「農為邦本」的具體引申？現代都市固然提供了各式各樣的服務功能，但一個和諧安定的農（鄉）村才是真正支撐國家社會的根基。一個安康和諧的現代化農村，更是緊急情況下都市人口的庇護所。

以一九七〇年國際石油危機下的台灣為例，因石油危機導致都市人口大量失業，幸賴農（鄉）村老家容納了許多原本就來自農村的都市失業人口，乃能維持都市社會的安寧；二次大戰期間，台灣大量都市人口向農村疏散避難的情況仍猶歷歷在目。中國之所以能熬過艱辛的八年抗戰，若無廣大的農村迴旋空間，其情況可能更加艱辛。

八、結語

近三十年來，都市交通硬體建設突飛猛進、工商發展、文教水準提升等，呈現一幅令人鼓舞的榮景。在此一基礎上，宜貫徹「工商回饋農業與農村」的政策，以現代化農業所建構的「城鄉一體化」，作為新階段的建國願景，若加上強烈的執行使命感，則一個安康和諧的偉大社會建設，應可呈現在世人面前！在推動過程中，台灣的農業與鄉村建設經驗，或有部分值得參酌之處，可促成兩岸交流課題的推動！

以中國農（鄉）村人口之多，在可預見的未來，農（鄉）村人口所佔比例仍會大於大都市人口，也高居各個別行業人口之首。上述現代化農業建設的快速推展，應是維持城鄉一體互利雙贏的良策，宜加速推動。惟，一個現代化農業的建設，其具體內容如本文建議各點，能否具體落實，則有賴決策者前瞻、整體、宏觀的思維和視野，也有賴投注大量資源、人力，並予有效執行，具體落實，假以時日必能成功。對相對弱勢的農民和農村，實一大福祉，想必能為具有中國特色的農（鄉）村建設作出歷史見證。

附錄六

三大建設大事紀

闢建大安森林公園

日據時代～

・已有二十六公頃大安公園計畫，然因戰事擱置而荒煙蔓草

一九四九　民國三十八年

・國民政府遷台，空軍通信大隊最先選擇此地重建基地與眷屬村落，共四百三十九間，名之建華新村

一九五六　民國四十五年五月

・台北市計畫公告本地區為公園預訂地

一九七四　民國六十三年四月

・行政院函示台北市政府速予規劃闢建大安公園

一九八〇　民國七十年初

・公園預定地內建物已增至兩千零三十九間，居住總人數超過一萬二千人

一九八七　民國七十六年

・台北市政府成立「籌建大安公園專案小組」

一九八八　民國七十七年

・三月二十一日台北市政府市政會議核定，以森林公園形態闢建大安公園

・四月二十九日行政院核准徵收大安公園內私有土地

・十月二十八日 台北市政府公告徵收大安公園內私有土地

一九八九 民國七十八年

・六月五日 台北市政府公告拆遷大安公園預訂地上的地上物

・七月一日 吳伯雄市長批示編列大安公園工程預算

・十一月二十九日 行政院核准撥用大安公園內國有抵稅地

一九九〇 民國七十九年

・黃大洲市長確立「合理補償、妥善安置」原則、編列補償金、救濟金，並訂違章建築處理方式、軍眷戶補償辦法，以及研擬「南港一號公園專案國宅興建計畫」

・市府都委會審議通過「南港一號公園及其附近地區都市計畫案」

一九九一 民國八十年

・九月十二日 行政院長郝柏村指示憲兵新南營區請國防部協助遷移

・十月二十一日 工務局與憲兵司令部歷經十次溝通終於達成補償協議共識，協助遷移原預定地內面積最大的憲兵新南營區

一九八八 民國八十一年

・三月下旬「大安公園眷舍就地改建促進委員會」召開大會，決定分兩路圍堵市長官邸及市府辦公大樓

・三月三十一日 大批萬龍里、龍飛里的拆遷戶居民，在台北市府前進行大規模請願抗爭

・四月一日 台北市府採行「先公後私、先軍後民、分區解決、遷一戶拆一戶」的工作原則，開始拆除大安公園預定地內之地上物，國際學舍是第一個遭拆除的法人機構
・四月九日 市府開始拆除萬龍里為主的一般建物，工作人員遭拉扯
・四月十日 市府工作人員在建華新村被一百多位村民包圍一個多小時
・五月二十四日 建華新村居民召開自治會，決議集體遷村回大陸廈門海滄定居，以示抗議

一九九二～九三 民國八十一年四月～隔年六月
・大安森林公園七個工程標分別完成發包

一九九三 民國八十二年
・九月 南港一號公園專案國宅第二次公告招標、開標
・十一月十五日 開工動土

一九九四 民國八十三年三月二十四日
・多位宗教界領袖人物歷史性協商並達成共識，公園內觀音佛雕像以藝術品方式捐贈台北市府

一九九四 民國八十三年三月二十九日
・大安森林公園完工啟用

拆除中華商場

一九四九 民國三十八年

・中華路鐵道兩旁搭建以鐵皮、棚架、木板做成的一六六一間的臨時棚屋，以安置隨政府撤遷來台之軍民

一九五九 民國四十八年十月

・蔣公決定徹底全盤整建，經費由住戶以預繳二十年租金方式分攤

一九六一 民國五十年四月十日

・中華商場八棟新大樓完工落成，成為台北市最繁華觀光商業區

一九八一 民國七十年

・台北市政府著手「台北車站特定專用區」及中華路一帶興建地下街之可行性研究

一九八五 民國七十四年

・中華商場八棟大樓確立計畫拆除

一九八七 民國七十六年十一月～七十八年元月

・國際競圖，由郭茂林建築師、ＫＭＧ建築事務所、三菱地所、鐵道會館得標共同辦理「台北車站與中華路地下街規劃研究」

一九九一 民國八十年七月十一日

・台北市都市計畫委員會正式完成法定程序

一九九二　民國八十一年

・四月二日 市府正式發布「中華商場拆除規劃案」
・九月二十二日 市政會議上指示，由捷運局主導安置事宜，住戶必須於十月十五日前自行搬離拆除，並預定十月二十日為執行中華商場拆除之日
・十月十五日下午 黃大洲市長率同捷運局長賴世聲、工務局長曹友萍、財政局長廖正井召開記者會，宣布執行拆除中華商場行動不改變，並預定十一月底拆除完畢
・十月十五日晚上 協調會變質，捷運局辦公大樓遭五百多人包圍要求暫緩拆除
・十月十六日上午 黃大洲市長堅定重申二十日執行拆除立場不變
・十月十六日下午 黃大洲市長在市議會質詢台上連站六小時，依然堅持拆除立場與時間不變
・十月十七日上午 商場住戶一百多人到市政府抗議；市長室接到市民鼓勵與肯定的電話，希望能堅持到底
・十月十九日 台北市議會休會抗議，創台北市改制三十年來首例
・十月二十日四時三十分 警力開始進駐，封鎖周邊並架設拒馬
・十月二十日九時二十五分 中華商場忠棟後面圍牆開始拆除
・十月二十日十時十二分 敲下拆除中華商場忠棟的第一磚
・十月二十七日 台北市議會正式復會

・十月三十日下午五時十分中華商場拆除執行完畢

・黃大洲市長對媒體發表五點聲明，感激市民與住戶的配合及工作同仁的辛勞，後續工程與安置問題，將秉持法理情原則，儘速開展與確實辦理

基隆河截彎取直

一九六三　民國五十二年九月

・葛樂里颱風侵台降下豪大雨，整個台北地區大淹水

一九八七　民國五十八年

・水資會全面檢討修訂「台北地區防洪計畫」，預定興建二重疏洪道

一九八〇　民國六十九年

・台北市府提報經濟部核定「內湖堤線」，然因各種困難而未能興建

・李登輝市長指示工務局規劃「濱江計畫」案，然因水利法限制未獲中央同意，卻間接促成後續基隆河截彎取直計畫的推動

一九八一　民國七十年七月

・台北市府著手規劃基隆河截彎取直方案與可行性研究

・至民國七十七年底間，委託國內外各方專家學者進行水工試驗模型及水理模擬演算分析

一九八四～八五　民國七十三～七十四年

・市府分別向市府楊金叢與許水德市長簡報與建議「基隆河截彎取直方案及土地利用計畫」與「濱江計畫」

一九八七　民國七十六年

・十月二十五日 琳恩颱風過境，造成台北市基隆河沿岸嚴重水患

・行政院舉行基隆河治水簡報會議，會中許多人反對截彎取直

一九八九　民國七十八年

・一月 基隆河河道整治計畫專案小組認為，截彎取直是當時優於所有其他防洪辦法的可行方案，並提出「基隆河截彎取直後續研究計畫」，由經建會核定同意，並公告「基隆河河道整治計畫」

・四月 市府工務局開始工程的先期作業規劃

一九九〇　民國七十九年九月

・行政院郝柏村院長核定市府提報之基隆河整治計畫

・截彎取直主要目標為使基隆河兩岸達到二〇〇年洪水重現期保護標準

・主要工程內容為：拉直大幅彎曲的河套，同時興建與加高兩岸堤防、新河槽開挖、整理河川地及綠化、低水護岸、興建抽水站等、改建中山橋、延長麥帥橋，以及加固橋樑橋基等

一九九一　民國八十年

・九月 市府將基隆河整治計畫中各項工程執行，分成國軍工兵支援辦理、榮工處施工，以及公開招標等三種方式辦理

・十一月六日 市府工務局養工處下設置「基隆河整治工程施工處」，綜理整治工程一切工作

・十一月十一日 基隆河整治工程開工典禮，第六軍團開設施工指揮部，當即進入施工程序

一九九三 民國八十二年

・十月三十日 新河槽金泰段通水（大直地區）

・十一月十日 新河槽舊宗段段通水（內湖地區）

・至此完成整治工程第一階段目標的新舊河道轉換工程，為基隆河歷史寫下新頁

一九九四 民國八十三年

・基隆河整治計畫工程完工

・截彎取直工程效益：改善了台北市淹水問題、提供二二四公頃河川地綠化成為新的河濱公園、二七七公頃新生地，造就了大直、內湖、松山、南港成為台北的新副都心，包含內湖新興的工商業及科技園區、南港第二世貿中心，和明水路的住商混合區，以及舊宗路的商業區等

主要參考資料來源：

1. 本書
2. 台北風華再現（套書）
- 改造—基隆河截彎取直紀實
- 更新—中華路的重建
- 蛻變—大安森林公園的誕生

黃大洲 紀事年表

一九三六　民國二十五年（日本殖民時期）

・二月生於台灣省台南縣善化鎮小新營

一九四三　民國三十二年

・進入茄拔國小

一九四五　民國三十四年

・台灣光復，開始學國語

一九四九　民國三十八年

・考入台南一中就讀

一九六〇　民國四十九年

・台灣大學農業經濟學 學士

一九六二　民國五十一年

・台灣大學鄉村社會經濟學碩士

一九六二～六四　民國五十一～五十三年

・台灣大學農業推廣學系 兼任講師

一九六四　民國五十三年

・考取亞洲基金會獎學金，赴美留學

一九六六　民國五十五年

・美國康乃爾大學鄉村社會學碩士
・返國任台灣大學農業推廣學系 講師
・兼台灣大學農業陳列館代館長

一九六八　民國五十七年
・獲得康乃爾大學獎學金，再次赴美國康乃爾大學攻讀博士

一九七一　民國六十年
・美國康乃爾大學鄉村社會學 博士
・返國任台灣大學農業推廣學系 客座副教授

一九七六～一九七九　民國六十五～六十八年
・台灣大學農業推廣學系 教授
・兼中美合作土地改革訓練所副執行祕書

一九七九～八一　民國六十八～七十年
・台北市政府顧問 兼 研考會執行祕書

一九八一　民國七十年
・甲種特考最優等及格

一九八一～八四　民國七十～七十三年
・台灣省政府 副祕書長

一九八四～八七　民國七十三～七十六年

・台灣大學教授 兼 總務長

一九八七～九〇　民國七十六～七十九年

・台北市政府 祕書長

一九九〇～九四　民國七十九～八十三年

・台北市 市長

－**闢建大安森林公園**：台北市首個浩大的「社會再造工程」，拆遷二千六百多戶居民，清除長年以來不適人居的環境，改建成二十六公頃的都市森林公園，帶動提升當地環境與周邊土地價值

－**拆除中華商場**：順利拆遷原有二千五百多戶商家與居民的舊商圈，期使台北車站特區得以串聯八方交通運輸動線，成為台北市中心重要交通樞紐，並帶動都市更新，再次繁榮當地商圈

－**基隆河截彎取直工程**：基隆河河床平緩，河道蜿蜒曲折，每逢豪雨颱風常氾濫成災，故執行本工程計畫解決台北市長期水患，也創造了台北市二七二公頃新生地，造就今天的大直、內湖科學園區發展，以及二二五公頃提供休閒運動的河濱公園

－**建設萬華十二號公園**：改善原有組成複雜的社會死角，以人性化觀點建設，促成民俗公園和捷運站的興建，解決社會問題，使萬華地區重獲更新發展的契機

—**開發整治華中河濱公園**：佔地五十五公頃，清除原有遍布的廢物、垃圾及養豬戶造成的環境污染。開發後設有多處籃、網球場，自行車道等運動健身設施，是台北市最大的公園

—**建構大台北快速交通網路**：除解決市內交通，並兼顧台北市的未來發展需求，包括新建及執行延續前任的計畫：捷運系統六線齊挖、興建多條快速道路、高架道路、車行地下道工程、聯外道路系統，以及數十處停車場

—**強化垃圾處理**：為一勞永逸解決台北市生垃圾問題，闢建包括士林、木柵現代化焚化廠、南港山豬窟垃圾掩埋場，廠區遍植花木，並以巧思美化煙囪、設置溫水游泳池、網球場、兒童遊戲場、頂層旋轉餐廳、慢跑步道等回饋設施

—**倡導活化教育**：推動中小學全面綠化、更新教學設備、鋪設ＰＵ跑道，提供孩子們在優美安全的環境求學；並開辦「補救教學」、「教師認輔制度」等，力圖活化原有僵化的齊頭式教育

—**建設教育機構與文化活動場所**：完成二十三所中小學校舍興建及遷校、成立「完全中學」、籌設新高中、完成兒童交通博物館「昨日世界」與「明日世界」、市圖總館大樓及新設八個分館，規劃設計青少年育樂中心工程

—**推動藝文活動普及化**：舉辦表演藝術、展覽、演講、座談、演唱活動等上萬場次，計有一千多萬人次參與

—**都市更新計畫**：加速國宅更新與眷村改建計畫，並推動基隆河廢河道新文化中心特區、關渡平原運動公園、社子島地區、萬華車站特區、南港經貿園區、中山學園特區、大稻埕特定專用區，以及華山地區特區等都市更新計畫案，另對落後地區推動維護、整建或重建計畫（惟關渡運動公園、中山學園及中華商場地下商場計畫後續因未連任而中斷）

—**都市綠美化**：新增或改建台北市三分之一以上的四〇〇公頃綠地公園、推動建國假日花市、校園綠美化、仁愛路等重要路段由民間企業認養進行綠美化等

—此外尚有市政電子化、社會、民政、醫療等方面的革新與措施

一九九四　民國八十三年十二月三日

・參與第一次民選台北市長失敗

一九九四～九六　民國八十三～八十五年

・行政院經濟建設委員會委員

一九九六～九九　民國八十五～八十六年

・行政院研究發展考核委員會主任委員

—修訂行政革新方案，拓展行政革新成效

—以具體數據全面提升政府服務品質

—研擬「行政組織再造方案」，精簡政府規模以建立精銳政府

－落實中程施政計畫制度，合理有效分配政府有限資源，發揮計畫指導預算功能
－建置電子化政府，提供快速便捷的自動化服務
－推動心靈改造行動方案

一九九七～二〇〇〇　民國八十六～八十九年

・行政院政務委員
－督導環保、衛生、農業、研考以及教育等方面政務的推廣
－完成「促進民間參與公共建設法」等二十多項法案之審查
・擔任 國家永續發展委員會 主任委員
・擔任 資訊發展推動小組 召集人
・擔任 行政院觀光發展推動小組 召集人
・擔任 民間投資推行小組 召集人
・擔任 九二一大地震台中縣災後復建協調小組 召集人
・擔任 二二八紀念基金會 董事長

一九九八　民國八十七年七月十日

・獲頒「法國國家騎士勳章」

一九九八～二〇〇二 民國八十七～九十一年

・中華職業棒球聯盟會長

—未曾有打假球、簽賭、使用違禁藥物事件發生

一九九八～二〇〇六　民國八十七～九十五年　中華台北奧林匹克委員會主席

• 積極推展全民奧林匹克運動
• 各地舉辦國際奧林匹克路跑活動
• 提出「運動、健康、快樂」理念
• 舉辦體育教練、全民運動指導員講習會
• 設置地方奧林匹克聯絡處
• 以科學檢測發掘原住民潛能
• 加強國際交流
• 舉辦太平山國際越野賽，並植樹開闢成「奧林匹克紀念林」
• 率中華台北代表團參加各項國際體育活動，其中亞、奧運賽事特別值得紀念的是：

—一九九八年　曼谷亞運會，獲得十九金、十七銀、四十一銅，是我國歷年參加亞運最佳成績

—二〇〇〇年　雪梨奧運獲得一銀、四銅

—二〇〇四年　雅典奧運獲得二金、二銀、一銅，寫下我國迄今最輝煌戰果

• 促進兩岸體育互動交流，開啟每年「五來五往」模式，其中特別值得紀念的有：

—一九九八　民國八十七年八月　瀋陽亞洲體育節運動會（第一次率中華代表團造訪大陸）

一九九八 民國八十七年十月 大陸奧會主席伍紹祖先生率團訪台，參加第二次兩岸體育交流座談會（第一次中國奧會正式造訪台灣）

二〇〇一 民國九十年十一月 率團參加「西安城牆馬拉松」

二〇〇三 民國九十二年八月 率團訪問北京，出席北京奧運會徽發佈儀式

二〇〇〇～二〇〇一 民國九十九～一〇〇年

・擔任 國際全民運動協會（TAFISA）副主席

・圓山飯店董事長

二〇一四 民國一〇三年～迄今

・台北市政府顧問

其他經歷：

美國夏威夷東西文化中心高級研究員

美國艾森豪總統基金會董事

中國國民黨中央常務委員

中國國民黨中央評議委員主席團主席

華夏投資公司董事長

中國國民黨智庫政策委員

總統府國策顧問
台灣大學名譽教授
公園綠地協會理事長
屋頂平台農園推廣協會理事長

重要出版書籍：

- 鄉村建設文集　環球書社　民國六十八年
- 基層農會總幹事經營管理經驗的實例研究　遠大文化出版社　民國六十八年
- 生活品質指標制度化之研究　行政院研考會　民國七十二年
- 台灣地區犯罪現象之實證研究　建國出版社　民國七十三年
- 大地的呼喚　大社會文化公司　民國七十八年
- 臺北我的愛　民國八十四年
- 台北風華再現（套書）　太古文化　民國九十三年
  改造—基隆河截彎取直紀實
  更新—中華路的重建
  蛻變—大安森林公園的誕生

- 台灣基層農會經營實務教戰方略（為「基層農會總幹事經營管理經驗的實例研究」重新編輯整理之簡體版） 中華知識產學合作交流協會 民國一〇四年

人與土地27

感恩的憶述：黃大洲的人生傳奇

作　者—黃大洲
副主編—謝翠鈺
編　輯—陳萱宇
圖片提供—黃大洲、中國時報、林國義、優傳媒、榮工處、達志影像
採訪整理—白德華
封面設計—陳文德
美術編輯—菩薩蠻數位文化有限公司

董事長—趙政岷
出版者—時報文化出版企業股份有限公司
108019台北市和平西路三段二四〇號七樓
發行專線—（〇二）二三〇六六八四二
讀者服務專線—〇八〇〇二三一七〇五
（〇二）二三〇四七一〇三
讀者服務傳真—（〇二）二三〇四六八五八
郵撥—一九三四四七二四時報文化出版公司
信箱—一〇八九九台北華江橋郵局第九九信箱

時報悅讀網—http://www.readingtimes.com.tw
法律顧問—理律法律事務所　陳長文律師、李念祖律師
印　刷—紘億印刷有限公司
初版一刷—二〇二〇年十一月二十日
定　價—新台幣四二〇元
缺頁或破損的書，請寄回更換

時報文化出版公司成立於一九七五年，
並於一九九九年股票上櫃公開發行，於二〇〇八年脫離中時集團非屬旺中，
以「尊重智慧與創意的文化事業」為信念。

感恩的憶述：不作秀的執著、做實事的熱情、拼執行的魄力,黃大洲的人生傳奇/黃大洲著. -- 初版. -- 臺北市：時報文化出版企業股份有限公司, 2020.11

面；　公分. -- (人與土地；27)

ISBN 978-957-13-8456-6(平裝)

1.黃大洲 2.臺灣政治 3.自傳 4.臺灣

783.3886　　109017672

ISBN 978-957-13-8456-6
Printed in Taiwan